Elisabeth Rauchenzauner

Schlüsselereignisse in der Medienberichterstattung

VS RESEARCH

Elisabeth Rauchenzauner

Schlüsselereignisse in der Medien- berichterstattung

VS RESEARCH

Bibliografische Information Der Deutschen Nationalbibliothek
Die Deutsche Nationalbibliothek verzeichnet diese Publikation in der
Deutschen Nationalbibliografie; detaillierte bibliografische Daten sind im Internet über
<http://dnb.d-nb.de> abrufbar.

Dissertation Universität Salzburg, 2006

1. Auflage 2008

Vorwort

Diese Arbeit ist im Jahr 2006 als Dissertation an der Universität Salzburg/ Fachbereich Kommunikationswissenschaft entstanden und wird in diesem Buch in überarbeiteter Form wiedergegeben.

Im Zentrum steht hierbei die „Theorie der Schlüsselereignisse", einer von vielen Ansätzen, der sich mit der „Karriere von Themen in der Medienberichterstattung" beschäftigt. Mittlerweile gibt bereits eine Reihe von theoretischen Aspekten, welche die Karriere von Themen ins Zentrum stellen. Das liegt nicht zuletzt an der langen Forschungstradition, die dieses Themengebiet vorzuweisen hat. Bereits vor rund 100 Jahren wurde darüber nachgedacht, worauf es ankommt, damit ein Thema (in den Medien) Karriere macht. Die Vielzahl der seither entwickelten Ansätze deutet darauf hin, dass auf dem Gebiet der Nachrichtenselektion und der Karriere von Themen eigentlich keine Fragen mehr offen sein dürften und das Themengebiet bereits ausführlich erforscht sein müsse. Gerade in Bezug auf die Theorie der Schlüsselereignisse sind jedoch einige Lücken festzustellen, die Raum und Potenzial für neue Überlegungen geben. Dies war auch die Motivation dafür, diese Arbeit vorrangig der Theorie der Schlüsselereignisse zu widmen und einen Versuch zu unternehmen, die Theorie zu ergänzen und weiterzuentwickeln.

Ich hoffe, mit dieser Arbeit einen Beitrag für künftige Forschungen in diese Richtung geleistet zu haben und möchte mich an dieser Stelle auch bei all jenen Menschen bedanken, die mich bei der Verwirklichung dieser Arbeit so tatkräftig unterstützt haben.

Salzburg, im Jänner 2008   Elisabeth Rauchenzauner

Inhaltsverzeichnis

Abbildungsverzeichnis

I Einleitung

Das Hauptaugenmerk dieses Buches soll auf die Theorie der Schlüsselereignisse und deren Weiterentwicklung gelegt werden. „Bei einem Schlüsselereignis handelt sich um ein spektakuläres Ereignis, das die Aufmerksamkeit der Medien in besonderem Maß auf sich zieht. Es muss dazu etwas Einzigartiges haben, sei es, dass es einen neuen Sachverhalt beinhaltet oder eine besonders große Tragweite – bei Unfällen also viele Tote, Verletzte oder große Schäden – besitzt."[1] Ausgangspunkt dieser Theorie sind Veränderungen in der Medienberichterstattung, die sich nach diesem außergewöhnlichen Ereignis beobachten lassen. Einerseits etablieren Schlüsselereignisse eine spezifische Sichtweise zu einem Thema, andererseits wecken sie im Journalismus und beim Publikum Aufmerksamkeit für ein Thema und Interesse an neuen Informationen.

Nach einer ausführlichen Aufarbeitung und Vorstellung der bisher veröffentlichten Beiträge zur Theorie der Schlüsselereignisse erfolgt der Versuch, die bisherigen theoretischen Ansätze nach verschiedenen Gesichtspunkten weiterzuentwickeln. Bis heute existiert wenig Literatur, daher eignet sich dieses Thema sehr gut, um weitere Forschungen zu betreiben und so die Theorie mit eigenen Überlegungen anzureichern.

Ein wesentlicher Punkt ist hierbei die Differenzierung des Begriffes „Schlüsselereignis", die bis dato nicht oder nur am Rande vorgenommen wurde. Lediglich Patrick Rössler spricht in seinem Beitrag „Wenn in China ein Sack Reis umfällt" davon, dass lokale Schlüsselereignisse die Chance haben, zu einem globalen Schlüsselereignis zu werden und nimmt somit eine Unterscheidung von Schlüsselereignissen in lokaler bzw. globaler Hinsicht vor. Eine Differenzierung von Schlüsselereignissen kann aber auch auf anderen Ebenen erfolgen, nicht nur länderspezifisch. Überlegungen, die hierzu angestellt werden sollen, betreffen medienspezifische, journalismusspezifische, genrespezifische und kulturspezifische Unterscheidungen von Schlüsselereignissen. Und auch Rösslers Ansatz zu einer länderspezifischen Ausdifferenzierung soll aufgegriffen werden. Diese Unterschiede sollen durch einige Fallstudien deutlich gemacht werden.

In die Weiterentwicklung der Theorie soll auch die Frage einfließen, ob Schlüsselereignisse nicht nur kurzfristige, sondern auch langfristige Veränderungen in der Medienberichterstattung und bei den journalistischen Selektionskriterien hervorrufen können. Der Begriff „Schlüsselereignis" scheint auf den ersten Blick dahin zu gehen, dass das Ereignis eine langfristige Veränderung herbeiführt, sonst würde es dem Begriff wohl hinsichtlich seiner Außergewöhnlichkeit nicht Rechnung tragen. Dazu ist allerdings folgendes zu bemerken: Ein Schlüsselereignis kann zwar langfristige Veränderungen herbeiführen, hier wird jedoch vorrangig an politische, wirtschaftliche oder gesellschaftliche Veränderungen als Konsequenz aus dem Schlüsselereignis gedacht und weniger an langfristige *journalistische* Veränderungen. Dies zeigt sich auch an den erwähnten Beispielen aus den bisherigen Beiträgen, in denen in erster Linie kurzfristige journalistische Veränderungen (Stichwort: vermehrte journalistische Wahrnehmung über ähnliche Ereignisse nach dem Ereignis) angesprochen wurden. Kann ein Schlüsselereignis aber auch langfristige journalistische Veränderungen herbeiführen und wenn ja, wie sehen diese aus?

Ein wesentlicher Teil dieser Arbeit beschäftigt sich schließlich mit Überlegungen zur Schaffung von Schlüsselbegriffen, Schlüsselbildern und Schlüsselfiguren. Auch sie sind bis dato eher unberücksichtigt geblieben. Welche Rolle nehmen sie bei Schlüsselereignissen ein?

Daneben soll in anderen Theorien und Forschungtraditionen zur „Karriere von Themen" nach Ansätzen für die Theorie der Schlüsselereignisse gesucht werden. Folgende Ansätze der Nachrichtenselektion werden dabei herangezogen:

- die Nachrichtenwert-Theorie
- die Gatekeeping-Forschung
- der News Bias-Ansatz
- die Agenda-Setting-Forschung

Zudem wird kurz auf die Rolle von Nachrichtenagenturen und auf den Einfluss von Public Relations im Zusammenhang mit Schlüsselereignissen eingegangen. Zu bemerken ist hierbei, dass die Auswahl dieser Ansätze der Nachrichtenselektion keinen Anspruch auf Vollständigkeit erhebt. Nach einer Vorstellung dieser Aspekte sollen sie schließlich auf ihre Bedeutsamkeit im Zusammenhang mit der Theorie der Schlüsselereignisse und hinsichtlich ihrer Brauchbarkeit für eine Weiterentwicklung und Ergänzung untersucht werden.

Weiters sollen die theoretischen Überlegungen einer empirischen Überprüfung unterzogen werden. Zu diesem Zweck werden zunächst die Ergebnisse einer schriftlichen Befragung von Journalisten aus den unterschiedlichsten Ressorts der österreichischen Medienlandschaft präsentiert. Dabei steht die kritische Beurteilung der eigenen, journalistischen Arbeit im Zusammenhang mit Schlüsselereignissen im Vordergrund. Die Umfrageteilnehmer sollen anfänglich die Frage beantworten, welche Schlüsselereignisse es ihrer Meinung nach in den letzten 20 Jahren gegeben hat, sowohl im positiven als auch im negativen Sinn, und wie bzw. ob diese Ereignisse eine Veränderung in der (ihrer) Berichterstattung bewirkt haben.

Eine weitere Frage wird sich mit den Eigenschaften befassen, die ein Ereignis haben muss, um zu einem Schlüsselereignis zu werden. Was sind für die befragten Journalisten die wesentlichsten Merkmale, die ein derartiges Ereignis aufweisen muss?

Auch der Aspekt der kurzfristigen bzw. langfristigen Veränderung durch Schlüsselereignisse in der Medienberichterstattung soll in der Befragung aufgegriffen werden. Haben die von den Journalisten erwähnten Schlüsselereignisse eine Veränderung in ihrer Arbeit und in ihrem journalistischen Arbeitsfeld hervorgerufen und wenn ja, war dies eine kurzfristige oder eine langfristige Veränderung und wie sieht diese Veränderung ihrer Meinung nach aus?

Schließlich soll in der Befragung auch auf die Rolle des Journalisten in der Berichterstattung über Schlüsselereignisse und auf „Schlüsselbegriffe, Schlüsselbilder und Schlüsselfiguren" eingegangen und danach gefragt werden, welche Bedeutung diese für die Befragten in Bezug auf Schlüsselereignisse einnehmen.

Die Ergebnisse der Befragung werden schließlich anhand journalistischer Produkte überprüft. Stimmen die Aussagen der befragten Journalisten (überwiegende Mehrheit) damit überein, wie über Schlüsselereignisse berichtet wurde? Zu diesem Zweck soll eine inhaltsanalytische Untersuchung durchgeführt werden. Als Analyseeinheit dienen dabei Meldungen der Austria Presse Agentur.

Zum Abschluss sollen mit einzelnen Autoren, die sich mit der Theorie der Schlüsselereignisse bereits ausführlich befasst haben, Expertengespräche geführt werden, die dazu dienen, die gewonnenen Ergebnisse aus der Untersuchung zu besprechen, eventuelle Divergenzen zwischen Befragung und Inhaltsanalyse genauer zu beleuchten und schließlich die Überlegungen zur Weiterentwicklung der Theorie stärken bzw. schwächen.

II   Die Theorie der Schlüsselereignisse

1. Definition von Schlüsselereignissen

In den meisten Berichten und Publikationen, in denen von „Schlüsselereignissen" die Rede ist, wird dieser Begriff selbsterklärend verwendet. Eine Definition, die an dieser Stelle den Begriff „Schlüsselereignis" sehr gut erklärt, ist jene von Wolfgang Leitner: „Es handelt sich um ein spektakuläres Ereignis, das die Aufmerksamkeit der Medien in besonderem Maß auf sich zieht. Es muss dazu etwas Einzigartiges haben, sei es, dass es einen neuen Sachverhalt beinhaltet oder eine besonders große Tragweite – bei Unfällen also viele Tote, Verletzte oder große Schäden – besitzt."[2]

Besonderes Augenmerk soll an dieser Stelle darauf gelegt werden, dass es sich generell um ein spektakuläres, außergewöhnliches Ereignis handelt. In den meisten Publikationen und Untersuchungen werden hier jedoch lediglich Ereignisse in den Vordergrund gestellt, die einen hohen Grad an Negativität besitzen, wie beispielsweise Unfälle, Katastrophen, Anschläge, Terrorakte oder Morde. Da im Hinblick auf die Definition von Schlüsselereignissen jedoch von einem außergewöhnlichen Ereignis gesprochen wird, könnte im theoretischen Sinne auch ein positives Ereignis als Schlüsselereignis gesehen werden – Voraussetzung ist dabei, dass es sich um ein *einzigartiges Ereignis* handelt, das einen *neuen Sachverhalt* beinhaltet oder eine *besonders große Tragweite* hat. Auf die Problematik „Positivität vs. Negativität" wird später noch genauer eingegangen.

2. Zur Theorie der Schlüsselereignisse

Ausgangspunkt der Theorie der Schlüsselereignisse sind Veränderungen in der Medienberichterstattung, die sich nach einem außergewöhnlichen Ereignis beobachten lassen. Einerseits etablieren Schlüsselereignisse eine spezifische Sichtweise zu einem Thema, andererseits wecken sie im Journalismus und beim Publikum Aufmerksamkeit für ein Thema und Interesse an neuen Informationen.

Des Weiteren ist zu bemerken, dass nicht nur das Schlüsselereignis selbst ins Zentrum der Aufmerksamkeit rückt, sondern oftmals auch eine veränderte Wahrnehmung ähnlicher Ereignisse nach dem Schlüsselereignis zu erkennen ist. „So kommt es zu regelrechten Berichtswellen, die den Eindruck erwecken, gleiche Ereignisse würden sich häufen, obwohl dies tatsächlich nicht der Fall ist."[3]

3. Untersuchungen von Hans-Bernd Brosius und Peter Eps[4]

3.1. Überlegungen zu Beginn der Untersuchung

Hans-Bernd Brosius und Peter Eps veröffentlichten im Jahr 1993 einen Beitrag in der Zeitschrift Rundfunk und Fernsehen, in dem sie der Frage nachgingen, ob Schlüsselereignisse in der Lage sind, journalistische Selektionskriterien zu verändern. Ausgangspunkt ihrer Untersuchung war die Berichterstattung über Anschläge gegen Ausländer und Asylanten – konkret ging es dabei um die Ausschreitungen in Hoyerswerda und Rostock sowie die Brandanschläge von Mölln und Solingen *(Anm.: allesamt in Deutschland)*. Dabei wurden diese Ausschreitungen und Anschläge von den Autoren als Schlüsselereignisse bezeichnet. „Anschläge, die nach den jeweiligen Schlüsselereignissen berichtet werden, haben eine größere Publikumschance, wenn die Art des Anschlags, der Tatort und die Opfer Ähnlichkeit mit dem Schlüsselereignis haben. Selektionskriterien sind somit weniger konstant, als in den meisten Theorien der Nachrichtenauswahl unterstellt wird"[5], so die These, die mit Hilfe des Framing-Ansatzes, einer speziellen Form der Inhaltsanalyse, untersucht werden sollte.

„Beobachtet man die aktuelle Berichterstattung in den deutschen Medien, finden sich zahlreiche Vermutungen dafür, dass die Selektions- und Bewertungskriterien der Journalisten weder auf einem allgemein verbindlichen Konsens beruhen, noch über einen Zeitraum hinweg stabil sind"[6], so Brosius und Eps in ihrem Beitrag. Als bestätigendes Beispiel dafür erwähnten sie, bevor sie konkret auf ihre Untersuchung eingingen, ein schweres Unglück eines Tanklastwagens in Herborn in Deutschland im Juli 1987. Dieses Schlüsselereignis sei ausschlaggebend dafür gewesen, dass der Bezugsrahmen für die Berichterstattung neu geschaffen wurde, bzw. sich verändert hatte.[7] „Nach dem Unglück reihten sich in den Medien ähnliche Unglücke zuhauf. Wenn man als Rezipient die Berichterstattung beobachtet, kann man allerdings nicht feststellen, ob entsprechende Unfälle tatsächlich häufiger passiert sind, ob die Medien aufgrund veränderter Selektionskriterien häufiger und intensiver über solche Unfälle berichten oder ob lediglich die eigene Wahrnehmung für solche Unfälle geschärft wurde, sodass entsprechende Berichte eher wahrgenommen werden, obwohl sie gleich häufig vorkommen und gleich häufig berichtet werden."[8]

3.2. Zur Untersuchung

Brosius und Eps kamen zu dem Ergebnis, dass ohne eine tatsächliche Häufung ähnlicher Ereignisse in der Realität, eine vermehrte Berichterstattung zu beobachten war. Sie untersuchten dabei die Veränderungen, die Schlüsselereignisse auslösen, indem sie die Berichterstattung in der Frankfurter Allgemeinen Zeitung und der Süddeutschen Zeitung über einen Zeitraum von drei Jahren analysierten. Als Schlüsselereignisse dienten dabei, wie bereits erwähnt, die Anschläge gegen Asylanten in Hoyerswerda, Rostock, Mölln und Solingen zwischen 1991 und 1993.

Interessant bei dieser Untersuchung ist zudem, dass nicht nur der Verlauf nach einem Schlüsselereignis, sondern mehrere aufeinander folgende Schlüsselereignisse untersucht wurden. Während es sich bei den Ausschreitungen in Hoyerswerda und Rostock um zeitlich eng beieinander liegende Ereignisse handelte, bei denen sich die Gewalt gegen Asylbewerber richtete und der Ort des Geschehens die neuen Bundesländer waren, fanden die Brandanschläge in Mölln und Solingen im Westteil Deutschlands statt und die Opfer waren türkische Gastarbeiterfamilien. Diese strukturellen Unterschiede beeinflussten auch die jeweils dem Ereignis folgenden Berichtsphasen, obwohl sich anhand von statistischen Daten des Bundeskriminalamts nachweisen ließ, dass sich an der tatsächlichen Kriminalitätslage nichts geändert hatte. So wurden nach Hoyerswerda und Rostock überwiegend ausländerfeindliche Übergriffe in Ostdeutschland thematisiert, deren Opfer überwiegend Asylbewerber waren. Nach Mölln und Solingen verlagerte sich der Fokus dagegen auf Gewalttaten in Westdeutschland und als Opfer wurden Ausländer und hierunter besonders solche türkischer Abstammung in den Vordergrund der Berichterstattung gestellt. Dies alles, obwohl sich mittels statistischer Daten des Bundeskriminalamts nachweisen ließ, dass der Anteil von Brandanschlägen an allen Gewalttaten gegen Ausländer nahezu konstant blieb.

Während durch die erste Studie (Schlüsselereignisse Hoyerswerda und Rostock) nachgewiesen werden konnte, dass journalistische Selektionskriterien nicht stabil sind, sondern sich durch Schlüsselereignisse sehr wohl nachhaltig verändern können, ging die zweite Untersuchung (Schlüsselereignisse Solingen und Mölln) der Frage nach, wie dauerhaft die Selektionskriterien bleiben, wenn über einen längeren Zeitraum kein neues Schlüsselereignis auftritt. Erst zwei Jahre nach dem Anschlag in Solingen trat mit dem Brand eines Asylbewerberheims in Lübeck wieder ein Schlüsselereignis ein. Es unterschied sich in bestimmten Punkten von den vorangegangenen Ereignissen in Solingen und Mölln. So waren die Opfer diesmal Asylanten afrikanischer und asiatischer Herkunft, die Täterfrage ließ sich zudem nicht eindeutig klären. Im Gegensatz zur dichten Folge von Schlüsselereignissen in den Jahren 1992 und 1993 veränderten sich die Selektionskriterien nicht so nachhaltig.

Das Ergebnis der Studie von Brosius und Eps war, dass nach den Schlüsselereignissen sowohl in der Frankfurter Allgemeinen Zeitung als auch in der Süddeutschen Zeitung die Zahl der Berichte über ähnliche Ereignisse mit fremdenfeindlichem Hintergrund stark anstieg, obwohl es in der Realität nicht signifikant häufiger zu solchen Ereignissen kam. Brosius und Eps sahen somit die These, dass Nachrichtenselektionskriterien konstant seien, als widerlegt an.

4. Wie können Schlüsselereignisse die journalistischen Selektionskriterien beeinflussen?

Brosius und Eps sehen zwei Möglichkeiten, wie Schlüsselereignisse Einfluss auf die journalistischen Selektionskriterien nehmen können:

* Die Schlüsselereignisse schaffen ein neues Thema, dem bisher keine oder wenig Beachtung geschenkt wurde.
* Die Schlüsselereignisse verleihen einem schon bekannten Thema eine neue Dimension.[9]

In beiden Fällen würden sowohl Journalisten als auch Rezipienten einer neuen Situation gegenüberstehen, für deren Bewertung bzw. Einordnung noch keine Maßstäbe existieren oder noch unklar sei, welche der bekannten Maßstäbe angelegt werden sollen. Dies würde zu einem Bedürfnis nach Orientierung führen, das auf verschiedenen Wegen befriedigt werden kann. So würde zum einen die Sensibilität von Journalisten für die jeweilige Thematik erhöht und sie würden beginnen, Informationsdienste oder Agenturmaterial nach ähnlichen Beiträgen zu durchforsten. Sie würden über diese Thematik mit anderen Journalisten sprechen und sich aktiver um zusätzliche Information zum Thema bemühen (beispielsweise durch die Befragung von Experten oder durch das Lesen einschlägiger Fachliteratur).[10]

Somit hat das Schlüsselereignis eine Doppelfunktion: Es löst einerseits durch die erhöhte Aufmerksamkeit die Informationssuche aus, zum anderen strukturiert es sie dadurch, dass ähnlichen Ereignissen eine verstärkte Aufmerksamkeit geschenkt wird. Dabei wird jedoch nicht nur aktuelles Material durchforstet, sondern auch in Archiven nach Ereignissen der Vergangenheit gesucht, die dem Schlüsselereignis ähneln.[11] Am Ende dieser Orientierungsphase, wie Brosius und Eps diese Phase bezeichnen, stehen schließlich neue, bzw. veränderte Maßstäbe. Die Selektionskriterien haben sich verändert und so kann es im Anschluss an ein Schlüsselereignis dazu kommen, dass „regelrechte Berichtswellen, die den Eindruck erwecken, gleiche Ereignisse würden sich häufen, obwohl dies tatsächlich nicht der Fall ist", entstehen.[12]

Dass sich durch den Eintritt von Schlüsselereignissen die Selektionskriterien verändern können, sieht auch Hans Mathias Kepplinger.[13] Er geht jedoch davon aus, dass Schlüsselereignisse bei den Selektionskriterien keine langfristigen Veränderungen herbeiführen: „Nach dem Abklingen der Erregung und des Interesses, die das Schlüsselereignis hervorgerufen hat, kehrt die Berichterstattung vielmehr meist in die üblichen Bahnen zurück, und über die Ereignisse und Themen wird – von Ausnahmen abgesehen – so berichtet, als habe es die Phase dazwischen nie gegeben."[14]

5. Zu den Folgen von Schlüsselereignissen

Ein weiterer wichtiger Punkt, mit dem man sich bei der Theorie der Schlüsselereignisse bereits mehr oder weniger ausführlich befasst hat, sind die Folgen, die aus den Schlüsselereignissen resultieren. Nicht nur, dass es wie bereits erwähnt, zu einer vermehrten Wahrnehmung und Berichterstattung über ähnliche Ereignisse kommt; das Schlüsselereignis kann auch dazu führen, dass sich auf politischer, wirtschaftlicher oder gesellschaftlicher Ebene Auswirkungen erkennen lassen. Wolfgang Leitner, der in seiner Magisterarbeit die Berichterstattung über die Münchner S-Bahn verfolgte, die überwiegend negativ (unpünktlich, schmutzig und teuer) ausfiel, geht kurz darauf ein: „Gerade, als die Schwierigkeiten behoben schienen und die Pünktlichkeit sich wieder normalen Werten näherte, brach in den Medien das ‚S-Bahn-Chaos' aus. Telefon- und Unterschriftenaktionen wurden gestartet, mit denen die Pendler ihren Protest zum Ausdruck bringen konnten. Kleinere Störungen, die vorher nicht weiter aufgefallen waren, wurden ausführlich thematisiert. Politiker forderten eine Geld-Zurück-Garantie bei Verspätungen, die Bahn reagierte mit Sofortprogrammen auf – auf was eigentlich?"[15]

Die veränderte Wahrnehmung in Folge eines Schlüsselereignisses beeinflusst also nicht nur Journalisten und in weiterer Folge Rezipienten, sondern auch Interessensgruppen und Entscheidungsträger auf unterschiedlichsten politischen und gesellschaftlichen Ebenen. Dies funktioniert folgendermaßen: Zuerst weckt das Schlüsselereignis, über das berichtet wird, die Aufmerksamkeit von Lesern und Zuschauern und lässt den Wunsch nach mehr Informationen entstehen. Dieses tatsächlich vorhandene Interesse, die Erwartung, Zuschauer und Leser könnten weitere Informationen verlangen und nicht zuletzt die eigene Aufmerksamkeit leiten die Arbeit der Journalisten. Es werden Hintergründe des Schlüsselereignisses recherchiert, verwandte Fragen thematisiert und ähnliche Geschehnisse in die Berichterstattung aufgenommen, die ohne das Schlüsselereignis nicht beachtet worden wären. So entsteht der Eindruck, Ereignisse würden vermehrt auftreten, obwohl dies, abgesehen von dem Schlüsselereignis, nicht der Fall ist. Der Eindruck, ein Thema habe an Brisanz zugenommen, kann dann zu praktischen Folgen führen. Interessensgruppen nehmen die Chance wahr, das Thema zusätzlich in den Vordergrund zu stellen, und so wächst insgesamt der Druck auf Verantwortliche in Politik, Wirtschaft und Gesellschaft, Konsequenzen zu ziehen[16], was wiederum dazu führen kann, dass in den Medien neue Themen „Karriere machen", die bis dato nicht behandelt wurden.

Tatsache ist somit, dass Schlüsselereignisse nicht nur zu einer vermehrten Berichterstattung über ähnliche Ereignisse führen, sondern auch neue Themen kreieren, die nicht zuletzt auf die Reaktionen unterschiedlichster Parteien und Interessensvertretungen, die auf verschiedensten Ebenen agieren, als Folge auf das Schlüsselereignis zurückzuführen sind.

6. Die Bedeutung und der Einfluss von Leitmedien

In der Phase nach einem Schlüsselereignis beeinflussen sich Journalisten auch stark gegenseitig, was sich mit der praktischen Arbeitsweise erklären lässt. Die gegenseitige Orientierung von Journalisten ist jedoch nicht nur an Schlüsselereignisse gebunden. Vielmehr ist zu beobachten, dass sich Journalisten generell bei ihrer Arbeit und der Themenauswahl an anderen Journalisten und Medien orientieren. Dies lässt sich zum einen durch die Konkurrenzsituation erklären, die eine kontinuierliche Marktbeobachtung und gegebenenfalls eine entsprechende Reaktion nötig macht. Außerdem reduziert die Orientierung an anderen Journalisten und Medien die eigene Unsicherheit, ob ein Artikel veröffentlicht werden soll oder nicht. Das Verhalten anderer Medien dient zur Kontrolle, ob die eigenen Selektionsentscheidungen richtig sind oder noch einmal überdacht werden müssen.[17]

Diese Tatsache greift auch Rössler auf: „Beispielsweise orientieren sie *(Anm.: gemeint sind hier die Journalisten)* sich in ihrer Arbeit bekanntlich stark an der Berichterstattung anderer Medien: an den so genannten Prestigemedien, an Fachpublikationen – und im Falle der Auslandsnachrichten bevorzugt an den Medienerzeugnissen anderer Regionen."[18] In diesem Zusammenhang wird auch von so genannten „Intermedia-Agenda-Setting"-Effekten gesprochen, die später im Kapitel „Agenda-Setting" noch einmal angesprochen werden. Andere Medien orientieren ihre Berichterstattung stark an Meinungsführermedien. In weiterer Folge kommt es zu einer Übernahme gewisser Themen und Meinungen durch Folgemedien.[19]

Eine besondere Bedeutung kommt anderen Medien und Journalisten vor allen Dingen dann zu, wenn es um Ereignisse geht, die für den Journalisten, der nicht vor Ort ist, schwer zu überprüfen sind: „(...) Ereignisse in anderen Nationen entziehen sich häufig weiterer Überprüfung und eine kleine Schar von Korrespondenten ist mitunter in der Lage, die Resonanz der Medien in aller Welt zu steuern."[20] Als Beispiel hierfür sei der amerikanische Nachrichtensender CNN genannt, der in der Golfkriegsberichterstattung eine Monopolstellung einnahm und darüber hinaus als Leitmedium für sämtliche Medien weltweit fungierte.

Besonders deutlich wird das wechselseitige Bezugssystem der Medien, wenn ein Medium bei einem Thema die Meinungsführerschaft übernimmt. Typisch sind „Top-Down-Prozesse", bei denen national oder international bedeutende Medien einen Trend setzen, dem dann andere Medien folgen. Es gibt aber auch „Bottom-Up-Prozesse", bei denen der Weg umgekehrt verläuft und die nationalen Medien regionalen Blättern folgen. Die Vorreiterfunktion bestimmter Medien kann dabei sowohl langfristig als auch in einem aktuellen Rahmen stattfinden. Eine längerfristige Meinungsführerschaft entsteht, wenn ein vorhandenes Thema eine Umbewertung erfährt. Als Beispiel erwähnen Peter Eps, Uwe Hartung und Stefan Dahlem die Reformen in der Sowjetunion nach der Machtübernahme durch Michail Gorbatschow, die in der Süddeutschen Zeitung und der Frankfurter Rundschau schon früh mit einer veränderten Berichterstattung begleitet wurden, während andere Medien erst später diesem Trend folgten.[21]

Eine besondere Stellung nehmen Enthüllungsbeiträge in der aktuellen Berichterstattung ein. Durch die Aufdeckung eines Missstandes oder eines anderen, bisher nicht ausführlich berichteten Umstandes durch ein angesehenes Medium, wird dieses Thema Teil der aktuellen Diskussion und die anderen Medien kommen oft nicht umhin, selbst darüber zu berichten. Enthüllungsbeiträge wirken daher teilweise wie Schlüsselereignisse, da sie zum einen das Interesse auf ein bestimmtes Thema lenken und andererseits durch die Art der Aufmachung und Bewertung die nachfolgende Berichterstattung strukturieren. [22]

7. Neue Überlegungen zur Theorie der Schlüsselereignisse

Zur Theorie der Schlüsselereignisse existiert bislang wenig Literatur. Dies schafft Raum für eine Reihe von Überlegungen zur Theorie der Schlüsselereignisse, die bis dato nicht oder nur am Rande behandelt wurden. Drei entscheidende Denkanstöße sollen an dieser Stelle gemacht werden, die bislang in der Literatur zum Thema „Schlüsselereignisse" weniger Berücksichtigung fanden:

* Eine differenzierte Sichtweise des Begriffes „Schlüsselereignis"
* Kurzfristige bzw. langfristige Veränderungen im Journalismus durch Schlüsselereignisse
* Die Bedeutung von Schlüsselbegriffen, -figuren und -bildern

Betrachtet man Schlüsselereignisse aus unterschiedlichen Blickwinkeln, so können folgende Differenzierungen vorgenommen werden:

* Medienspezifische Differenzierung
* Genrespezifische Differenzierung
* Journalismusspezifische Differenzierung
* Länderspezifische Differenzierung
* Kulturspezifische Differenzierung

In diesem Kapitel soll auch überlegt werden, ob Schlüsselereignisse kurzfristige oder langfristige Veränderungen in der Medienberichterstattung und bei den journalistischen Selektionskriterien hervorrufen können. Sind durch ein Schlüsselereignis nicht nur kurzfristige, sondern auch langfristige journalistische Veränderungen erkennbar bzw. möglich?

Ein wesentlicher Teil dieses Kapitels beschäftigt sich schließlich mit Überlegungen zur Schaffung von Schlüsselbegriffen, Schlüsselbildern und Schlüsselfiguren. Auch diese drei Aspekte blieben bis dato relativ unberücksichtigt. Welche Rolle nehmen sie bei Schlüsselereignissen ein?

7.1. Differenzierte Sichtweise des Begriffes Schlüsselereignis

In der bis dato existierenden Literatur wird von Schlüsselereignissen in generellem Sinn gesprochen. Lediglich in Patrick Rössler's Beitrag „Wenn in China ein Sack Reis umfällt...Warum manche Themen weltweit Karriere machen und manche nicht"[23] erfolgte eine Differenzierung des Begriffes, und zwar hinsichtlich lokaler und globaler Ereignisse. Neben dieser länderspezifischen Differenzierung des Begriffes Schlüsselereignis gibt es noch eine Reihe weiterer Differenzierungen, die an dieser Stelle vorgenommen werden sollen:

* Medienspezifische Differenzierung
* Genrespezifische Differenzierung
* Journalismusspezifische Differenzierung
* Kulturspezifische Differenzierung

In einigen dieser Differenzierungen steht dabei das *Wie* im Vordergrund, also die Frage, auf welche Art und Weise über das Schlüsselereignis berichtet wird. Dies trifft auf die medienspezifische, die journalismusspezifische und die kulturspezifische Sichtweise zu. In anderen Differenzierungen, der genre- und länderspezifischen Sichtweise, spielt das *Ob* eine Rolle, also die generelle Frage, ob über das Schlüsselereignis überhaupt berichtet wird oder ob es vielmehr selektiert wird.

7.1.1. Medienspezifische Differenzierung

An dieser Stelle soll auf die unterschiedlichen Medienbereiche, die bei Schlüsselereignissen allesamt eine Rolle spielen, eingegangen werden – die Bereiche Print, Hörfunk, TV und Internet. Findet ein Schlüsselereignis statt, so wird es kein Medium geben, das dieses Ereignis ignoriert, egal ob es sich um ein Online-Medium handelt, um ein Printmedium oder um ein Medium, das dem Bereich Rundfunk zuzuschreiben ist. Trotzdem gibt es Unterschiede in der Art und Weise *wie* über dieses Schlüsselereignis berichtet wird. Dies hat mit den generellen Vor- bzw. Nachteilen zu tun, welche die einzelnen Medien für sich verbuchen können. Je nach Medium kommen dabei Texte, Fotos, Infografiken, Originaltöne oder bewegte Bilder zum Einsatz. Dabei ist zu bemerken, dass dies für ein Schlüsselereignis gleichermaßen wie für ein „gewöhnliches" Ereignis gilt.

Interessant ist, dass mit den neuen Medien eine Spezialisierung innerhalb des Berufes stattgefunden hat. Fernsehen und Radio können heute vorrangig als Ort für den informativen Journalismus angesehen werden. In der Praxis werden häufig Agenturmeldungen zur Berichterstattung über Schlüsselereignisse verwendet, die bei Bedarf gekürzt oder geringfügig verändert werden. Lange Analysen und Kommentare zu dem Schlüsselereignis sind im Fernsehen eher störend, zumindest wenn es um die Berichterstattung über das Ereignis im Rahmen eines reinen Nachrichtenüberblicks geht, so wie wir es von der Nachrichtensendung „Zeit im Bild" kennen. Für Hintergrundinformationen wurden im Fernsehen eigene Sendeformate geschaffen, die statt des täglichen einen wöchentlichen Charakter haben. Als Beispiel seien an dieser Stelle für Österreich, bzw. für den ORF die Sendungen „Report" oder „Thema" erwähnt, im Rahmen derer brisante Themen, und so auch Schlüsselereignisse, mit Hintergrundinformationen angereichert werden.[24]

Im Fernsehen ist es wichtig, dass sich Bild und Text ergänzen. Inhalt und Form der Bilder sind dabei ein wesentlicher Teil der Gesamtgestaltung eines Beitrags, bei dem Bild, O-Töne und Text in fester Beziehung zueinander stehen sollen und gemeinsam zum Träger einer Information werden.[25] Sein Charakter als kombiniertes Text-, Ton- und Bildmedium gibt dem Fernsehjournalismus besonders kreative Möglichkeiten der Gestaltung, um über Ereignisse und im Besonderen über Schlüsselereignisse zu berichten und so Zugang zur Aufmerksamkeit des Zuschauers zu erhalten.[26]

In Bezug auf die Berichterstattung über Schlüsselereignisse in Printmedien finden sich neben dem informativen Journalismus vor allem der interpretative und der Meinungsjournalismus wieder. Nachrichten werden hier häufig mit Hintergrundinformationen angereichert, beispielsweise in Form eines Berichts oder einer Reportage. Hinzu kommt, dass Nachrichten oft auch mit einer deutlichen Wertung oder Stellungnahme verbreitet werden, beispielsweise in Form eines Kommentars oder einer Glosse. Die Berichterstattung über Schlüsselereignisse erfolgt hier also detail- und facettenreicher als im Rundfunk.[27]

Auch die Sprache hat sich in den einzelnen Medien unterschiedlich entwickelt. Im Hörfunkbereich beispielsweise ist eine kurze und knappe, aber vollständige Sprache wichtig. Im Printbereich sind hingegen längere und vollständigere Abhandlungen zum Schlüsselereignis möglich, denn hier entscheidet der Rezipient, wann er was liest.

Durch das Aufkommen des Online-Journalismus in den 90er Jahren ist es zu einer neuen, revolutionären Form des Journalismus gekommen. Die Vorteile der Printmedien können nun mit denen des Hörfunks und des Fernsehens kombiniert werden. Um dem Thema der Arbeit an dieser Stelle Rechnung zu tragen, könnte man hier von einem Schlüsselereignis im Medienbereich sprechen. Im Internet kann in Echtzeit über Schlüsselereignisse berichtet werden. Hinzu kommt, dass wegen des Textcharakters, den der Online-Journalismus aufweist, auch längere Abhandlungen möglich sind, die der Leser in Ruhe konsumieren kann. Zudem bietet sich die Möglichkeit, Videos oder Tondokumente in die Berichterstattung über Schlüsselereignisse mit einzubinden.

Der einzige Nachteil der Online-Medien gegenüber den Printmedien ist der, dass der Leser sich an einen Computer begeben muss, um das Nachrichtenangebot konsumieren zu können. Daher ist es für den Leser bequemer, lange Texte auf Papier zu lesen – was wiederum dazu geführt hat, dass sich die Printmedien auf Analysen, Hintergrundinformationen und Kommentare spezialisiert haben.

Die neuen Online-Medien wurden von den traditionellen Medien wegen der Möglichkeit, die Vorteile der unterschiedlichen Medien in einem Medium zu vereinen, schnell als Gefahr angesehen. Heute wird das Internet sehr häufig für den Rückgang der Auflagenzahlen, vor allem im Zeitungsbereich, verantwortlich gemacht. Einige Stimmen warnen mittlerweile sogar vor dem Aussterben der Printmedien, was aber bisher wohl nicht bestätigt werden konnte. Gleiches gilt für Hörfunk und Fernsehen. Dennoch wächst die Konkurrenz durch Internet-Radios und die relativ neuen Internet-Fernsehsendern.[28]

Mittlerweile haben aber auch die traditionellen Medien die Möglichkeiten, die das Internet bietet, genutzt. Egal ob im Rundfunk-Bereich oder in Bezug auf die Presse – die Zahl der Online-Versionen, die von den traditionellen Medien angeboten werden, steigt weiterhin rapide an und der Trend wird wohl auch dahin gehen, dass jedes der traditionellen Medien in absehbarer Zeit auch eine Online-Version seines journalistischen Produktes anbieten wird.

Dies ist vor allem für Schlüsselereignisse besonders wichtig. Aufgrund der Tatsache, dass es sich um ein außergewöhnliches Ereignis handelt, will der Rezipient schnell viele und ausführliche Informationen erhalten. Das Internet mit seiner ständigen Aktualisierung, das weder an Sendezeiten noch an einen Redaktionsschluss gebunden ist, eignet sich dafür besonders gut.

7.1.2. Journalismusspezifische Differenzierung

Auch bei der journalismusspezifischen Sichtweise in Bezug auf Schlüsselereignisse steht nicht so sehr das *Ob* im Vordergrund, also die Frage, ob über das Schlüsselereignis überhaupt berichtet wird, sondern das *Wie*, also die Art und Weise wie das Ereignis in den Medien aufbereitet wird. Eine Unterscheidung in Bezug auf Qualitätsjournalismus und Boulevardjournalismus soll dabei an dieser Stelle vorgenommen werden.

Beim Boulevardjournalismus spielt die Sensation eine große Rolle. Schlüsselereignisse, die sich durch ihre Außergewöhnlichkeit auszeichnen und somit auch einen hohen Anteil an Sensation zu verbuchen haben, sind daher wohl ein besonders „heißes Eisen" für den Boulevardjournalismus. In der Berichterstattung werden, anders als beim Qualitätsjournalismus, vor allem die tragischen Details der Schlüsselereignisse hervorgehoben. Wenn beispielsweise Bilder verwendet werden, werden jene ausgesucht, die eine hohe Schockwirkung erzielen, auch wenn sie nicht unbedingt in einem direkten Bezug zum Text zu sehen sind.

Boulevardjournalismus im Printbereich ist beispielsweise durch eine betont sensationelle Aufmachung, große Überschriften, großflächige Fotos, auffällige Farben und plakative Schlagzeilen gekennzeichnet. Zusätzlich bedient man sich häufig einer direkten Ansprache des Lesers und des häufigen Gebrauchs der Wörter „wir" und „uns". Die Ausdrucksweise ist zudem sehr einfach und direkt gehalten, nicht selten sind Elemente der Umgangs- und Vulgärsprache wieder zu finden. Aufmachung und Sprache wollen Neugier, Sensationshunger und Nervenkitzel bei den Lesern wecken und sie dazu animieren, das Boulevardblatt zu konsumieren.[29] „Boulevardzeitungen entsprechen nicht mehr der Vorstellung einer Zeitung im herkömmlichen Sinn. Sie haben all deren Merkmale, die Wichtigkeit des gedruckten Wortes, der Reflexion und der Auseinandersetzung zwischen Weltanschauungen und Gesinnungen hinter sich gelassen und wollen nichts sein als Unterhaltung."[30]

Nicht nur im Bereich der Printmedien, sondern auch im Fernsehen (vor allem, aber nicht ausschließlich, in den Privatsendern) ist Boulevardjournalismus zu finden. Auch hier steht eine besonders emotionale Darstellung des Schlüsselereignisses im Vordergrund.

Beim Qualitätsjournalismus sieht die Herangehensweise an ein Schlüsselereignis anders aus als beim Boulevardjournalismus. Dennoch ist an dieser Stelle zu bemerken, dass es den Qualitätsstandard im Journalismus wohl nicht gibt. „Solche Standards sind vielmehr von bestimmten historischen, politischen, wirtschaftlichen, sozialen und kulturellen Bedingungen und Bewertungen journalistischer Leistungen abhängig."[31] Stephan Ruß-Mohl versteht Qualität als relative Größe, die sich je nachdem, ob sie im Zusammenhang mit dem Medium, dem Genre oder dem Berufsverständnis gesehen wird, definiert.[32]

Trotzdem existieren einige Merkmale und Eigenschaften, die ohne Zweifel dem Qualitätsjournalismus zuzuschreiben sind. Diese Kriterien sind laut Slavko Splichal und Colin Sparks Wissen und Sachkompetenz, politisches Bewusstsein, handwerkliche Fähigkeiten, kommunikative Kompetenz, journalistische Fachkompetenz und Professionalität, Selbstvertrauen sowie Ehrlichkeit.[33] An dieser Stelle sei auch das magische Vieleck der Qualitätssicherung erwähnt, das von Stephan Ruß-Mohl entwickelt wurde und das wichtige Zielsetzungen journalistischer Qualität zu erfassen sucht: Komplexreduktion, Objektivität, Aktualität, Transparenz/Reflexivität und Originalität.

Wie die Ergebnisse einer Repräsentativerhebung unter österreichischen Journalisten zeigen, bestehen deutliche Unterschiede bezüglich der Einschätzung der

Bedeutung von Qualitätsstandards zwischen Journalisten, die im Qualitätssektor und jenen, die in einem Boulevardmedium arbeiten. Auch seitens der Rezipienten sind die Qualitätsansprüche an Boulevardmedien wesentlich geringer einzustufen als die Erwartungen, die man diesbezüglich an Qualitätsmedien stellt.[34] Somit wird auch die Berichterstattung im Zusammenhang mit Schlüsselereignissen unterschiedlich erfolgen, je nachdem ob es sich um ein Boulevard- oder Qualitätsmedium handelt. Ein Beispiel, das die Unterschiede sehr gut deutlich macht, ist eine Gegenüberstellung der Titelblätter des Boulevardblattes Bild und der Qualitätszeitung Frankfurter Allgemeine:

Abb.1/2: Die erste Seite. Internationale Schlagzeilen nach dem 11. September 2001, S. 29 und 30.

Bild setzt auf dramatische Bilder, große Schlagzeilen, bei denen das Wir-Gefühl zum Einsatz kommt („Großer Gott, steh uns bei"), berichtet von tausenden Toten und stellt die Frage in den Raum, ob es Krieg geben wird. Die Frankfurter Allgemeine hingegen zeigt den Präsidenten und eine Fernansicht des World Trade Center; Dramatik in der Schlagzeile und schockierende Bilder finden keinen Platz.

Ein weiteres Beispiel ist ein Beitrag von Julia Neissl, bei dem die Gletschertragödie von Kaprun zu Beginn der Wintersaison 2000/2001 in österreichischen Boulevard- und Qualitätsmedien untersucht wurde.[35] Die Analyse von Neissl versucht in einem groben Überblick die erste Berichterstattung nach dem Unglück in diversen Printmedien hinsichtlich ihres Umgangs mit der Trauer darzustellen. Voyeurismus und Sensationsgier bestimmen dabei sowohl Bildinhalte als auch Titel im österreichischen Boulevardblatt Neue Kronen Zeitung. Stellvertretend für die vielen Opfer der Katastrophe in Kaprun wird beispielsweise über „Zehn Schicksale von 155 Tragödien" berichtet (Untertitel: „Sie lebten in unserer Mitte – als Schüler, Sportler und Beamte"). Zudem kennzeichnen „Familialisierung" und Personalisierung den Verlauf der Berichterstattung. Die Berichterstattung in Der Standard und Die Presse ist dazu konträr. Der Standard berichtet vorrangig über die Unglücksursache und technische Details zur Gletscherbahn, Berichte über Betroffene gibt es nur wenige. Die Presse ist ebenfalls um faktenorientierte Berichterstattung bemüht. Neben Grafiken und technischen Details stehen aber auch Berichte im Vordergrund, in denen von der Atmosphäre vor Ort berichtet wird, was eine gewisse populärjournalistische Richtung erkennen lässt, die in dem Beitrag von Neissl als eine Mischung aus qualitätsjournalistischer und boulevardjournalistischer Richtung bezeichnet wird. Hierunter versteht man Qualitätszeitungen, die popularisierenden Effekten nicht gänzlich verschlossen sind. Als Beispiel wird dabei Die Presse angegeben, die unter anderem auch bei der Auswahl der Größe der Bilder und dem semantischen Gehalt der Überschriften ihre redaktionelle Linie etwas verlässt. Gleiches kann bei den Wochenzeitungen erkannt werden. Während sich profil vorwiegend mit Artikeln zu den Ursachen bzw. ähnlichen technischen Problembereichen (z. B. U-Bahn in Wien) beschäftigt, werden in News alle Möglichkeiten der Sensationalisierung ausgeschöpft. Dabei werden gerne Reizwörter wie „Die Bilder des Grauens" oder „48 Stunden Horror" verwendet, Interviews mit Überlebenden und Angehörigen werden zudem in den Vordergrund gestellt.

Was am Beispiel des Schlüsselereignisses „Kaprun" deutlich gemacht wurde, kann auch auf andere Schlüsselereignisse übertragen werden. Die Berichterstattung über das Schlüsselereignis kann in unterschiedliche Richtungen verlaufen, je nachdem ob es sich um ein Qualitätsmedium oder um ein Boulevardmedium handelt. Und auch ein „middle market"[36] ist möglich, bei dem populärjournalistische Merkmale zum Tragen kommen, wie am Beispiel der Presse in Bezug auf die Kaprun-Berichterstattung sichtbar wurde.

7.1.3. Genrespezifische Differenzierung

Als eine besonders wichtige Differenzierung in Bezug auf Schlüsselereignisse erscheint die genrespezifische. Hier steht das *Ob* im Vordergrund, denn je nach Ressort kann es sehr wohl vorkommen, dass über ein Schlüsselereignis nicht berichtet wird, da es nicht in das jeweilige Ressort fällt, in dem der Journalist tätig ist.

Wenn ein Journalist beispielsweise für das Ressort Wirtschaft zuständig ist oder in ihm arbeitet, wird er kaum über ein politisches Schlüsselereignis berichten, es sei denn, dieses Schlüsselereignis hätte in weiterer Folge Auswirkungen, die sich auch auf sein Ressort niederschlagen oder das Ereignis würde in irgendeiner anderen Weise mit seinem Bereich, dem Bereich Wirtschaft, etwas zu tun haben. Dies lässt sich sehr gut am Beispiel der Terroranschläge des 11. September 2001 erkennen, einem politischen Schlüsselereignis, dessen Auswirkungen aber auch in anderen Ressorts spürbar waren. Somit wurde das Schlüsselereignis auch für das Ressort Wirtschaft interessant, die Herangehensweise an das Ereignis war jedoch eine andere. Das Titelblatt des Standard ist allgemein gehalten und verweist auf die Chronologie der Ereignisse des 11. September 2001. Beim Wirtschaftsblatt hingegen ging man lediglich auf die wirtschaftlichen Folgen (Kurseinbrüche an den Börsen) des Schlüsselereignisses ein:

Abb. 3/4: Die erste Seite. Internationale Schlagzeilen nach dem 11. September 2001, S. 59 und 62.

Der heute gängige Spartenmix besteht aus den Ressorts Politik, Wirtschaft, Kultur, Sport und Lokales. Trotz einer Trendwende hin zu ressortübergreifenden Modellen würden in 80 Prozent der Redaktionen weiterhin diese klassischen Strukturen mit ihren meist starren Zuständigkeiten dominieren, so das Resümee von Klaus Meier in seiner Dissertation „Ressort, Sparte, Team. Wahrnehmungsstrukturen und Redaktionsorganisation im Zeitungsjournalismus".[37] Das bedeutet, dass das, was die anderen Ressorts tun, erst dann wichtig wird, wenn es die eigene Arbeit berührt. Die Ressortmitglieder denken demnach nur an ihre Sparte. Nur was in ihren Bereich passt, findet ihre Aufmerksamkeit. Trifft das nicht zu, sind diese Themen, auch wenn es sich um Schlüsselereignisse handelt, uninteressant und werden selektiert.

Somit gibt es hinsichtlich einer genrespezifischen Sichtweise sehr wohl einen Selektionsprozess. Eines darf dabei jedoch nicht vergessen werden: Wenn es in einem Medienunternehmen eine Zuordnung von Journalisten zu gewissen Ressorts gibt, wird der betreffende Journalist wohl von vornherein weniger Informationen über Schlüsselereignisse aus anderen Ressorts erhalten. Geht man nun wieder von einem Journalisten aus, der dem Bereich Wirtschaft zuzuschreiben ist, so wird er sich in seiner journalistischen Funktion nicht mit Schlüsselereignissen aus anderen Bereichen und Ressorts auseinandersetzen (zumindest beruflich), es sei denn, die Schlüsselereignisse – und hier sei vor allem an die Konsequenzen, die sich aus dem Schlüsselereignis heraus ergeben erinnert – fallen, wie bereits erwähnt, in irgend einer Weise in sein Ressort.

7.1.4. Länderspezifische Differenzierung

Auch in Bezug auf eine länderspezifische Sichtweise steht das *Ob* am Beginn der Überlegungen. Es gibt Schlüsselereignisse, die über den lokalen Bereich nicht hinausgehen. Auch wenn sie für das jeweilige Land oder Gebiet als Schlüsselereignis gelten und in weiterer Folge in sämtlichen Lokalmedien darüber berichtet wird, so wird die Möglichkeit sehr wohl bestehen, dass das Ereignis selektiert wird, und zwar dann, wenn es über die lokalen Grenzen hinausgeht. Die Selektion kann hier nach auf zwei Ebenen erfolgen, die an dieser Stelle als

- vollkommene Selektion
- teilweise Selektion

bezeichnet werden sollen. Bei der vollkommenen Selektion wird über das Schlüsselereignis über die lokalen Grenzen hinausgehend überhaupt nicht berichtet, es wird gar nicht erwähnt. Bei der teilweisen Selektion wird über das Schlüsselereignis über die lokalen Grenzen hinausgehend zwar berichtet, jedoch nur am Rande; es wird nicht als Schlüsselereignis gesehen, sondern lediglich als „normales" Ereignis. Als Beispiel hierfür kann das Bergwerksunglück in Lassing 1998 gesehen werden, bei dem die teilweise Selektion sichtbar wird. Auch wenn aus aller Welt über das Unglück berichtet wurde, so gibt es doch einen Unterschied in der Berichterstattung. Während auf lokaler Ebene das Ereignis durchaus als Schlüsselereignis gesehen werden kann, so war dies über die lokalen Grenzen hinaus gesehen eher nicht der Fall.

Umgekehrt können lokale Schlüsselereignisse durchaus auch eine globale „Karriere" machen. Nach dem Ereignis wird vermehrt über ähnliche Vorkommnisse berichtet und in weiterer Folge gelingt es, aus diesem lokalen Schlüsselereignis ein globales Thema machen, das mitunter weltweite Aufmerksamkeit erregt. Diese Überlegung stellt auch Patrick Rössler an. Er betrachtet in seinem

Aufsatz „Wenn in China ein Sack Reis umfällt...Warum manche Themen weltweit Karriere machen und manche nicht" Schlüsselereignisse im Spannungsfeld zwischen lokalen und globalen Themen.[38] Hierzu ist festzustellen, dass wohl jedes Schlüsselereignis in gewisser Weise anfänglich ein lokales Schlüsselereignis ist, schließlich findet es auch an einem bestimmten Ort statt. Als Beispiel hierfür seien die Krawalle in Frankreich genannt, die am 27. Oktober 2005 ausgebrochen waren, nachdem zwei von der Polizei verfolgte Jugendliche ums Leben gekommen waren. Nachdem das Ereignis anfänglich als lokales Ereignis gesehen werden kann, wurde es nach wenigen Tagen zu einem Ereingis, das durch seine Außergewöhnlichkeit weltweit Aufmerksamkeit erregte und zwar, als die Ausschreitungen im Zuge der Krawalle immer schlimmer wurden und immer weitere Kreise zogen. Die Situation in Frankreich wurde auch auf internationaler Ebene zum Top-Thema, berichtet wurde über Hunderte ausgebrannte Autos, Geschäfte und Lagerhallen, die in Rauch aufgingen, mehrere hundert Festnahmen, den ersten Toten im Zuge der Straßenschlachten, die gut organisierten Krawalle, die Situation der ausländischen Jugendlichen in Frankreich und die Maßnahmen der Regierung, um die Krawalle in den Griff zu bekommen.

Allerdings wird nicht jedes lokale Schlüsselereignis zu einem globalen Schlüsselereignis avancieren. Auch wenn das lokale Ereignis für die betreffende Region sehr wohl nachhaltige Folgen mit sich bringt, auch im Hinblick auf die Medienberichterstattung, so kann es durchaus ein lokales Schlüsselereignis bleiben, das global gesehen, keine Beachtung finden wird, bzw. nur am Rande erwähnt wird.

7.1.5. Kulturspezifische Differenzierung

Eine besondere Sichtweise nimmt die Berichterstattung über ein Schlüsselereignis in Bezug auf unterschiedliche Kulturen ein. Auch diese Sichtweise zeigt, dass es zu einer unterschiedlichen Aufbereitung von Schlüsselereignissen kommen kann. Im Zentrum steht hier also das *Wie* der Berichterstattung über Schlüsselereignisse.

In diesem Zusammenhang sei als Beispiel die unterschiedliche Berichterstattung über das Schlüsselereignis „11. September 2001" in westlichen und arabischen Kulturen angesprochen. „Der aufgewirbelte Staub hat sich kaum auf die Stätte der Anschläge des 11. September gelegt, da lassen die arabischen Medien ihren anti-westlichen Gefühlen schon wieder freien Lauf."[39] Dieses Zitat zeigt wohl sehr deutlich, dass das Schlüsselereignis in westlichen Medien anders aufgearbeitet wurde, als in arabischen. „Das Konzept der Informationsfreiheit passt nicht gut in die islamisch-arabische Welt, wo vielerorts Familien-, Clan- und Stammesinteressen vorherrschen und unangenehme Informationen als bloßstellend empfunden werden."[40] Somit kann die Medienberichterstattung in arabischen Ländern oftmals als eine Art Hofberichterstattung mit wenig Informationsgehalt gesehen werden. Kritik am eigenen politischen System gilt als Vaterlandsverrat, eine objektive Berichterstattung ist nur unter erheblichen persönlichen Risiken möglich.[41] Während es saudiarabischen Medien beispielsweise verboten ist, den Islam und die königliche Familie zu kritisieren, somit also strenge Zensurregeln gelten, gibt es in westlichen Kulturen klare Vorstellungen über unabhängige Berichterstattung und die Freiheit der Medien.

Nimmt man nun die Berichterstattung zum Schlüsselereignis „11. September" etwas genauer unter die Lupe, findet man in westlichen Kulturen in der Berichterstattung folgende Aussagen wieder, die allesamt die Terroranschläge verurteilen: „Amerika hilflos gegen Frontalangriff des Terrorismus, weltweit höchste Alarmbereitschaft für US-Streitkräfte (Die Presse, 12. September 2001), „Bin Laden: Sein Terror erschüttert die Zivilisation. Krieg gegen Amerika und Palästina lacht und feiert" (Express, 12. September 2001) und Flugzeuge rasen in New Yorker World Trade Center, Türme stürzen ein, Behörden befürchten tausende Tote, Palästinenser bestreiten Beteiligung (Neue Ruhr Zeitung, 12. September 2001).[42] In vielen arabischen Medien hingegen wird von den Terroranschlägen und dem darauffolgenden Krieg in Afghanistan ein anderes Bild gezeigt: „Die Taliban haben ohne Zweifel konservativ-traditionelle Ideen, aber wir schätzen ihren Widerstandswillen, ihren Kampfgeist und ihren Mut" (Akhbar al-Adab, 14. Oktober 2001), „Darf der Selbstmordanschlag gegen strategische Gebäude mit Hilfe von Flugzeugen als eine Schrei des Protest angesehen werden?" (Al-Hayat, 16. September 2001) oder „Der Krieg gegen Afghanistan kann als Vorspiel zu einem neuen Weltkrieg gesehen werden, indem eine von der amerikanischen Rechten geführte Allianz neuen Hass säen wird. Sie alle führen eine Offensive gegen den Islam und die Muslime auf der Welt" (Al-Hayat, 17. September).[43]

Natürlich wurde an dieser Stelle eine starke Schwarz-Weiß-Malerei vorgenommen, dies diente jedoch dazu, mögliche kulturelle Unterschiede in Bezug auf die Berichterstattung zu Schlüsselereignissen deutlich zu machen. Es gibt aber sehr wohl auch Beispiele für eine westlich orientierte Medienberichterstattung in den arabischen Ländern. An dieser Stelle sei der Nachrichtensender Al Dschasira erwähnt, der den Anspruch erhebt, der einzige politisch unabhängige TV-Sender im Nahen Osten zu sein. Aber auch dieser Sender wurde wegen seiner Berichterstattung über Saddam Hussein und Osama Bin Laden kritisiert. Diese sei wiederholt zu unkritisch gewesen.[44] Dass diese Kritik allerdings von der US-Regierung kam, schmälert deren Bedeutung.

Allgemein kann gesagt werden, dass es je nach dem kulturellen Hintergrund und den „journalistischen Spielregeln", die in einem Land herrschen, sehr wohl eine unterschiedliche Darstellung von Schlüsselereignissen geben kann, was man am Beispiel des Schlüsselereignisses „11.September 2001" gesehen hat.

7.2. Überlegungen zur Schaffung von Schlüsselbegriffen, -bildern, und -figuren im Zusammenhang mit Schlüsselereignissen

Was bei der Theorie der Schlüsselereignisse ebenfalls nicht beachtet wird, ist die Tatsache, dass Schlüsselereignisse nicht nur neue Themen kreieren oder einem bereits bekannten Sachverhalt eine neue Dimension verleihen. Durch Schlüsselereignisse machen auch Begriffe, Bilder und Figuren Karriere, die vor dem Schlüsselereignisse keine Beachtung gefunden hatten, nicht gekannt wurden bzw. überhaupt erst durch das Schlüsselereignis erfunden wurden. Sie sollen an dieser Stelle als Schlüsselbegriffe, Schlüsselbilder und Schlüsselfiguren bezeichnet werden. Durch den Einsatz von Schlüsselbegriffen, -bildern und -figuren wird eine Art Zusammenfassung des Schlüsselereignisses geschaffen. Sie dienen vor allem dazu, das Schlüsselereignis zu strukturieren und vereinfacht darzustellen.

7.2.1. Überlegungen zur Schaffung von Schlüsselbegriffen

Im Zusammenhang mit Schlüsselereignissen lässt sich oftmals die Entstehung von Begriffen erkennen, die vorher keine Bedeutung hatten oder bis dato nicht existiert hatten und neu geschaffen wurden. So geht auch die Gesellschaft für deutsche Sprache in ihrem Werk „Wörter, die Geschichte machen" der Entstehung, Bedeutung und Verwendungsweise signifikanter Wörter und Wendungen des 20. Jahrhunderts, so genannten Schlüsselbegriffen, aus den verschiedensten Lebensbereichen nach. Im Folgenden seien verschiedenste Schlüsselbegriffe erwähnt, die in den unterschiedlichsten Bereichen „Karriere" machten:

- *Politik und Geschichte:* Antifaschismus, Apartheid, Asylant, Gleichberechtigung, Die Grünen, Holocaust, Kalter Krieg, Mafia, Nationalsozialismus, Ossi/Wessi, Perestroika, Stasi, Wende, Wiedervereinigung
- *Wirtschaft:* Euro, Globalisierung, Image, Inflation, Kreditkarte, Last-Minute-Angebot, Schlussverkauf, Schnäppchen, Schwarzarbeit, Schwarzer Freitag, Startpaket, Steueroase
- *Umwelt:* Entsorgung, Klimakatastrophe, Ökologie, Ozonloch, Recycling, Smog, Stau, Treibhauseffekt, Waldsterben
- *Technik:* Anrufbeantworter (AB), Atombombe, Automatisierung, Computer, Datenverarbeitung, digital, EDV, Fax, Gentechnik, Handy, klonen, Netzwerk, Radar, Raumfahrt, U-Boot, Zeppelin
- *Medizin:* Abtreibung, Aids, Antibiotikum, BSE, Kondom, Krebs, Pille
- *Kultur:* Avantgarde, Beat, Comic, Design, Event, Expressionismus, Jugendstil, Musical, Pop, Seifenoper, Star, Szene, Talkshow

- *Medien:* CD, DVD, Homepage, Internet, Klammeraffe, mailen, Multimedia, SMS, surfen, virtuell, Website, zappen
- *Sport und Fitness:* Bodybuilding, Diät, Jogging, light, skaten
- *Lifestyle:* Cola, Fastfood, Gyros, Wolkenkratzer
- *Individuum und Gesellschaft:* Alleinerzieher, Amerikanisierung, Arbeitslosigkeit, Babyboom, Disco, Ellenbogengesellschaft, Emanzipation, Feminismus, Gastarbeiter, homosexuell, Hobby, Macho, Millennium, Mobbing, Playboy, Postmoderne, Psychoanalyse, Single, stylisch,
- *Sprache:* abzocken, boomen, cool, geil, okay, outen[45]

Zu bemerken ist hierbei, dass Schlüsselbegriffe nicht nur durch das Eintreten eines Schlüsselereignisses entstehen, auch der Einfluss von Anglizismen auf die deutsche Sprache und die Globalisierung können zu Schlüsselbegriffen führen. In weiterer Folge sind diese Begriffe bereits derart in unser Leben integriert, dass sie uns nicht mehr als Schlüsselbegriffe erscheinen, sondern selbstverständlich und vor allem selbsterklärend im alltäglichen Gebrauch verwendet werden.

Im Folgenden sollen zwei Schlüsselereignisse erwähnt werden, die viele Schlüsselbegriffe hervorgebracht haben. Als Schlüsselbegriffe werden hierbei nicht nur einzelne Wörter gesehen, sondern auch Redewendungen oder Slogans, die aus dem Ereignis heraus entstanden sind. In Bezug auf die Terroranschläge auf das World Trade Center und das Pentagon am 11. 9. 2001 waren es u.a. folgende Begriffe: 9/11, Der 11. September, Ground Zero, Osama Bin Laden (kurz Osama), Al Qaida, Taliban (Taliban-Regime), War against Terror, Die Achse des Bösen, Anthrax und Al Dschasira. Auch im Zusammenhang mit dem Schlüsselereignis „Fall der Berliner Mauer im Jahr 1989" gibt es sehr viele Schlüsselbegriffe, die, wenngleich sie nicht alle unmittelbar nach dem Schlüsselereignis entstanden sind, dennoch durch dieses Schlüsselereignis Karriere gemacht haben: Die Wende, Ossis, Wessis, Wiedervereinigung, Ende des kalten Krieges oder Fall des eisernen Vorhangs.

Ein Schlüsselereignis muss nicht immer Schlüsselbegriffe aufweisen, dennoch wird davon ausgegangen, dass Ereignisse mit einer großen Tragweite und einem neuen Sachverhalt immer auch Begriffe verwenden oder kreieren, die dann im weiteren Verlauf unter Umständen selbsterklärend verwendet werden, beispielsweise bei der Euro-Einführung der Schlüsselbegriff „Startpaket" oder bei der Flutkatastrophe der Schlüsselbegriff „Tsunami". So wird heute auch kein Medium mehr eine genaue Erläuterung geben, wenn es über Osama Bin Laden berichtet, beispielsweise wer dieser Mann denn sei, wenn es vom 11. September spricht, was an diesem Tag genau vorgefallen ist oder wenn es über Terrorakte der Al Qaida berichtet, was die Al Qaida genau sei. Das Wesen von Schlüsselbegriffen ist daher, dass sie mit der Zeit ganz selbstverständlich in den Sprachgebrauch einfließen. Sie stehen dabei in einem sehr engen Zusammenhang zu dem Schlüsselereignis selbst. Selbst wenn das Schlüsselereignis im Laufe der

Zeit in den Hintergrund tritt und vielleicht sogar in Vergessenheit gerät, bleibt der Schlüsselbegriff weiter bestehen und wird bei jenen Themen, die aus dem Schlüsselereignis heraus entstanden sind, weiterhin verwendet oder auch ohne Bezug zu diesen Themen in verschiedensten Zusammenhängen „selbsterklärend" verwendet.

7.2.2. Überlegungen zur Schaffung von Schlüsselbildern

Im Zusammenhang mit Schlüsselereignissen haben Bilder eine große Bedeutung. Bilder gibt es wohl zu den meisten Ereignissen, unabhängig davon, ob es sich um ein Schlüsselereignis handelt oder nicht, und meist sind es auch Bilder, die sich im Gedächtnis der Rezipienten manifestieren. Wenn man sich Jahre nach dem Schlüsselereignis die jeweiligen Schlüsselbilder vor Augen hält, wird man sofort einordnen können, um welches Ereignis es sich gehandelt hat. Im Folgenden sollen einige Beispiele für typische Schlüsselbilder kurz erläutert werden:

Der Fall der Berliner Mauer am 9. November 1989: Typische Schlüsselbilder zu diesem Ereignis sind jene Bilder, auf denen man Menschen sieht, die auf die Berliner Mauer klettern, um die Wiedervereinigung zwischen Ost- und Westdeutschland zu feiern.

Abb. 5: www.picturedesk.com

Der Anschlag auf das World Trade Center am 11. September 2001: Ein Schlüsselbild zu den Terroranschlägen ist ohne Frage das Bild des zweiten Flugzeugs, das um 9.03 Uhr Ortszeit in den Südturm des World Trade Center rast.

Abb. 6: www.picturedesk.com

Der Mann, der noch am selben Tag, an dem die Terror-akte in den USA die Welt erschüttert haben, hinter den Anschlägen vom 11. September 2001 vermutet wird: Osama Bin Laden, der Anführer der Terrororganisation Al Qaida. Sein Bild geht um die Welt und schon nach wenigen Tagen kennt jeder das neue „Gesicht des Terrors".

Abb. 7: www.picturedesk.com

7.2.3. Überlegungen zur Schaffung von Schlüsselfiguren

Bei der Diskussion um die Schaffung von Schlüsselfiguren soll noch einmal auf die anfangs erwähnten Nachrichtenfaktoren eingegangen werden und hier im Besonderen auf den Nachrichtenfaktor Personalisierung. Je eher ein Ereignis auf individuelle Handlungen zurückgeführt werden kann, desto größer sind seine Publikations- und Beachtungschancen.[46] Bei Schlüsselereignissen ist oftmals zu erkennen, dass Menschen in den Vordergrund gerückt werden, die bei dem Ereignis eine besondere Rolle spielen, so genannte Schlüsselfiguren. Diese Personalisierung macht das Schlüsselereignis oft noch greifbarer:

- Anschlag auf das World Trade Center und das Pentagon: Osama Bin Laden
- Der 2. Golfkrieg und 3. Golfkrieg: Saddam Hussein
- Die Diskussion um die Immunschwächenkrankheit Aids: Rock Hudson[47]

Auch bei diesem Bereich ist festzustellen, dass das Auftreten von Schlüssel-figuren sehr wohl von der Art des Schlüsselereignisses abhängt und nicht unbe-dingt notwendig sein muss. Bei der Flutkatastrophe im Dezember 2004 gab es beispielsweise keine wirklich besonders in Erscheinung getretene Schlüsselfigur. Wenn es jemanden gibt, der jedoch zu einer Schlüsselfigur gemacht werden kann, dann wird dies von den Medien auch genutzt, um so den Nachrichtenfaktor „Personalisierung" abzudecken.

7.2.4. Hypothesen

Die Bedeutung von Schlüsselbegriffen, Schlüsselbildern und Schlüsselfiguren wurde in der Theorie der Schlüsselereignisse bis dato nicht erwähnt, dabei sind diese drei Aspekte im Zusammenhang mit Schlüsselereignissen von großer Bedeutung. Sie dienen dazu, das Schlüsselereignis vereinfacht darzustellen und mit einem Bild, einem Begriff oder einer Figur zu erklären und immer wieder in Erinnerung zu rufen. Vor allem Schlüsselbegriffe und Schlüsselfiguren werden im weiteren Verlauf der Berichterstattung häufig ohne Erklärung erwähnt, da vorausgesetzt wird, dass sich der Medienkonsument unter Begriffen (Ground Zero) oder Figuren (Osama) genau vorstellen kann, was damit gemeint ist. Mehr noch, Schlüsselbegriffe und -figuren fließen mit der Zeit ganz selbstverständlich in den (medialen) Sprachgebrauch ein. Selbst wenn das Schlüsselereignis im Laufe der Zeit in den Hintergrund tritt und vielleicht sogar in Vergessenheit gerät, so bleiben sie weiter bestehen und werden auch ohne direkten Bezug zum dem Schlüsselereignis, aus dem heraus sie entstanden sind, in verschiedensten Zusammenhängen „selbsterklärend" verwendet.

Aus diesen Überlegungen heraus ergeben sich folgende Hypothesen:

- *Hypothese 1:* Schlüsselbegriffe, Schlüsselbilder und Schlüsselfiguren nehmen im Zusammenhang mit Schlüsselereignissen eine zentrale Rolle ein. Sie dienen dazu, das Schlüsselereignis zu strukturieren und vereinfacht – mit einem Begriff, Bild oder einer Figur – darzustellen.
- *Hypothese 2:* Schlüsselbegriffe und -figuren fließen im Laufe der Zeit ganz selbstverständlich in den (medialen) Sprachgebrauch ein. Auch wenn das Schlüsselereignis in Vergessenheit gerät, so bleiben sie weiter bestehen und werden auch ohne direkten Bezug zu dem Schlüsselereignis, aus dem heraus sie entstanden sind, in verschiedensten Zusammenhängen selbsterklärend verwendet.

Diese beiden Hypothesen werden bei der empirischen Überprüfung der theoretischen Überlegungen wieder aufgegriffen.

7.3. Kurzfristige oder langfristige Veränderungen in der Berichterstattung?

Dass es im Zusammenhang mit Schlüsselereignissen zu kurzfristigen Veränderungen in der Berichterstattung kommen kann, wurde bereits besprochen. Nach einem Schlüsselereignis wird beispielsweise vermehrt ähnlichen Ereignissen Aufmerksamkeit geschenkt. Wie sieht es aber mit langfristigen Veränderungen aus? Kann es durch ein Schlüsselereignis auch zu langfristigen Veränderungen und in weiterer Folge sogar zu einem Paradigmenwechsel im Journalismus kommen? Eine Analyse dazu ist wohl sehr aufwändig, denn gerade in Bezug auf das Stichwort „Paradigmenwechsel" ist zu betonen, dass ein solcher erst nach

Jahren, bzw. Jahrzehnten eindeutig bemerkbar und hier vor allem rückblickend ersichtlich sein kann.

Unmittelbar oder nach nur einem kurzen Zeitabstand nach einem Schlüsselereignis ist es daher schwer von einem Paradigmenwechsel in der Berichterstattung zu sprechen. Denn selbst wenn sich etwas in der Berichterstattung ändert, dann kann diese Änderung unter Umständen nur von kurzfristiger Dauer sein und bereits nach wenigen Monaten wieder der „Normalzustand" eintreten.

Auch wenn Hans Mathias Kepplinger davon ausgeht, dass nach dem Abklingen der Erregung und des Interesses, die das Schlüsselereignis hervorrufen, die Berichterstattung meist in die üblichen Bahnen zurückkehrt, und über die Ereignisse und Themen grundsätzlich so berichtet wird, als habe es die Phase dazwischen nie gegeben[48], soll die Möglichkeit von langfristigen Veränderungen für den Journalismus nicht ausgeschlossen werden. Ein Beispiel hierfür ist das Aufkommen des Internet in den 90er Jahren. Dieses Schlüsselereignis führte im Medienbereich dazu, dass eine neue Form des Journalismus, der Online-Journalismus, entstanden ist, was eine revolutionäre Entwicklung für den Journalismus bedeutet hat, die langfristige Veränderungen mit sich gebracht hat. Ein anderes Beispiel deutet Armin Thurnher anlässlich des 35-jährigen Jubiläums des Nachrichtenmagazins profil an. Im Zusammenhang mit der Art der Berichterstattung des Nachrichtenmagazins hätte es im Laufe der Jahre sehr wohl Veränderungen gegeben, schreibt er in der Jubiläumsausgabe. Hätte anfänglich (1970) die Publizistik eigensinniger Personen dominiert, aus denen sich die Persönlichkeit des Blattes zusammengesetzt hatte, so würde dies dem profil heute fehlen. Das Magazin hätte seine Instanzhaftigkeit verloren: „Es hat seine Funktion als Instanz an jenem Epochenbruch des österreichischen Journalismus eingebüßt, der hierzulande den Namen „Fellnerismus" trägt, der aber natürlich global stattgefunden hat. Dieser Epochenbruch ist in der Geschichte des profil mit dem Datum des legendären profil-Streiks verknüpft."[49] Diese Wende hätte dazu geführt, dass Journalisten von Managern abgelöst wurden und an deren Stelle sich nun managende Journalisten befinden, „während früher Journalisten dran waren, die mit ihren Geschäftsführern machten, was sie wollten."[50]

Langfristige Veränderungen durch Schlüsselereignisse sind also durchaus möglich, wenngleich dies nicht unbedingt häufig geschehen wird. Dies wird anhand dieser beiden Beispiele deutlich sichtbar. Im Zusammenhang mit langfristigen Veränderungen im Journalismus sei auch nochmals auf die Bedeutung von Schlüsselbegriffen und -figuren eingegangen. Auch sie haben eine langfristige Wirkung auf den Journalismus, da sie, wie im vorangegangenen Kapitel, im Laufe der Zeit in den (medialen) Sprachgebrauch einfließen, dann selbsterklärend verwendet werden und über die Jahre hinweg auch bestehen bleiben. Die Einführung neuer Begriffe und Figuren, die im weiteren Verlauf selbsterklärend verwendet werden, kann ebenfalls eine Veränderung des Journalismus bedeuten.

7.3.1. Hypothesen

Aus diesen Überlegungen heraus ergeben sich folgende Hypothesen:

- *Hypothese 2:* Schlüsselereignisse können nicht nur kurzfristige Veränderungen im Journalismus hervorrufen, sondern auch langfristige, auch wenn dies nicht so häufig der Fall ist.
- *Hypothese 3:* Eine Sonderstellung nehmen Schlüsselbegriffe und -figuren ein. Auch sie können eine langfristige Wirkung auf den Journalismus haben. Sie gehen in den medialen Sprachgebrauch ein und werden in weiterer Folge selbsterklärend verwendet, auch in Bezug auf Themen, die nicht unbedingt im Zusammenhang mit dem Schlüsselereignis stehen.

Auch diese beiden Hypothesen werden in der empirischen Überprüfung wieder aufgenommen.

III Verschiedene Forschungsrichtungen und Aspekte zur „Karriere von Themen" und deren Bedeutung für die Theorie der Schlüsselereignisse

1. Vorbemerkung

Welche Faktoren bei der Nachrichtenselektion eine Rolle spielen können und welche Themen schließlich in weiterer Folge Karriere machen, darüber gibt es neben der Theorie der Schlüsselereignisse eine Vielzahl von Meinungen und Überlegungen, mit denen man sich bereits seit Jahrzehnten beschäftigt. Dabei ist festzuhalten, dass die Forschungen in sehr unterschiedliche Richtungen gehen. Einige Theorien und Forschungsansätze sprechen von gewissen Charakteristika, die eine Nachricht aufweisen muss, um als berichtenswert eingestuft zu werden, so genannten Nachrichtenfaktoren, andere wiederum messen dem Journalisten eine besondere Bedeutung zu und stellen ihn in den Mittelpunkt ihrer Forschungen, wieder andere Theorien sehen die Entscheidungsträger, die den Nachrichtenfluss kontrollieren bzw. beeinflussen, auf verschiedensten Ebenen.

Im Folgenden sollen einige dieser Theorien und Forschungsansätze näher beleuchtet werden und schließlich soll untersucht werden, inwieweit sich diese Ansätze oder Teilaspekte dieser Ansätze für die Theorie der Schlüsselereignisse eignen. An dieser Stelle soll noch einmal erwähnt werden, dass hierbei kein Versuch unternommen werden soll, das Forschungsgebiet der „Karriere von Themen" und der „Nachrichtenselektion" in seiner vollen Breite zu erfassen. Vorrangig geht es vielmehr darum, einige Ansätze, die sich mit der Karriere von Themen in der Medienberichterstattung befassen, und Teilaspekte ihrer Inhalte dahingehend zu untersuchen, Brauchbares für eine Erweiterung der Theorie der Schlüsselereignisse zu finden.

2. Die Nachrichtenwert-Theorie

Eine Theorie mit einer sehr langen Forschungstradition ist die Nachrichtenwert-Theorie. Hierbei geht man davon aus, dass jedes Ereignis bestimmte Faktoren besitzt, die es beachtenswert und interessant machen, so genannte Nachrichtenfaktoren, und dass diese Nachrichtenfaktoren einen generellen Einfluss auf die Selektionsentscheidungen der Journalisten haben.

2.1. Der Ursprung und die Entwicklung der Nachrichtenwert-Theorie

2.1.1. Forschungstradition in den USA – Walter Lippmann

Schon im Jahr 1922 stellte der amerikanische Journalist Walter Lippmann, der als Begründer der Nachrichtenwert-Theorie in den USA gilt, fest, dass Standardisierung, Stereotypen, die Vernachlässigung von Feinheiten und Routineurteile des Redakteurs unabdingbar seien[51]. „Selbst wenn alle Reporter der Welt Tag und Nacht arbeiteten, könnten sie nicht bei allen Ereignissen der Welt dabei sein."[52] Wie jeder Mensch in seinem Leben bestimmte Auswahlentscheidungen treffen müsse, so sei dies auch bei Medien und den darin arbeitenden Journalisten der Fall. Medien könnten nur Ausschnitte der Realität vermitteln und ob ein Ereignis tatsächlich zu einer Nachricht wird und somit in der Medienberichterstattung berücksichtigt wird, würde davon abhängen, was aus journalistischer Sicht überhaupt einen Nachrichtenwert besitzt. Lippmann erwähnt dabei verschiedene Faktoren, die eine Rolle spielen können, ob ein Ereignis berichtenswert ist oder nicht, beispielsweise die Ungewöhnlichkeit eines Ereignisses (Überraschung, Sensationalismus)[53], die zeitliche Begrenzung des Ereignisses (Dauer)[54] oder die Konsequenzen, die mit dem Ereignis verbunden sind (Relevanz, Schaden, Nutzen).[55] Ein Ereignis, das sehr viele, womöglich alle von Lippmann erwähnten Faktoren anspreche, habe eine höhere Chance zu einer Nachricht zu werden, als ein Ereignis das lediglich einen oder zwei oder vielleicht gar keinen dieser Faktoren anspreche, so der Autor.

2.1.2. Forschungstradition in Europa – Einar Östgaard

Unabhängig von dieser amerikanischen Forschungstradition entwickelte sich mit Einar Östgaard im Jahr 1965 eine europäische Forschungsrichtung. Östgaard beschrieb in seinem Aufsatz „Factors influencing the Flow of News" ebenfalls verschiedenste Faktoren, die eine Verzerrung des Nachrichtenflusses bewirken und dafür verantwortlich sind, dass sich die Realität in den Medien von dem, was wirklich geschah, unterscheidet.

Zunächst differenziert Östgaard zwischen internen und externen Faktoren.[56] Als externe Nachrichtenfaktoren werden von ihm politische und ökonomische Faktoren angesehen. Sie sind die direkte oder indirekte Einflussnahme von Regierungen, Nachrichtenagenturen und Eigentümern von Massenmedien aus politischen oder ökonomischen Interessen, beispielsweise Zensurmaßnahmen oder ökonomische Zwänge. Interne Nachrichtenfaktoren sind für Östgaard einzelne Aspekte von Nachrichten, die diese für die Rezipienten interessant machen. Dabei unterscheidet Östgaard zwischen drei wesentlichen Faktoren: Simplifikation, Identifikation und Sensationalismus[57]:

- *Simplifikation:* Hierunter versteht man die Tendenz der Nachrichtenmedien, möglichst einfach strukturierte Inhalte zu vermitteln. Dies kann soweit gehen, dass einfache Nachrichten komplizierteren vorgezogen werden oder komplexe Nachrichten ganz einfach aufgebaut und auf das Einfache reduziert werden.
- *Identifikation:* Durch geographische, kulturelle und zeitliche Nähe des berichteten Ereignisses versuchen die Medien die Aufmerksamkeit des Rezipienten zu erreichen. Auch der Status der Ereignisnation, der soziale Rang und die Prominenz der Akteure sowie jede Form der Personifizierung werden eingesetzt, um die Aufmerksamkeit des Rezipienten zu erreichen.
- *Sensationalismus:* Durch dramatische und emotional erregende Sachverhalte soll die Aufmerksamkeit beim Rezipienten erlangt werden.

Ob schließlich über ein Ereignis berichtet wird, hängt laut Östgaard davon ab, inwieweit diese Kriterien erfüllt sind. Je eher ein Ereignis diese Faktoren erfüllt, desto eher wird es die, wie er es bezeichnet, „news barrier"[58] überwinden und die Chance, dass eine Meldung zu einer Nachricht wird, wird größer. Aus diesen Überlegungen leitete Östgaard schließlich drei Hypothesen[59] ab, die das Verhältnis zwischen tatsächlicher Realität und Medienrealität erklären:

- Die Massenmedien übertreiben die Bedeutung individueller Handlungen der politischen Führer von Elite-Nationen und verstärken dadurch den Status Quo.
- Massenmedien stellen die Welt konflikthaltiger dar, als sie tatsächlich ist und sie betonen die Effektivität gewaltsamer Konfliktlösungen.
- Massenmedien tendieren dazu, die Teilung der Welt in Staaten mit hohem und niedrigem Status zu verstärken oder zumindest aufrechtzuerhalten.

Bei seinen Untersuchungen muss Östgaard jedoch eine gewisse theoretische Unschärfe vorgeworfen werden. So ergibt sich bei der Darstellung jener Faktoren, die den internationalen Nachrichtenfluss beeinflussen, auf mehreren Ebenen Anlass zu Kritik. Einerseits bleibt das Verhältnis zwischen externen und internen Nachrichtenfaktoren ungeklärt, andererseits gehen in die Differenzierung der internen Nachrichtenfaktoren verschiedene Dimensionen ein, die nicht voneinander abgegrenzt werden. Eine Unterscheidung zwischen Ereignissen und Nachrichten bzw. Meldungen erfolgt hier nicht, was dazu führt, dass sich ein Teil der Nachrichtenfaktoren auf Ereignisaspekte bezieht, ein anderer Teil auf Charakteristika von Meldungen.[60]

2.1.3. Die Untersuchungen von Johan Galtung und Mari Holmboe Ruge

Eine differenzierte Sichtweise von Östgaard und eine über sein Konzept hinaus-gehende Theorie stellten Johan Galtung und Mari Holmboe Ruge, ebenfalls im Jahr 1965, vor. Sie entwickelten eine Liste von einigen für sie offensichtlichen Einflüssen, die dafür verantwortlich sind, dass „Events" zu „News" werden.[61] Die ersten acht Faktoren gelten dabei als kultur-unabhängig, die letzten vier gelten als kulturell-abhängig und treffen nur auf Industrieländer mit freiem Nachrichtenwesen zu:

- *Frequenz:* Darunter versteht man die Zeitspanne, die das Geschehen braucht, um sich zu entwickeln und an Bedeutung zu gewinnen. Je mehr sie mit der Erscheinungsweise des Mediums übereinstimmt, um so eher wird das Ereignis publiziert, was bedeutet, dass kurzfristige Ereignisse bevorzugt werden. Über lang andauernde Ereignisse wird meist erst dann berichtet, wenn sie einen gewissen dramatischen Höhepunkt erreicht haben.
- *Aufmerksamkeitsschwelle:* Bevor ein Ereignis zur Nachricht wird, muss es eine Aufmerksamkeitsschwelle überwinden. Je größer Ausmaß und Intensität des Ereignisses sind und je mehr die Intensität noch wächst, umso eher wird darüber berichtet. Die Intensität wird dabei durch mehrere der nachfolgenden Nachrichtenfaktoren bestimmt.
- *Eindeutigkeit:* Je eindeutiger ein Ereignis, desto höher sind die Publikations-chancen. Mehrdimensionales Geschehen, das mehrere sich widersprechende Folgerungen zulässt, wird weniger häufig zur Nachricht.
- *Bedeutsamkeit:* Dem Publikum kulturell Vertrautes erhöht den Nachrich-tenwert. Je größer die kulturelle Nähe eines Ereignisses oder seine Relevanz für die Lebenssituation der Rezipienten ist, umso eher berichten die Massen-medien darüber.
- *Konsonanz:* Je größer die Übereinstimmung eines Ereignisses mit den Erwar-tungen oder Wünschen der Rezipienten, desto größer sind seine Publikations- und Beachtungschancen.
- *Überraschung:* Unvorhersehbarkeit, Seltenheit oder Kuriosität eines Ereig-nisses werden ebenfalls als bedeutend angesehen. Je unerwarteter ein Ereig-nis, desto eher wird darüber berichtet. Allerdings werden überraschende Ereignisse nur innerhalb von bedeutsamen und mit den Erwartungen der Rezipienten konsonanten Geschehensabläufen als bedeutsam erachtet.
- *Kontinuität:* Darunter versteht man die Etablierung eines Geschehenszusam-menhangs oder Themas in der Medienberichterstattung. Wenn ein Ereignis die Aufmerksamkeitsschwelle einmal überwunden hat, wird auch über das Folgegeschehen berichtet.
- *Variation:* Die Medien haben die Tendenz möglichst vielseitig zu berichten. Vergleichsweise unwichtige Ereignisse können deshalb größere Beachtungs-

chancen erlangen, wenn sie in Kontrast zu anderen Ereignissen oder Meldungen stehen.

- *Elite-Nationen:* Je stärker einflussreiche und mächtige Staaten in einem Ereignis eine Rolle spielen, umso eher wird darüber berichtet.
- *Elite-Personen:* Gleiches gilt für politisch bedeutsame oder prominente Personen. Auch sie können als Identifikationsobjekte dienen und den Nachrichtenwert eines Ereignisses erhöhen.
- *Personalisierung:* Je eher ein Ereignis auf individuelle Handlungen zurückgeführt werden kann, desto größer sind seine Publikations- und Beachtungschancen.
- *Negativität:* Je negativer ein Ereignis ist, umso eher wird darüber berichtet.

Dass diese zwölf Nachrichtenfaktoren nicht voneinander unabhängig sind, erklären Galtung und Ruge durch fünf Hypothesen[62], die das Zusammenwirken dieser Faktoren darstellen sollen:

- *Selektions-Hypothese:* Die Publikations- und Beachtungschancen eines Ereignisses sind umso größer, je mehr es die verschiedenen oben genannten Faktoren erfüllt.
- *Verzerrungs-Hypothese:* Wenn die Nachrichtenbarriere überwunden wurde, werden in einem zweiten Schritt die Aspekte betont, die es publikationswürdig machen.
- *Wiederholungs-Hypothese*: Da Selektions- und Verzerrungsprozesse auf allen Stufen des Nachrichtenflusses wirken, werden diese durch ihre Wiederholung zusätzlich verstärkt.
- *Additivitäts-Hyptohese:* Je mehr Faktoren auf ein Ereignis zutreffen, desto eher berichten die Massenmedien darüber.
- *Komplementaritäts-Hypothese:* Das Fehlen eines Faktors kann durch einen anderen kompensiert werden.

Eine Prüfung der Hypothesen mittels Inhaltsanalysen der Berichterstattung vier norwegischer Zeitungen, bei der die Nachrichtenfaktoren Bedeutsamkeit, Bezug zu Elite-Nationen, Bezug zu Elite-Personen und Negativität erfasst wurden und bei der die Komplementaritäts-Hypothese überprüft wurde, kam zu folgenden Feststellungen[63]:

- Je größer die kulturelle Entfernung einer Nation war, desto eher wurden die Aktionen von Elite-Personen in den Vordergrund gestellt.
- Je geringer der soziale Rang der Akteure war, desto negativer war das Ereignis.
- Zwischen kultureller Entfernung einer Nation und der Negativität einer Nachricht bestand kein Zusammenhang.

• Je größer die kulturelle Entfernung des Ereignisortes war, desto stärker wurde die Relevanz für den Rezipienten betont.

Kritik an diesen Ergebnissen kam von Winfried Schulz, der Galtung und Ruge vorwarf, dass die wenigen Befunde der empirischen Untersuchung in keinem rechten Verhältnis zu Umfang und Reichweite der von ihnen entworfenen Theorie stünden und man daher nicht davon sprechen könne, dass Galtung und Ruge ihre Hypothesen bestätigt hätten.[64] Zugute hält er ihnen jedoch die Plausibilität, den Informationsgehalt, die Systematik und die empirische Überprüfbarkeit ihrer Theorie, die zu einer Vielzahl von weiteren Untersuchungen anregte.

Staab kritisierte Galtung und Ruge ebenfalls, und zwar in Bezug auf die theoretischen Aspekte ihrer Überlegungen. Der Unterschied zwischen Selektions- und Additivitäts-Hypothese würde weitgehend unklar bleiben, andererseits seien die Additivitäts- und die Komplementaritäts-Hypothese logisch äquivalent: „Beide zielen auf denselben Sachverhalt ab, nämlich darauf, dass alle Nachrichtenfaktoren, die auf ein Ereignis oder eine Meldung zutreffen, die Publikations- und Beachtungswürdigkeit dieses Ereignisses oder dieser Meldung bestimmen. Additivität impliziert mit anderen Worten grundsätzlich Komplementarität, sodass die von den Autoren vorgenommene Differenzierung zwischen beiden Phänomenen nicht haltbar ist."[65]

Ein weiterer Kritiker von Galtung und Ruge, der an dieser Stelle erwähnt werden soll, ist Karl Erik Rosengren, der die empirische Überprüfung durch die Autoren dadurch in Frage stellte, dass diese nur anhand der Medienberichterstattung erfolgt sei. Die verzerrte Realität in den Medien hätte jedoch nur dahingehend befriedigend überprüft werden können, wenn man der Medienberichterstattung Daten gegenüberstelle, die Informationen über das tatsächliche Geschehen liefern, beispielsweise amtliche Quellen oder Statistiken.[66]

Dieser Ansatz wiederum wurde von Winfried Schulz kritisiert. Würde man, gemäß Rosengrens Vorschlag, so genannte Extra-Media-Daten zur Prüfung der Medienrealität heranziehen, dann wäre man schnell dem Zweifel ausgesetzt, ob Jahrbücher, Statistiken oder Dokumentationen tatsächlich mehr Realitätstreue besitzen als Nachrichten. „Selbst bei wohlwollender Zurückhaltung in der Quellenkritik kann man diesen Informationsträgern auch nur den Charakter von Selektionen und Interpretationen dessen, was die jeweiligen Herausgeber als ‚Realität' sehen oder ausgeben möchten, zubilligen. Folgt man also Rosengren, so vergleicht man nicht faktisches Geschehen mit den Berichten der Medien darüber, sondern nur Berichte aus verschiedenen Quellen miteinander (wobei sich die Quellen zwar unterschiedlicher Selektionsregeln bedienen können, die jedoch nur als Differenz, nicht als ‚richtig' oder ‚falsch' zu interpretieren sind.)"[67]

Für Schulz sind Nachrichtenfaktoren deshalb nicht mehr objektive Ereignismerkmale, sondern vielmehr journalistische Hypothesen von Realität. „Je mehr eine Meldung dem entspricht, was Journalisten für wichtige und mithin berichtenswerte Eigenschaften der Realität halten, desto größer ist ihr Nachrichtenwert."[68]

2.1.4. Theoretische Neuorientierung durch Winfried Schulz

Für die Durchführung seiner Inhaltsanalysen überarbeitete Schulz den Nachrichtenfaktoren-Katalog von Galtung und Ruge in Bezug auf dessen Operationalisierbarkeit. Er suchte nach empirischen Indikatoren, die eine verlässliche Zuschreibung der Nachrichtenfaktoren bei der Untersuchung der Berichterstattung gewährleisteten.[69] Dieser überarbeitete Faktorenkatalog besteht nunmehr aus sechs Faktorendimensionen mit insgesamt 18 Nachrichtenfaktoren:

- *Faktorendimension „Zeit":* beinhaltet die Nachrichtenfaktoren „Dauer" (eines Geschehensablaufs) und „Thematisierung" (Etablierung eines Geschehensablaufs in den Medien).
- *Faktorendimension „Nähe":* beinhaltet die Nachrichtenfaktoren „räumliche Nähe" (geographische Entfernung zwischen Ort des Geschehens und Redaktionssitz), „politische Nähe" (bündnis- und wirtschaftspolitische Beziehungen) und „kulturelle Nähe" (sprachliche, religiöse, literarische und wissenschaftliche Beziehungen zum Ereignisland) sowie den Nachrichtenfaktor „Relevanz" (Betroffenheit und existentielle Bedeutung eines Ereignisses). Die Faktoren „politische Nähe" und „kulturelle Nähe" haben jedoch nur im Zusammenhang mit internationalen Ereignissen eine Bedeutung.
- *Faktorendimension „Status":* beinhaltet die Nachrichtenfaktoren „regionale Zentralität" (politisch-ökonomische Bedeutung der Ereignisregion bei nationalen Nachrichten), „nationale Zentralität" (wirtschaftliche, wissenschaftliche und militärische Macht des Ereignislandes bei internationalen Nachrichten), „persönlicher Einfluss" (politische Macht der beteiligten Personen) und „Prominenz" (Bekanntheit der Personen bei unpolitischen Meldungen).
- *Faktorendimension „Dynamik":* beinhaltet die Nachrichtenfaktoren „Überraschung" (Unvorhersehbarkeit), „Struktur" (Komplexität) und „Intensität".
- *Faktorendimension „Valenz":* beinhaltet die Nachrichtenfaktoren „Konflikt" (politische Ereignisse mit aggressivem Charakter), „Kriminalität", „Schaden" (Misserfolge von Personen, Sach- und finanzielle Schäden) und „Erfolg" (Fortschritt auf politischem, wissenschaftlichem und kulturellem Gebiet).
- *Faktorendimension „Identifikation":* beinhaltet die Nachrichtenfaktoren „Personalisierung" und „Ethnozentrismus" (Bezug des Ereignisses auf die Eigengruppe).

Den Zusammenhang zwischen Nachrichtenfaktoren und Nachrichtenwert überprüfte Schulz schließlich mittels einer Inhaltsanalyse verschiedenster Medien (bundesdeutsche Tageszeitungen, Nachrichtensendungen von Hörfunksendern und Fernsehanstalten,...) über elf Tage im Juni 1975 hindurch. Differenziert wurde zwischen nationaler Politik, internationaler Politik und unpolitischem Geschehen. Der Einfluss der Nachrichtenfaktoren auf die Selektionsentscheidung wurde nicht direkt untersucht, sondern der Zusammenhang zwischen der Intensität der Nachrichtenfaktoren (anhand einer vierstufigen Skala) und einem von ihm berechneten „Nachrichtenwert-Index" ermittelt.[70]

In einem ersten Schritt wurden die relative Häufigkeit und die mittlere Intensität der Faktoren in den verschiedenen Medien verglichen. Das Ergebnis war, dass bei politischen Meldungen die Nachrichtenfaktoren Dauer, Zentralität, Personalisierung, persönlicher Einfluss sowie Thematisierung eine große Rolle spielten, bei internationalen Meldungen kam noch der Nachrichtenfaktor räumliche, politische und kulturelle Nähe hinzu. Wenig Relevanz hatten die Faktoren Kriminalität, Schaden, Erfolg und Überraschung bei politischen Meldungen, bei unpolitischen Meldungen hingegen waren diese Nachrichtenfaktoren sehr wohl von Bedeutung.[71] In einem zweiten Analyseschritt wurde die Bedeutung der Nachrichtenfaktoren für den Nachrichtenwert der Meldungen in den verschiedenen Medien, gemessen am Nachrichtenwert-Index, untersucht. Hier kam Schulz zu dem Ergebnis, dass sowohl bei allen Meldungstypen, als auch beim Vergleich der verschiedenen Medien vor allem die Nachrichtenfaktoren Thematisierung, Relevanz und persönlicher Einfluss eine hohe positive Korrelation mit dem Nachrichtenwert aufwiesen, wohingegen beim Faktor Struktur hohe negative Korrelationen auftraten.[72] „Man kann hieraus folgern, dass komplexe Meldungen zu langfristig eingeführten Themen, die durch hohe Relevanz und – bei politischen Ereignissen – durch Beteiligung einflussreicher und mächtiger Personen bzw. Institutionen gekennzeichnet sind, die besondere Aufmerksamkeit der Massenmedien erlangen."[73] In einem dritten Schritt wurde die Bedeutung der Nachrichtenfaktoren für den Nachrichtenwert in den verschiedenen Medien untersucht. Das Ergebnis war, dass die Nachrichtenfaktoren insgesamt den Nachrichtenwert internationaler politischer Meldungen stärker bestimmten, als bei nationalen politischen und unpolitischen Meldungen.[74] Dies wertet Schulz als Bestätigung der von Galtung und Ruge aufgestellten Verzerrungs-Hypothese: „Je mehr Stufen im Nachrichtenfluss ein Ereignis durchläuft, desto stärker werden die Merkmale, die seinen Nachrichtenwert bestimmen, akzentuiert; zweifellos haben internationale Nachrichten einen oft sehr viel längeren Übermittlungs- und Verarbeitungsweg als innerdeutsche Meldungen."[75]

Spezifiziert wurde durch seine Untersuchungen auch die von Galtung und Ruge aufgestellte Additivitäts-Hypothese, wonach der Nachrichtenwert eines Ereignisses zunimmt, je mehr Nachrichtenfaktoren zutreffen. „Tatsächlich kann man diese Aussage auf ein halbes Dutzend Faktoren beschränken: Komplexität, Thematisierung, Persönlicher Einfluss, Ethnozentrismus, Negativismus und Erfolg. Je mehr dieser Faktoren auf ein Ereignis zutreffen, desto größer die Wahrscheinlichkeit, dass es von den Medien in auffälliger Weise herausgestellt wird."[76]

1977 führte Schulz eine weitere Studie, diesmal zur Wirksamkeit von Faktoren bei der Nachrichtenrezeption, durch. Dazu modifizierte er seine eigene Faktorenliste und kam nun auf sechs Faktorendimensionen mit insgesamt 20 Nachrichtenfaktoren:[77]

- *Faktorendimension „Status":* beinhaltet die Nachrichtenfaktoren „Beteiligung von Elite-Nationen", „institutioneller Einfluss" und „Beteiligung von Elite-Personen".
- *Faktorendimension „Relevanz":* beinhaltet die Nachrichtenfaktoren „Nähe", „Ethnozentrismus", „Tragweite" und „Betroffenheit".
- *Faktorendimension „Dynamik":* beinhaltet die Nachrichtenfaktoren „Frequenz", „Vorhersehbarkeit", „Ungewissheit" und „Überraschung".
- *Faktorendimension „Konsonanz":* beinhaltet die Nachrichtenfaktoren „Kontinuität", „Thematisierung" und „Stereotypie".
- *Faktorendimension „Valenz":* beinhaltet die Nachrichtenfaktoren „Aggression", „Kontroverse", „Erfolg" und „Werte".
- *Faktorendimension „Human Interest":* beinhaltet die Nachrichtenfaktoren „Personalisierung" und „Emotionalisierung".

Der von Schulz überarbeitete Nachrichtenfaktoren-Katalog von Galtung und Ruge wurde schließlich zu einem Standard-Instrument der Nachrichtenforschung und bildet bis heute die Grundlage einer praktisch nicht mehr überschaubaren Zahl von empirischen Analysen.[78]

2.1.5. Jürgen Wilke und Bernhard Rosenberger: Input-Output-Analyse

Da aber auch in den Untersuchungen von Schulz der Auswahlprozess nicht berücksichtigt wurde, sondern dort angesetzt wurde, wo die Auswahlentscheidungen schon gefallen sind, sind auch seine Überlegungen in einem gewissen Maß als unbefriedigend anzusehen.[79] Dieses Manko versuchten Jürgen Wilke und Bernhard Rosenberger im Jahr 1989 zu beseitigen, indem sie vom 16. bis 22. Januar 1989 mittels einer Input-Output-Analyse in der US-amerikanischen Nachrichtenagentur Associated Press untersuchten, wie stark die Nachrichtenfaktoren die Selektionsentscheidungen der Journalisten beeinflussen.[80] Sie beschränkten sich in ihrer Analyse auf die Nachrichtenfaktoren Nähe, Ethnozentrismus, Bezug zu den USA, Dauer, Relevanz, Thematisierung, Elite-Personen, Elite-Nationen und Negativismus.[81] Als nächster Schritt wurde festgestellt, welche dieser Nachrichtenfaktoren auftraten und dann die Gesamtintensität – die Zahl der vorhandenen Nachrichtenfaktoren – berechnet. Das Ergebnis war, dass es zwischen den ausgewählten und nicht ausgewählten Meldungen in Bezug auf den Nachrichtenwert nur marginale Unterschiede gab. Es gab also keinen Hinweis dafür, dass die Nachrichtenfaktoren ein ausschlaggebender Faktor bei der Selektionsentscheidung sind[82]. „Zwar lassen sich einige systematische Präferenzen feststellen (z.B. Sachgebiet, Ereignisregion), aber dass durchgängig die Nachrichten mit dem höheren Nachrichtenwert bevorzugt würden, lässt sich nicht sagen."[83] Der Verdacht lag somit nahe, dass es „im Auswahlprozess (zumindest bezüglich der Auslandsnachrichten) gewisse Beliebigkeiten oder Zufälligkeiten gibt. Statt einer bestimmten Nachricht könnte mitunter ebenso eine andere ausgewählt werden, die den gleichen oder zumindest einen ähnlichen Nachrichtenwert hätte",[84] so das Ergebnis ihrer Untersuchung.

2.1.6. Überlegungen von Hans Mathias Kepplinger

Kritik kam auch von Hans Mathias Kepplinger, und zwar an Schulzes Versuch, eine allgemeine Erklärung über die Selektionskriterien, auch bei verschiedenen Themen oder Ereignissen, zu liefern. Dies ist für Kepplinger nicht der richtige Weg: „Nachrichtenfaktoren gelten zwar generell, die Selektionskriterien, die ihnen einen Nachrichtenwert zuweisen, sind dagegen themenspezifisch."[85] Man vergleiche nur eine Umweltkatastrophe mit einer politischen Konferenz.

Auch wenn für Schulz anfänglich nicht allein die Nachrichtenfaktoren Kriterien der Selektionsentscheidung waren, sondern auch die journalistischen Einschätzungen, so wurden letztere nicht in seine empirischen Überprüfungen miteinbezogen. Schulz konzentrierte sich vielmehr auf die neuen Elemente seiner Theorie, was den Eindruck vermittelte, dass allein sie die Nachrichtenauswahl steuern würden.[86] Das machte die Nachrichtenwert-Theorie zu einer allgemeingültigen, dauerhaften und stabilen Theorie für die Nachrichtenauswahl. Die Frage aber, ob der Faktor Zeit sich nicht auf die Selektionskriterien auswirkt und somit auch die Bedeutung von Nachrichtenfaktoren verändern kann, wird hier nicht aufgeworfen. Dies ist jedoch eine Tatsache, die durch Langzeitstudien, u. a. von Jürgen Wilke (1984) oder Hans Mathias Kepplinger und Helga Weißbecker (1991) belegt wurde.[87]

2.1.7. Untersuchung von Joachim Friedrich Staab

Im Jahre 1990 nahm auch Joachim Friedrich Staab eine ausführliche Untersuchung zur Nachrichtenwert-Theorie vor. Dabei wollte er sich allerdings von dem bisherigen Kausalmodell der Selektionsentscheidungen entfernen und nachweisen, dass Faktoren auch Folgen – nicht nur objektive Ursachen – der Nachrichtenauswahl sein können. Der Vorstellung folgend, dass Journalisten mit ihrer

Berichterstattung auch ganz bestimmte Ziele und Zwecke verfolgen, entwarf Staab das so genannte Finalmodell, das die (vor allem politischen) Intentionen der Journalisten berücksichtigen sollte.[88] In seiner Studie wollte er nun überprüfen, inwieweit das herkömmliche Kausalmodell (Nachrichtenfaktoren fungieren ausschließlich als Ursachen der Nachrichtengebung) oder aber sein Finalmodell (betrachtet Nachrichtenfaktoren auch als Folgen von Publikumsentscheidungen) auf den Selektionsprozess zutreffen. Dazu modifizierte Staab den Faktorenkatalog von Schulz (1977). Aus dieser Modifizierung ergaben sich insgesamt 22 Nachrichtenfaktoren:[89]

- *Räumliche Nähe*: Entfernung des Ereignislandes zur Bundesrepublik Deutschland; trifft nur auf internationale Ereignisse zu
- *Politische Nähe:* Ähnlichkeit der Herrschaftssysteme, der außenpolitischen Zielsetzung und der Verteidigungspolitik zwischen dem Ereignisland und der Bundesrepublik Deutschland; trifft nur auf internationale Ereignisse zu
- *Wirtschaftliche Nähe:* Ähnlichkeit der Wirtschaftssysteme und Intensität der Wirtschaftsbeziehungen zwischen dem Ereignisland und der Bundesrepublik Deutschland; trifft nur auf internationale Ereignisse zu
- *Kulturelle Nähe:* Ähnlichkeit von Sprache, Religion und Kultur zwischen dem Ereignisland und der Bundesrepublik Deutschland; trifft nur auf internationale Ereignisse zu
- *Status der Ereignisnation:* wirtschaftliche, politische und militärische Bedeutung von Nationen; dieser Nachrichtenfaktor ist bei nationalen Ereignissen konstant
- *Institutioneller Einfluss:* politische, wirtschaftliche oder kulturelle Macht einer Institution
- *Persönlicher Einfluss:* politische, wirtschaftliche oder kulturelle Macht einer Person. Repräsentiert eine Person eine Institution, wird nur der Einfluss der Institution, nicht der persönliche Einfluss ermittelt
- *Prominenz:* Grad der Bekanntheit einer Person – unabhängig von ihrem Einfluss
- *Personalisierung:* Bedeutung von Personen für den berichteten Sachverhalt
- *Kontroverse:* Kontrastierung von Meinungsunterschieden
- *Aggression:* Androhung oder Anwendung von Gewalt mit dem Ziel der Schädigung
- *Demonstration:* die kollektive Darstellung von Zielen
- *Überraschung:* das Ausmaß der Erwartungswidrigkeit von Ereignissen
- *Reichweite:* die Anzahl der Personen, die an einem Ereignis teilnehmen oder direkt von ihm betroffen sind
- *Tatsächlicher Nutzen/Erfolg:* nach allgemeinem Verständnis die positiven Auswirkungen eines Ereignisses

- *Möglicher Nutzen/Erfolg:* nach allgemeinem Verständnis die positiven Auswirkungen eines Ereignisses, die wahrscheinlich oder eventuell eintreten können
- *Tatsächlicher Schaden/Misserfolg:* nach allgemeinem Verständnis die negativen Auswirkungen eines Ereignisses
- *Möglicher Schaden/Misserfolg:* nach allgemeinem Verständnis die negativen Auswirkungen eines Ereignissen, die wahrscheinlich oder eventuell eintreten können
- *Zusammenhang mit Themen:* die inhaltliche Verbindung zwischen den berichteten Ereignissen oder Sachverhalten und eingeführten Themen
- *Etablierung der Themen:* der Beachtungszeitraum, der den Themen in den Medien eingeräumt wird
- *Faktizität:* die Ereignishaftigkeit von Meldungen

Die Nachrichtenfaktoren unterschied er dabei in quasi objektive Faktoren (hierunter fallen die Faktoren politische Nähe, wirtschaftliche Nähe, kulturelle Nähe, Status der Ereignisnation und Status der Ereignisregion) und quasi subjektive Faktoren (institutioneller Einfluss, persönlicher Einfluss, Prominenz, Personalisierung, Kontroverse, Aggression, Demonstration, Überraschung, Reichweite, tatsächlicher Nutzen/Erfolg, tatsächlicher Schaden/Misserfolg, möglicher Schaden/Misserfolg, Zusammenhang mit Themen, Etablierung der Themen und Faktizität).[90] Jeder Faktor wurde wieder in vier Stufen bezüglich Intensität eingeteilt. Mit dieser Einteilung wollte Staab die mangelnde Trennschärfe und ungenügende Differenzierung der bisherigen Kataloge beseitigen. Mithilfe einer Inhaltsanalyse verschiedenster Zeitungen, Hörfunk- und Fernsehsendungen erhob Staab von 1. Jänner bis 30. November die nationale und internationale politische Gesamtberichterstattung der Massenmedien. Dabei spielten nicht nur die Nachrichtenfaktoren eine Rolle, auch Umfang, Platzierung und zentrales Thema von Beiträgen wurden berücksichtigt. Das Ergebnis seiner Untersuchung zeigte, dass sowohl der Umfang als auch die Platzierung eines Beitrages von Nachrichtenfaktoren beeinflusst werden, allerdings sei der Einfluss der Platzierung wesentlich schwächer.

Auch Staab stellte fest, dass bei nationaler und internationaler Berichterstattung unterschiedliche Faktoren unterschiedlich stark wirken. Zudem brachten ihn die Beobachtungen, wie unterschiedlich über ein und dasselbe Ereignis in verschiedenen seriösen Zeitungen berichtet wurde und dass vielmehr die Anzahl als die Intensität vorhandener Faktoren maßgeblich für die Beachtung ist, zu der Überzeugung, dass Journalisten tatsächlich eine unterschiedliche Gewichtung der Ereignisse vornehmen und ihnen mehr Faktoren zuschreiben, je wichtiger sie ihnen erscheinen. Als wirksamste Faktoren über alle Gattungen hinweg erwiesen sich Prominenz, Kontroverse, Schaden und Reichweite.

Staab verwarf damit nicht das bisherige Kausalmodell, sondern betrachtete sein Finalmodell als sinnvolle Ergänzung zur Interpretation von selektiven Prozessen. Sowohl das Kausalmodell als auch das Finalmodell können allerdings nur einen begrenzten Geltungsbereich beanspruchen, da sie den eigentlichen Selektionsprozess ausklammern und sich auf die Beschreibung von Strukturen in der Medienrealität beschränken. „Deshalb muss die Frage offen bleiben, ob „objektive" Nachrichtenfaktoren, institutionelle Prozesse (z. B. Einflussnahmen des Verlegers oder des Chefredakteurs), strukturelle Vorgaben (z. B. Raum- bzw. Zeitmangel) oder subjektive Kriterien (beispielsweise Wertsystem oder Einstellungen) die Entscheidungen von Journalisten, über ein Ereignis oder einen Sachverhalt überhaupt zu berichten, steuern und in welchem Verhältnis die verschiedenen potenziellen Einflussgrößen zueinander stehen."[91] Diese Frage könne nicht nur mit quantitativen Inhaltsanalysen beantwortet werden, sondern verlange nach einem breiten methodischen Zugriff (Kombination mit detaillierten Befragungen von Journalisten und Beobachtungen in den Redaktionen).[92]

2.2. Brauchbare Elemente für die Theorie der Schlüsselereignisse

2.2.1. Je mehr Nachrichtenfaktoren, desto besser – auch auf Schlüsselereignisse zutreffend?

Die zentrale Fragestellung lautet: Hat ein Ereignis, das besonders viele Nachrichtenfaktoren abdeckt, eher die Chance zu einem Schlüsselereignis zu werden? Auf der Suche nach brauchbaren Elementen aus der Nachrichtenwert-Theorie für die Theorie der Schlüsselereignisse wird zu Beginn dieses Kapitels folgende These aufgestellt: *Ein Ereignis, das möglichst viele Nachrichtenfaktoren abdeckt, hat eher die Chance zu einem Schlüsselereignis zu werden, als ein Ereignis, das wenige Nachrichtenfaktoren aufweist.* Ob diese These tatsächlich zutreffend ist und ob die Nachrichtenwert-Theorie Elemente beinhaltet, die auch für die Theorie der Schlüsselereignisse geltend gemacht werden können, soll an dieser Stelle geklärt werden. Dazu wird noch einmal die Definition von Schlüsselereignissen in Erinnerung gerufen: „Bei einem Schlüsselereignis handelt es sich um ein spektakuläres Ereignis, das die Aufmerksamkeit der Medien in besonderem Maß auf sich zieht. Es muss dazu etwas Einzigartiges haben, sei es, dass es einen neuen Sachverhalt beinhaltet oder eine besonders große Tragweite besitzt."[93]

In Anlehnung an diese Definition und an die wesentlichen Merkmale, die ein Schlüsselereignis ausmachen, nämlich „außergewöhnliches Ereignis mit einer besonderen Tragweite oder einem neuen Sachverhalt", wird man feststellen, dass sich diese Merkmale in einzelnen Nachrichtenfaktoren und somit auch in der Nachrichtenwert-Theorie wieder finden. Wirft man einen Blick auf die von Hans

Joachim Staab erwähnten Nachrichtenfaktoren, so wäre nun die Folgerung logisch, dass ein Ereignis, das viele dieser Nachrichtenfaktoren abdeckt, eher die Chance hat, ein Schlüsselereignis zu sein, als ein Ereignis das wenige Nachrichtenfaktoren abdeckt.

Eines ist nun jedoch zu bemerken: Bei einem Schlüsselereignis, bei dem die Außergewöhnlichkeit im Vordergrund steht, wird es schwerlich, wenn überhaupt vorkommen, dass das Ereignis durch die journalistischen Selektionskriterien fällt, es sei denn aus genrebezogenen oder länderbezogenen Gründen, die bereits ausführlich besprochen wurden. Das Schlüsselereignis hat somit eine gewisse Eigendynamik in Bezug auf seine Präsenz in der Medienberichterstattung entwickelt. Selbst wenn lediglich ein oder zwei Nachrichtenfaktoren auf das Schlüsselereignis zutreffen, wird sich die Frage nicht stellen, ob über das Ereignis berichtet werden soll. Die Tatsache alleine, dass es sich bei einem Schlüsselereignis um ein besonders außergewöhnliches Ereignis handelt, ist der ausschlaggebende Faktor. Der Umstand, dass das Schlüsselereignis umso berichtenswerter wird, je mehr Nachrichtenfaktoren zutreffen, ist also nicht zwingend. Ein Schlüsselereignis ist in jedem Fall berichtenswert und der Journalist kann sich einer Berichterstattung über das Ereignis nicht entziehen.

Die oben aufgestellte These muss somit widerlegt werden. Für die Außergewöhnlichkeit eines Ereignisses und für die Tatsache, dass es sich um ein Schlüsselereignis handelt, kann bereits ein Nachrichtenfaktor ausreichend sein. In weiterer Folge könnte man die Ereignisse, über welche in den Medien berichtet wird, folgendermaßen einteilen:

- Es gibt Ereignisse, die bestimmte Faktoren besitzen, die es beachtenswert und interessant machen und diese Faktoren haben einen generellen Einfluss auf die Selektionsentscheidungen der Journalisten. Je mehr Faktoren ein Ereignis beinhaltet, desto berichtenswerter wird es.
- Es gibt Ereignisse, die unter Umständen nur einen Faktor besitzen, der sie beachtenswert und interessant macht. Dieser Faktor zeichnet das Ereignis allerdings in großem Maße aus und macht es besonders außergewöhnlich. Zudem hat dieses Ereignis eine derart große Tragweite, dass sich die Frage, ob der Journalist das Ereignis unter Umständen selektieren könnte, gar nicht erst stellt. Einzig die Art und Weise, wie über das Ereignis berichtet wird, kann auf (Selektions-)Entscheidungen des Journalisten zurückgehen. Hierbei handelt es sich um ein Schlüsselereignis.

2.2.2. Sonderstellung der Nachrichtenfaktoren „Negativität" und „Positivität"

Besonderes Augenmerk soll an dieser Stelle auf den Nachrichtenfaktor „Negativität" gelegt werden, der von einzelnen Autoren bei der Vorstellung der Nachrichtenwert-Theorie auch als Aggression oder möglicher/tatsächlicher Schaden bezeichnet wird. Dies geschieht hier vor allem aus dem Grund, dass in sämtlichen Veröffentlichungen, die sich mit dem Thema „Schlüsselereignisse" befassen, negative Beispiele erwähnt werden:

- Hans Mathias Kepplinger und Johanna Habermeier ziehen in ihrem Aufsatz „Ereignis-Serien. Was kann man nach spektakulären Vorfällen über die Wirklichkeit wissen" das Tanklaster-Unglück in Herborn 1987, das Erdbeben in San Francisco 1989 und die Bekanntgabe der Aids-Erkrankung von Rock Hudson 1985 als Schlüsselereignisse heran.[94]
- Wolfgang Leitner spricht in seiner Magisterarbeit über die S-Bahn in der Münchner Tagespresse von einem „Pannenwinter", der zum Schlüsselereignis für die Berichterstattung über die unpünktliche, schmutzige, verspätete S-Bahn wurde.[95]
- Hans-Bernd Brosius und Peter Eps beschreiben in ihrem Aufsatz die Anschläge in Hoyerswerda, Solingen, Mölln und Rostock als Schlüsselereignisse. Und auch hier wird nochmals auf das Tanklaster-Unglück in Herborn als Schlüsselereignis eingegangen.[96]
- Philipp Vetter widmet seine Seminararbeit „Ist die ‚Teuro'-Debatte mit der Theorie der Schlüsselereignisse erklärbar", der „Verteuerung, die durch den Euro entstanden ist". Auch hier wird anhand eines Negativ-Beispiels die Theorie der Schlüsselereignisse herangezogen.[97]
- Jürgen Wilke erklärt in seinem Aufsatz „Dass der Jammer und das Elend mit keiner Feder zu beschreiben sey" das Erdbeben von Lissabon 1755 als Schlüsselereignis in der Presseberichterstattung.[98]

An dieser Stelle sei auf den Beitrag „Negativität als Nachrichtenideologie" von Hans Mathias Kepplinger und Helga Weißbecker verwiesen. Die beiden Autoren gehen davon aus, dass sich das Konzept eines kritischen Journalismus im Laufe der letzten Jahrzehnte in Richtung negative Berichterstattung geändert hätte: „Dabei hat die Verpflichtung zu einer kritischen Haltung gegenüber der Glaubwürdigkeit der Quellen und der Richtigkeit von Informationen einer Verpflichtung zur Publikation negativer Wertungen Platz gemacht, die kaum in Frage gestellt werden kann."[99] Im Rahmen einer Untersuchung der aktuellen Berichterstattung in der Bundesrepublik Deutschland im Hessischen Rundfunk seit den 50er Jahren kamen die Autoren zu folgenden Ergebnissen:

- Von 1955 bis 1985 wurden mehr Nachrichten über negative als über positive aktuelle Ereignisse veröffentlicht.
- Der Ereignishintergrund der weitaus meisten Nachrichten über aktuelle Ereignisse war negativ.

- Die wachsende Konzentration der Nachrichten auf negative aktuelle Ereignisse war weitgehend unabhängig von ihrem jeweiligen Ereignishintergrund.
- Die wachsende Konzentration der Nachrichten auf negative aktuelle Ereignisse zeigte sich in der Berichterstattung über sieben von zwölf Lebensbereichen, auf die 83 von Hundert Beiträgen entfielen.[100]

Auch wenn diese Analyse bereits einige Jahre zurückliegt, hat sie nichts an ihrer Aktualität verloren. Negativität ist ein Faktor, der heute nach wie vor in der Berichterstattung dominant ist. Es ist nun anzunehmen, dass im zunehmenden Negativismus in der Berichterstattung auch der Grund dafür liegt, dass eher negative Schlüsselereignisse vorrangig Berücksichtigung finden, etwa nach dem Motto: „Only bad news are good news".

Auch wenn das Credo der Nachrichtenwert-Theorie „Je mehr Nachrichtenfaktoren, desto berichtenswerter" nicht unbedingt auf die Theorie der Schlüsselereignisse zutrifft, so ist die Nachrichtenwert-Theorie dennoch sehr brauchbar, denn durch die Auflistung der Nachrichtenfaktoren wird sehr gut beschrieben, in welche Richtung die Außergewöhnlichkeit des Schlüsselereignisses gehen kann. Dass jedoch ein Ereignis, das viele Nachrichtenfaktoren abdeckt, eher die Chance hat, zu einem Schlüsselereignis zu werden, ist nicht unbedingt zwingend.

2.2.3. Hypothesen

Resultierend aus diesen Überlegungen werden folgende Hypothesen für die empirische Untersuchung aufgestellt:

- *Hypothese 5:* Anders als bei der Nachrichtenwert-Theorie ist die Anzahl der Nachrichtenfaktoren bei einem Schlüsselereignis unerheblich. Es kann bereits ein Nachrichtenfaktor ausreichend dafür sein, dass es sich um ein Schlüsselereignis handelt und nicht wie bei der Nachrichtenwert-Theorie angenommen, je mehr, desto besser. Ein Nachrichtenfaktor ist theoretisch ausreichend, dieser muss allerdings der Außergewöhnlichkeit des Ereignisses Rechnung tragen.
- *Hypothese 6:* Negative Ereignisse haben eher die Chance zu einem Schlüsselereignis zu werden.

3. Die Gatekeeping-Theorie

3.1. Begriffserklärung

Im Zusammenhang mit den Medien wird der Begriff „Gatekeeping" als Prozess der Produktion und Selektion von Informationen und Nachrichten durch einen Kommunikator bezeichnet. Im Mittelpunkt steht die Frage, wie dieser Kommunikator „aus der Vielfalt der Ereignisse der Welt jene selektiv auswählt, über die dann aus je anderen Perspektiven in den Massenmedien berichtet wird."[101] Der Kommunikator fungiert dabei als so genannter „Gatekeeper" oder übersetzt „Schleusenwärter" der Massenmedien.

Eine brauchbare Definition liefert auch Pamela Shoemaker: „Gatekeeping is the process by which the billions of messages that are available in the world are cut down and transformed into hundreds of messages that reach a given person on a given day."[102] Vereinfacht dargestellt ist es der Gatekeeper, der entscheidet, ob die Öffentlichkeit über ein gewisses Ereignis informiert werden soll oder nicht. Der Rezipient erhält also nicht eine unselektierte und hundertprozentige Abbildung der Wirklichkeit, vielmehr wird er über einen Großteil der Ereignisse nicht informiert.

3.2. Historische Entwicklung des Gatekeeping-Ansatzes

3.2.1. Anfänge durch Kurt Lewin

Die Anfänge der Gatekeeping-Forschung gehen auf den amerikanischen Sozialpsychologen Kurt Lewin zurück. Lewin benutzte den Begriff zwar nicht im Zusammenhang mit der Kommunikatorforschung, seine Untersuchung in den 1940er Jahren, die sich mit dem Entscheidungsprozess der Lebensmittelauswahl von Frauen während der Kriegszeit beschäftigte, wurde jedoch zum Fundament in der Gatekeeping-Forschung.[103]

3.2.2. Untersuchungen von David Manning White

Im Jahr 1950 nahm David Manning White die Untersuchungsergebnisse von Lewin auf und versuchte damit als erster im Bereich der Kommunikationswissenschaft den Entscheidungsprozess bei der Nachrichtenauswahl durch die Schlüsselposition einzelner Entscheidungsträger in sozialen Gruppen zu verdeutlichen.[104] Zu diesem Zweck untersuchte er das Selektionsverhalten des „wire editors" einer kleinen Tageszeitung im mittleren Westen über eine Woche. Diesen „wire editor", der für die Auswahl, Bearbeitung und Weiterleitung von Agenturmeldungen verantwortlich war, nannte er „Mr. Gates".[105]

Drei Methoden kombinierte White in seiner Untersuchung: Mit einer Input-Output-Analyse verglich er die Themenstruktur der von Mr. Gates nicht ausgewählten Agenturmeldungen; mit einem Copy-Test untersuchte er die Ursachen der Nachrichtenauswahl, indem er Mr. Gates bat, jeden Tag nach Redaktionsschluss die nicht berücksichtigten Agenturmeldungen nochmals durchzusehen und seine Entscheidungsgründe auf der Rückseite zu notieren; mit einer halbstrukturierten Befragung ermittelte er außerdem das Selbstverständnis des „wire editors" und ergänzte damit die Ergebnisse des Copy-Tests.

Bei der Input-Output-Analyse zeigte sich, dass Mr. Gates politischen Themen (nationalen wie internationalen), „Human Interest"-Themen und Meldungen, die sich mit Kriminalität beschäftigten, den Vorzug gab. Die Entscheidungsgründe, die mit Hilfe des Copy-Tests ermittelt wurden, fasste White zu zwei Klassen von Aussagen zusammen: Es waren einerseits subjektive Selektionskriterien, nach denen Meldungen als nicht berichtenswert eingestuft wurden, da sie beispielsweise zu wenig interessant oder zu trivial geschrieben waren und andererseits objektive bzw. normale Selektionskriterien, nach denen die Nachrichtenauswahl auf äußere Faktoren, wie beispielsweise die Länge einer Meldung, zurückgeführt wurde. Die Ergebnisse der Befragung bestätigten den Einfluss subjektiver Dispositionen und Einstellungen auf die Selektionsentscheidungen.[106]

McQuail und Windahl präsentierten im Jahr 1981 eine grafisch dargestellte Version von White's Gatekeeper-Modell. N steht dabei für die Nachrichtenquellen, N1 bis N4 sind verschiedene Nachrichten, M bezeichnet das Publikum, also jene, für die die Nachrichten bestimmt sind. Die Nachrichtenquellen senden die verschiedenen Nachrichten an den Gatekeeper, der einzelne verwertet (N2, N3), andere wiederum selektiert und nicht verwertet (N1, N4).

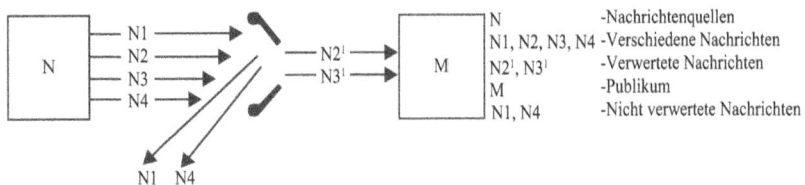

Abb. 8: Gatekeeper-Modell nach McQuail und Windahl

Das Gatekeeping-Modell von White wurde schließlich von Bruce W. Westley und Malcolm S. MacLean in ein theoretisches Modell der Massenkommunikation integriert. Bestimmte Ereignisse gelangen nur zum Rezipienten über den Gatekeeper. Dabei kann eine weitere Selektionsinstanz auftreten, die zwischen den Ereignissen und dem Gatekeeper steht, beispielsweise ein Politiker oder ein Pressesprecher. Der Informationsprozess wird somit ein zwei- bzw. dreistufiger Prozess. Zusätzlich sind die drei Akteure in diesem Modell durch Feedback-Prozesse miteinander verbunden.

3.3. Die drei wegweisenden Forschungsrichtungen

David Manning White lieferte schließlich eine Grundlage für eine Reihe von weiteren Untersuchungen. So wurden im Zeitraum von etwa 1950 bis 1970 mehr als 35 Publikationen veröffentlicht, die in drei verschiedene Richtungen gehen: individualistische, institutionale und kybernetische Untersuchungen.[107]

3.3.1. Individualistische Untersuchungen

Im Mittelpunkt der individualistischen Untersuchungen, welche die Anfänge der Modelle ausmachten, steht das Verhalten des individuellen Gatekeepers. Vermutet wird hier, dass die Entscheidung des Gatekeepers, welche Nachrichten ausgewählt werden und welche nicht, eine ganz persönliche Handlung darstellt: „Man nimmt dabei an, dass das Verhalten am besten durch individualpsychologische Faktoren erklärt werden kann. Dazu zählen beispielsweise Sympathien und Antipathien, der persönliche Kontakt zu ,wichtigen' anderen Personen oder auch allgemein ästhetische Vorlieben."[108] Dass das Umfeld des Gatekeepers ebenfalls eine Rolle spielen kann und die Nachrichtenverarbeitung ein sehr komplexer Prozess ist, an dem nicht nur eine Person beteiligt ist, sondern vielmehr eine Vielzahl verschiedener Gruppen mit verschiedenen Aufgaben, wird in diesem Ansatz nicht berücksichtigt.[109]

3.3.2. Institutionale Untersuchungen

Bei den institutionalen Untersuchungen wird davon ausgegangen, dass der Journalist kein isoliertes Individuum ist, sondern Mitglied einer Nachrichtenbürokratie, wobei alle seine Entscheidungen mit seiner Stellung innerhalb der Organisation, in der er tätig ist, verknüpft sind.[110] Als wichtigster Vertreter dieses Forschungsansatzes gilt Walter Gieber. Seine Untersuchungen auf Basis von Whites Thesen zeigten, dass bereits die Nachrichtenagentur für den Redakteur zur empfehlenden Instanz geworden ist, da die angemessene Ausarbeitung von Nachrichten aufgrund von Zeit- und Kostendruck nicht möglich ist.[111] Andere Untersuchungen, die diesem Konzept zugrunde liegen, haben schließlich drei verschiedene Typen von Entscheidungspersonen aufgezeigt, die für die direkte Kontrolle des Nachrichtenflusses verantwortlich sind: Reporter, leitende Redakteure und Herausgeber. „Dabei wird festgestellt, dass diese ganz unterschiedliche Positionen in der Organisationshierarchie besetzen und dass ihr Einfluss von ihrem Status abhängig ist, wobei die Reporter die ‚kleinen Fische im Teich' sind."[112] Der Reporter hat also eine wesentlich geringere Gatekeeper-Funktion als der leitende Redakteur und dieser wiederum nimmt eine wesentlich geringere Gatekeeper-Funktion als der Herausgeber ein.

Ein weiterer wesentlicher Einflussfaktor ist die Nachrichtenquelle. Robinson erwähnt in diesem Zusammenhang Nachrichtenagenturen mit nationalem und internationalem Dienst.[113] Die „Informanten" haben einen starken Einfluss auf die Auswahl, da sie die erste Auswahl treffen und so die Grenzen der Zugänglichkeit der Nachrichten bestimmen. Dabei spielt auch der Zeitfaktor eine große Rolle. Guido Stempel untersuchte verwendete und nicht verwendete Associated Press-Meldungen und kam dabei zu dem Ergebnis, dass frühe Meldungen mehr Chancen auf eine Berichterstattung haben als späte.[114]

Ein institutionales Modell ist sicherlich brauchbar, wenn es darum geht, die Rollenverteilung in der Informationshierarchie verstehen zu wollen; für die Klärung des fortwährenden Prozesses der Nachrichtenselektion ist dieses Modell jedoch nicht zu empfehlen. Wo und in welchem Ausmaß und nach welchen Kriterien diese Selektion stattfindet, kann beim institutionalen Ansatz nämlich nicht geklärt werden.[115]

3.3.3. Kybernetische Untersuchungen

Eine dritte, die so genannte kybernetische Forschungsrichtung, verweist darauf, dass Kommunikationssysteme ein dynamisches Stabilitätssystem besitzen. Sie weisen rückgekoppelte Lernprozesse und innovative Verhaltensweisen auf, um so mit der sich verändernden Außenwelt Schritt halten zu können. Dieser Forschungsansatz sieht die Nachrichtenauswahl als ein stabilisierendes Verhaltensschema an, mit der eine Gruppe von Journalisten auf noch unbearbeitetes Nachrichtenmaterial durch entsprechende Bearbeitung reagiert.[116] Kybernetische Gatekeeper-Konzeptionen beruhen also auf der Annahme, „dass die Journalisten in Organisationen als Kommunikationssysteme eingebunden sind, die sich über einen permanenten Kommunikationsfluss (...) ständig selbst regulieren."[117] Robinson führte in diesem Zusammenhang eine Untersuchung der jugoslawischen Nachrichtenagentur Tanjug durch und zeigte auf, dass die Nachrichtenselektion aus vier wesentlichen Komponenten besteht:

• Der tägliche Output an Berichten ist konstant und relativ unabhängig von der Menge der ankommenden Meldungen

- Die Reduzierung des Materials ist ein dreistufiger Prozess, in dem elf Positionen eine Rolle spielen, wobei jedoch lediglich fünf davon als Gatekeeper bezeichnet werden können
- Vier betriebsinterne Ausschüsse und Abteilungen fungieren als „Sensoren" (Überwacher) der Nachrichtenabgabe
- Die Auslegung von Nachrichten wird durch die bereits archivierten Meldungen beeinflusst[118]

Für diagnostische Probleme oder Fragen der Voraussage erweist sich dieses Modell als sehr brauchbar. Sowohl interne organisatorische als auch externe Faktoren können miteinander in Beziehung gebracht werden, was zur Folge hat, dass ihr Einfluss auf die Nachrichtenverarbeitung genauer bestimmt und wirksamer quantifiziert werden kann.[119]

3.4. Die moderne Gatekeeperforschung: Integrative Untersuchungen

Im Jahr 1991 versuchte Pamela Shoemaker alle drei Forschungsrichtungen zu vereinen, um den Gatekeeping-Ansatz umfassend zu analysieren. In ihrem integrativen Ansatz gelang ihr mittels eines Drei-Ebenen-Modells eine Symbiose des individualistischen, institutionalen und kybernetischen Ansatzes. Folgende Komponenten wurden in ihrem Modell berücksichtigt:

- Der Ablauf des Selektionsprozesses in einem soziokulturellen Kontext (kybernetischer Ansatz)
- Prozesse innerhalb der Organisationen (institutionaler Ansatz)
- Entscheidungsprozesse des individuellen Gatekeepers (individualistischer Ansatz)[120]

3.4.1. Erste Ebene der Selektion: Die Institutionen[121]

Nachrichten werden durch sehr viele verschiedene Ströme verbreitet, beispielsweise durch Informanten, Werbung, Märkte, Interessensgruppen, PR, oder die Regierung und erreichen die Kommunikationsorganisation 1, beispielsweise eine Nachrichtenagentur. Hier wird die Information bereits einer Reihe von Gatekeeping-Prozessen ausgesetzt, bevor sie die Kommunikationsorganisation 2 erreicht, beispielsweise die Redaktion einer Tageszeitung. Wichtig zu erwähnen sind auch die Zwänge und der Druck, denen die Mitarbeiter und Gatekeeper ausgesetzt sind, bzw. auf andere ausüben. Schließlich, also nach einigen Gatekeeping-Prozessen, gelangt die selektierte Nachricht zum Rezipienten, der zuletzt seinen Input wieder in Form von Kritik geben kann.

3.4.2. Zweite Ebene der Selektion: Die Gruppe[122]

Die zweite Ebene zeigt das Innere einer der Kommunikationsorganisationen. Hier sieht man Informationen, die sehr vielen Gatekeepern ausgesetzt sind. Am Anfang stehen jene Gatekeeper, die den Einlass der Information kontrollieren. Dann gibt es innerhalb der Redaktion Mechanismen (Gruppendenken, Gruppenzwang), die zu weiteren Selektionen führen.

3. 4.3. Dritte Ebene der Selektion: Das Individuum[123]

Hier wird der Ablauf der Nachrichtenselektion im Inneren des einzelnen Individuums verdeutlicht. Dabei spielen Faktoren wie Stellung innerhalb des Unternehmens, Ethik, Rollenverhalten, Erfahrungen und natürlich die Art der Arbeit eine entscheidende Rolle.

Aus diesem Drei-Ebenen-Modell ist die Komplexität des Gatekeeping-Prozesses zu ersehen. Der individuelle Gatekeeper hat Präferenzen und Abneigungen, Vorstellungen über seine Arbeitsweise, bevorzugte Strategien zur Entscheidungsfindung und Wertvorstellungen, die sich auf die Entscheidung auswirken, ob er ein Ereignis auswählt und weiterverarbeitet oder ablehnt. Der Gatekeeper ist nun aber auch nicht völlig frei in seinen Entscheidungen. Er muss in einem Geflecht von Kommunikationsroutinen arbeiten. Zudem muss er auch noch innerhalb einer Kommunikationsorganisation agieren, in der es wiederum eigene Regeln gibt, und diese Kommunikationsorganisation steht ihrerseits im Zusammenhang mit vielen externen Organisationen.[124]

Innerhalb eines Vierteljahrhunderts hat sich die Gatekeeping-Forschung von statisch-linearen Modellen abgewandt und dynamisch institutionalen und kybernetischen Modellen hin zu einem Drei-Ebenen-Modell den Vorzug gegeben, um für den Prozess der Nachrichtenselektion eine Erklärung zu finden. Die Gatekeeping-Forschung hat ihr ursprüngliches Interesse vom einzelnen Journalisten auf den professionellen Gatekeeper verlagert, der in einer Nachrichtenbürokratie arbeitet, die selbst Teil der größeren Gesellschaft ist. [125]

An dieser Stelle sei auch ein wichtiger Kritikpunkt erwähnt, den vor allem Elisabeth Noelle-Neumann anspricht. Sie führt an, dass in der Gatekeeping-Forschung normative Gesichtspunkte nicht berücksichtigt werden, welche darauf abzielen, aus allgemeinen gesellschaftlichen oder spezifisch-journalistischen Wertsystemen Sollens-Richtlinien für Nachrichtenentscheidungen zu entwickeln. Da gerade beim Selektieren von Nachrichten Fragen der Berufsethik und der journalistischen Professionalität von enormer Wichtigkeit sind und nicht vernachlässigt werden sollten, weist diese Forschungsrichtung dahingehend einen zentralen Mangel auf.[126]

3.5. Brauchbare Elemente für die Theorie der Schlüsselereignisse

3.5.1. Filterfunktion des Gatekeepers bei Schlüsselereignissen unerheblich?

Die zentrale Fragestellung in diesem Zusammenhang lautet: Welche Rolle nimmt der Gatekeeper im Zusammenhang mit Schlüsselereignissen ein? Kommen Selektionsentscheidungen aufgrund der Außergewöhnlichkeit des Schlüsselereignisses überhaupt zum Tragen?

An dieser Stelle seien nochmals Pamela Shoemakers Anmerkungen zur Rolle des Gatekeepers in Erinnerung gerufen: Der Gatekeeper als Individuum hat, wie jeder Mensch auch, Präferenzen und Abneigungen, Vorstellungen über seine Arbeitsweise, bevorzugte Strategien zur Entscheidungsfindung und Wertvorstellungen, die sich auf die Entscheidung auswirken, ob er ein Ereignis auswählt und weiterverarbeitet oder ablehnt. Der Journalist als Gatekeeper ist nun aber auch nicht völlig frei in seinen Entscheidungen. Er muss in einem Geflecht von Kommunikationsroutinen arbeiten. Zudem muss er auch noch innerhalb einer Kommunikationsorganisation agieren, in der es wiederum eigene Regeln zu befolgen gilt, und diese Kommunikationsorganisation steht ihrerseits im Zusammenhang mit vielen externen Organisationen.[127] Trifft der Gatekeeper nun gewisse Selektionsentscheidungen aufgrund persönlicher Präferenzen oder auch als Konsequenz seiner Rolle in einem Medienunternehmen, so bedeutet das in weiterer Folge, dass gewisse Ereignisse zu einem Thema werden und sich in der Medienberichterstattung wiederfinden, andere wiederum dem Selektionsprozess nicht standhalten und aussortiert werden.

Nun stellt sich jedoch die Frage, ob die Filterfunktion, die Journalisten oder Institutionen im Rahmen der Gatekeeper-Forschung einnehmen, auch auf Schlüsselereignisse zutrifft. Der Journalist übernimmt einerseits zwar die Aufgabe, aus einer Flut von Ereignissen und Meldungen einige wenige zur Veröffentlichung auszuwählen, andererseits wurde die Sonderstellung eines Schlüsselereignisses bereits ausführlich besprochen und aufgrund deren Außergewöhnlichkeit muss hinterfragt werden, ob hier der Auswahlprozess überhaupt erfolgen kann oder wird. Im Hinblick auf die bis dato angestellten Überlegungen müsste die Antwort darauf klar „Nein" lauten. Der Journalist, egal ob aus individualistischer, institutionaler, kybernetischer oder dreidimensionaler Sicht betrachtet, wird im Bewusstsein der Außergewöhnlichkeit des Schlüsselereignisses über eine Selektion dieses Ereignisses – salopp ausgedrückt – nicht einmal nachdenken. Auch hier sei wieder das Stichwort „Eigendynamik von Schlüsselereignissen" erwähnt, das bereits im Zusammenhang mit der Nachrichtenwert-Theorie gefallen ist.

In Anlehnung an die Differenzierung des Begriffes Schlüsselereignis würde ein Selektionsprozess in gewisser Hinsicht dennoch stattfinden. Ein Journalist, der beispielsweise für ein Wirtschaftsblatt arbeitet, wird wohl kaum über ein sportliches Schlüsselereignis berichten, es sei denn, dieses Schlüsselereignis hätte in weiterer Folge Auswirkungen, die sich auch auf sein Ressort niederschlagen. Somit würde es diesbezüglich sehr wohl einen Selektionsprozess geben. An dieser Stelle soll nochmals in Erinnerung gerufen werden, dass es in einem Großteil der Medienunternehmen nach wie vor eine Einteilung oder Zuordnung von Journalisten zu gewissen Ressorts gibt, in diesem Fall wird der betreffende Journalist wohl von vornherein weniger Informationen über Schlüsselereignisse aus anderen Ressorts erhalten, es sei denn, sie haben in irgend einer Weise mit dem Ressort, in dem er arbeitet, zu tun. In vielen Redaktionen allerdings ist der Journalist in Bezug auf die Ressorts gesehen ein „Allrounder" und gleichzeitig für verschiedenste Ressorts zuständig – beispielsweise Lokalpolitik, Wirtschaft und Kultur. Somit würde der Selektionsprozess für diese Allrounder doch zutreffen. Sie selektieren ein Schlüsselereignis für ein Ressort, für das es unerheblich ist, während sie gleichzeitig in einem anderen Ressort darüber berichten.

3.5.2. Journalistische Selektionskriterien im Verlauf des Schlüsselereignisses

Eine besondere Stellung nimmt der Journalist oder die Institution, in der er arbeitet, ganz sicher in Bezug auf die Art und Weise ein, *wie* über ein Schlüsselereignis berichtet wird. Hier sei nochmals an die journalismusspezifische Sichtweise gedacht. Ein Journalist, der für ein Boulevardblatt arbeitet, wird eine andere Herangehensweise wählen, über das Ereignis zu berichten, als ein Journalist, der für eine Qualitätszeitung arbeitet. Dies entspricht der klassischen Gegenüberstellung von Infotainment und sachlicher Information.

Ausschlaggebend ist der Gatekeeper auch in Bezug auf den Verlauf der Berichterstattung zu dem Schlüsselereignis. Hier kann durchaus ein Selektionsprozess stattfinden; gewisse Aspekte des Schlüsselereignisses werden ins Zentrum der Berichterstattung gerückt und fungieren somit als Aufmacher, andere Aspekte werden ausgespart. Auch dies hängt wieder von vielen Faktoren ab, unter anderem von der redaktionellen Linie, aber auch vom Journalisten selbst. In welchen Bereichen des Schlüsselereignisses wittert der Journalist eine Story, welche Bereiche des Schlüsselereignisses selektiert er? Als Beispiel soll hier die Flutkatastrophe vom Dezember 2004, der mehr als zweihunderttausend Menschen zum Opfer fielen, erwähnt werden. Sieht man dieses Ereignis als Schlüsselereignis an – wovon an dieser Stelle ausgegangen wird –, so kann über das Ereignis nun aus verschiedenen Gesichtspunkten berichtet werden. Nach einer anfänglichen, allgemeinen Berichterstattung könnte die weitere Berichterstattung nun so verlaufen, dass über Einzelschicksale berichtet wird. Menschen, Gesichter, einzelne Tragödien werden in den Vordergrund gestellt. Eine weitere Möglichkeit wäre, über die enorme Spendenbereitschaft, die Hilfsmaßnahmen und die Unterstützung anderer Länder zu berichten; eine dritte Möglichkeit wäre, über die generelle Gefahr von Tsunamis zu sprechen und welche Möglichkeiten von Frühwarnsystemen es gibt. Wieder eine andere Möglichkeit wäre eine Berichterstattung über die wirtschaftlichen Folgen für die Region, zum Beispiel den enormen Schaden für den Tourismus. Hier trifft der Gatekeeper sehr wohl Selektionsentscheidungen und entscheidet sich für einen Weg in der Berichterstattung, wobei andere Wege keine oder eine weniger starke Berücksichtigung finden. Dies hängt wiederum vom Medium ab, in dem er arbeitet, vom Ressort, in dem er tätig ist, aber auch von persönlichen Präferenzen.

Zusammengefasst kann Folgendes festgestellt werden: Die Außergewöhnlichkeit des Schlüsselereignisses wird auf den ersten Blick gesehen keinen Selektionsprozess durch den Gatekeeper zulassen, somit wird sich die Frage nicht stellen – egal ob auf individualistischer oder institutionaler Ebene –, ob über das Ereignis berichtet werden soll oder nicht. Einzig und alleine bei der Art und Weise *wie* über das Ereignis berichtet wird, kommt dem Gatekeeper eine große Rolle zu. Hier nimmt er eine gewisse Schlüsselposition ein, weil er es ist, der die Auswahlentscheidungen trifft. Dies hängt mit dem Medium und der redaktionellen Linie zusammen, in welcher der Gatekeeper agiert.

3.5.3. Hypothese

Aus diesen Überlegungen heraus ergibt sich folgende Hypothese, die in weiterer Folge einer empirischen Überprüfung unterzogen werden soll:

- *Hypothese 7:* Die Rolle des Journalisten in Bezug auf Schlüsselereignisse ist zweischneidig. Auf den Selektionsprozess, also ob über das Schlüsselereignis berichtet wird, hat er keinen Einfluss. Das Schlüsselereignis ist zu außergewöhnlich, um selektiert zu werden. Der Gatekeeper entscheidet lediglich über die Art und Weise wie über das Schlüsselereignis berichtet wird.

4. News Bias-Forschung

4. 1. Vorstellung der News Bias-Forschung

Während sich Gatekeeping-Studien auf verschiedenen Ebenen mit den Entscheidungsträgern befassen, die den Nachrichtenfluss kontrollieren, konzentriert man sich bei der News Bias-Forschung auf den Journalisten als zentralen Vermittler von Ereignissen über die Massenmedien, wobei dieser in dem Prozess von seinen Einstellungen beeinflusst wird und der Vorgang der Selektion somit subjektiv ist. Im Mittelpunkt steht hierbei der Zusammenhang zwischen den politischen

Einstellungen von Journalisten und ihrer Nachrichtenauswahl bzw. Berichterstattung, der vorzugsweise mit Hilfe von Inhaltsanalysen untersucht wird. „In den Inhaltsanalysen, die man zur News Bias-Forschung rechnen kann, wurde – neben der Kriminalberichterstattung, der Berichterstattung über Minderheiten und soziale Randgruppen, der faktischen und sachlichen Richtigkeit der Nachrichtengebung, der Auswahl von Leserbriefen und der Bedeutung mobilisierender Informationen – vor allem die Medienberichterstattung über Wahlen und politische Konflikte untersucht."[128]

4.2. Ziele von News Bias

Das Ziel der News Bias-Forschung sieht Joachim Friedrich Staab darin, „Unausgewogenheiten, Einseitigkeiten und unausgewogene politische Tendenzen in der Medienberichterstattung zu messen sowie Aufschluss über deren Ursachen zu erlangen."[129] Dass Unausgewogenheiten und Einseitigkeiten in den Nachrichten eine zentrale Rolle spielen, wird auch durch eine Übersetzung von News Bias deutlich. „News" steht für das englische Wort „Neuigkeit" oder „Nachricht", das Wort „Bias" für „Vorlieben", „Neigungen" oder „Tendenzen". In diesem Sinne spiegelt „Bias" die Subjektivität wider. Journalisten „erschaffen" Nachrichten erst durch Beobachtung und Bearbeitung von Ereignissen. Darauf verweist auch Mark Fishman. Er betont, „dass Ereignisse nicht an sich bestehen, sondern erst durch Wahrnehmung konstituiert werden, wobei Journalisten eine zentrale Rolle einnehmen: Nur was sie als Ereignis erkennen und worüber sie berichten, ist im eigentlichen Sinn ein Ereignis."[130]

Eine Rolle bei der Nachrichtenauswahl spielen auch verschiedene Einflussgrößen, die Hans Mathias Kepplinger als intrinsische und extrinsische Faktoren bezeichnet. Zum einen sind dies „Aspekte journalistischer Berufsnormen", zum anderen „subjektive Werte und Ziele" von Journalisten, welche die Nachrichtenauswahl „als Folge subjektiver Motive erscheinen" lassen.[131]

4.3. Verschiedene Studien zur News Bias-Forschung

4.3.1. Die Studie von Roy E. Carter

Im Jahr 1959 versuchte Roy E. Carter mit Hilfe von 142 Studenten aus drei Südstaaten- und zwei Nordstaaten-Universitäten den Einfluss von Einstellungen auf die Berichterstattung zu analysieren.[132] In seiner Untersuchung bat er die Studenten einen Artikel über einen Raubüberfall zu verfassen, wobei er der ersten Hälfte der Studenten von einem schwarzen Tatverdächtigen berichtete, der zweiten Hälfte von einem weißen. Carter analysierte dabei einerseits die subjektive

Überzeugung der einzelnen Studenten von der Schuld des Tatverdächtigen und andererseits die von ihnen verfassten Artikel. Jene Probanden, denen von einem weißen Tatverdächtigen berichtet wurde, waren häufiger von dessen Schuld überzeugt, als die Probanden, die von einem schwarzen Tatverdächtigen ausgegangen waren. Bei den Studenten der Nordstaaten-Universitäten gab es zudem eine stärker ausgeprägte Differenz zwischen den beiden Gruppen, als bei den Studenten der Südstaaten-Universitäten. Für Carter war dies auf das Zusammenwirken von zwei Faktoren zurückzuführen: „Zum einen müsse ein Tatverdächtiger als unschuldig betrachtet werden, solange seine Schuld nicht bewiesen sei; zum anderen würden Schwarze von Polizei und Gerichtsbarkeit generell unfairer behandelt als Weiße, sodass der Schluss von Verdacht bzw. Anklage auf Schuld bei Schwarzen weniger zwingend sei als bei Weißen."[133]

Bei der Inhaltsanalyse der von den Studenten verfassten Artikel hingegen kam es zu gegensätzlichen Ergebnissen. „Während Studenten in Südstaaten, denen die Version mit einem Schwarzen als Tatverdächtigen vorgelegt worden war, häufiger verschiedene Stereotypen (z.B. ungebildet, faul) aufgriffen, die dem Tatverdächtigen im Informationsmaterial zugeschrieben wurden, als die entsprechende Vergleichsgruppe, bei welcher der Tatverdächtige als Weißer dargestellt wurde, war es bei Studenten in Nordstaaten umgekehrt."[134] Das Ergebnis dieser Studie war also, dass subjektive Einstellungen einen Einfluss auf Nachrichtenauswahl und Nachrichtengestaltung besitzen.

4.3.2. Die Studie von Malcolm W. Klein und Nathan MacCoby

Gegenstand der Studie von Malcolm W. Klein und Nathan MacCoby war die Berichterstattung rund um den Präsidentschaftswahlkampf in den USA im Jahre 1952. Klein und MacCoby wollten dabei den Zusammenhang zwischen der redaktionellen Linie einzelner Blätter und der Berichterstattung über die beiden Kandidaten feststellen und überprüfen, ob die Nachrichtengebung über die beiden Präsidentschaftskandidaten einseitig oder ausgewogen war.

Acht Tageszeitungen, deren redaktionelle Linien aus Umfragen bereits bekannt waren, wurden dafür über einen Monat analysiert. Vier der Zeitungen sympathisierten mit dem demokratischen Kandidaten Stevenson, vier mit dem Republikaner Eisenhower. Untersucht wurden die Blätter auf Größe und Platzierung der Schlagzeilen, den Umfang der Artikel, die Anzahl einseitiger oder kommentierender Aussagen und die Anzahl und Größe der Bilder.

Als Ergebnis ihrer Inhaltsanalyse konnten Klein und MacCoby aufzeigen, dass es einen signifikanten Zusammenhang zwischen der Berichterstattung und der redaktionellen Linie der Zeitung gab, und die Nachrichtengebung somit einseitig war. Die Blätter orientierten ihre Berichterstattung jeweils am favorisierten Kandidaten: Pro-republikanische Zeitungen beachteten den Kandidaten der Republikaner, Eisenhower, stärker und stellten ihn positiver dar, während dies bei den pro-demokratischen Zeitungen umgekehrt für den Herausforderer Stevenson gültig war.[135] „Die einzelnen Beiträge waren zudem besser platziert, wurden durch größere Schlagzeilen und Bilder zusätzlich hervorgehoben und enthielten erheblich mehr positive Argumente."[136] Ihre Untersuchungsergebnisse sahen Klein und MacCoby als Beleg für eine einseitige Berichterstattung.[137]

Dieses Ergebnis wurde durch weitere, ähnlich angelegte Studien bestätigt, so Staab. Er verweist in diesem Zusammenhang auf die Studie von George Gerbner über die Berichterstattung von neun französischen Tageszeitungen über einen Kriminalfall, auf eine Analyse von Eugene J. Rosi, bei der 50 amerikanische Zeitschriften zum Thema Atomtests zwischen 1954 und 1958 untersucht wurden oder auch auf Michael J. Francis, der eine Inhaltsanalyse der Berichterstattung von 17 amerikanischen Tageszeitungen über die kubanische Revolution durchführte. In all diesen Untersuchungen kam man zu ähnlichen Ergebnissen wie Klein und MacCoby.[138]

4.3.3. Die Studien von Jean S. Kerrick, Thomas E. Anderson, Luita B. Swales

Im Jahr 1964 führten Jean S. Kerrick, Thomas E. Anderson und Luita B. Swales eine experimentelle Studie durch, in der sie versuchten, den Zusammenhang zwischen Berichterstattung und subjektiver Einstellung von Journalisten aufzuzeigen. In drei verschiedenen Experimenten wurden dafür Journalistik-Studenten bezüglich ihrer Meinung zu bestimmten Themen befragt. Im ersten Experiment sollten die Studenten ein Editorial über das Problem der diplomatischen Anerkennung der Volksrepublik China schreiben (wobei die eine Hälfte der Studenten die Vorgabe erhielt, die Zeitung würde eine Anerkennung befürworten, die andere Hälfte, die Zeitung würde dagegen sein). In einem zweiten Experiment sollten die Studenten einen Kommentar über eine Fernseh-Debatte zwischen Richard Nixon und John F. Kennedy während des Präsidentschaftswahlkampfes 1960 schreiben. Den Probanden, deren politische Einstellung zuvor ermittelt worden war, wurde dabei die Aufgabe gestellt für eine konservative Zeitung, also für eine Zeitung, welche die Kandidatur Nixons unterstütze, zu schreiben. Im dritten Experiment wurden den Studenten drei Meldungen über einen Streik zwischen Gewerkschaft und Arbeitgebern vorgelegt; eine Meldung begünstigte die Seite der Gewerkschaft, eine Meldung die der Arbeitgeber und eine dritte Meldung war von neutralem Charakter. Die Probanden wurden gebeten, eine Zusammenfassung der drei Meldungen zu schreiben. Im Vorfeld wurde jedoch ihre Einstellung zu Gewerkschaften und Arbeitgebern ermittelt.[139]

Die Ergebnisse zeigten, dass sowohl die redaktionelle Linie der Zeitung als auch die subjektive Einstellung der Reporter zentrale Einflussfaktoren in Bezug auf die Nachrichtenauswahl sind. Die Journalistik-Studenten der drei Experimente verwendeten beim Verfassen ihrer Nachrichten und Kommentare einen hohen Anteil von Argumenten, welche die im Vorfeld angegebene Position der Zeitung widerspiegelten.[140] Interessanterweise war dies besonders augenscheinlich, wenn die Einstellungen der Probanden und die redaktionelle Linie der Zeitung unterschiedlich waren. Staab vermutet in diesem Zusammenhang, dass „dieses Ergebnis kaum auf die Realität übertragen werden kann, da die Journalisten in der Regel für Medien arbeiten, deren redaktionelle Linie sie akzeptieren."[141] Wenn hingegen keine redaktionelle Linie vorgegeben wurde, kamen jene Ereignisaspekte, die den eigenen Einstellungen der Journalistik-Studenten besonders entsprachen, vermehrt zum Tragen.[142]

4.3.4. Die Studien von Ruth C. Flegel und Steven H. Chaffee

Im Jahr 1970 präsentierten Ruth C. Flegel und Steven H. Chaffee eine Studie, in der zwei verschiedene Vorgehensweisen kombiniert wurden: die Inhaltsanalyse und die Befragung. Grundlage der Untersuchung war die Befragung von acht Journalisten einer liberalen und neun Journalisten einer konservativen Tageszeitung in Madison/Wisconsin, wobei der Einfluss der politischen Einstellungen der Journalisten und der von ihnen wahrgenommenen Verleger- und Rezipientenmeinungen eine Rolle spielte. Im ersten Teil der Erhebung wurden die Reporter zu 13 aktuellen Konfliktthemen (unter anderem Anti-Kriegs-Demonstranten, demokratische oder republikanische Politiker oder aktuelle US-Politik in Vietnam) jeweils in Bezug auf die drei zu untersuchenden extrinsischen Faktoren – eigene Meinung, wahrgenommene Meinung des Verlegers und wahrgenommene Meinung der Leser – befragt. Hierbei stellte sich heraus, dass zwischen den Ansichten der Journalisten und den von ihnen wahrgenommenen Verleger- und Rezipientenmeinungen große Unterschiede bestanden. Außerdem sahen die Journalisten in der Neuigkeit und Ungewöhnlichkeit von Ereignissen, dem Lokalbezug, der Relevanz und dem Leserinteresse einen zentralen Einfluss für die Nachrichtenauswahl, räumten ihren eigenen Ansichten jedoch einen größeren Einfluss ein als den Verleger- bzw. Rezipientenmeinungen. „Der Vergleich der Befragungsergebnisse mit den Befunden der Inhaltsanalyse ließ drittens einen außerordentlich starken Zusammenhang zwischen den Journalistenmeinungen und den Medieninhalten erkennen, während die wahrgenommene Verlegermeinung und in schwächerem Ausmaß die wahrgenommenen Rezipientenmeinungen nur mit der Berichterstattung der progressiven Zeitung übereinstimmten. Insgesamt besaßen demnach die politischen Einstellungen der Journalisten einen erheblichen Einfluss auf ihre Selektionsentscheidungen."[143]

4.3.5. Die Studien von Elisabeth Noelle Neumann und Hans Mathias Kepplinger

Im Mittelpunkt der Studien von Elisabeth Noelle Neumann und Hans Mathias Kepplinger stand der Versuch, die Ergebnisse der Studien von Flegel und Chaffee auch auf die Bundesrepublik Deutschland umzumünzen. Zu diesem Zweck wurden Redakteure der regionalen Abonnementzeitung Mainzer Allgemeine Zeitung befragt sowie mehrere quantitative Inhaltsanalysen der Berichterstattung des Blattes über lokale, nationale und internationale Probleme durchgeführt. Hierbei zeigte sich, dass die Meinung der Journalisten zu den einzelnen Problemen eine Auswirkung auf die Berichterstattung hatte. Die Ansichten der Bevölkerung zu den einzelnen Problemen, über welche die Journalisten zuvor befragt wurden, fanden keine Berücksichtigung in der Berichterstattung.[144]

4.3.6. Die Studien von Klaus Schönbach

Im Jahr 1971 untersuchte Klaus Schönbach den Einfluss der redaktionellen Linie auf die Nachrichtengebung. Zu diesem Zweck führte er Inhaltsanalysen über die Berichterstattung zu den „Berlin-Verhandlungen"[145] in 27 deutschen Tageszeitungen und den Nachrichtensendungen der TV-Sender ARD und ZDF durch. Schönbach erstellte eine Liste von 30 Argumenten, die fünf begründete Standpunkte der Bundesregierung und sieben Standpunkte der Opposition enthielt. Diese Liste diente ihm dazu, die Tendenz der Beiträge zu ermitteln. Ebenfalls berücksichtigt wurden die Aufmachung, Platzierung und Stilform der Beiträge. Untersucht werden sollte zum einen, ob die Tendenz der Nachrichten mit der Tendenz der Kommentare übereinstimmte, zum anderen, ob die Nachrichtenauswahl einseitig war, d. h. dass die Argumente der Regierung bzw. der Opposition in einem Medium weniger berücksichtigt wurden.[146] Bei seinen Untersuchungen kam Schönbach zu dem Ergebnis, dass es vier Berichterstattungstypen gibt:

1. Der Nachrichtenteil enthält objektiv ausgewählte Argumente und zeigt keine Übereinstimmung mit der Kommentierung.
2. Der Nachrichtenteil enthält einseitig ausgewählte Argumente und zeigt keine Übereinstimmung mit der Kommentierung.
3. Der Nachrichtenteil enthält objektiv ausgewählte Argumente und stimmt mit der Kommentierung überein.
4. Der Nachrichtenteil enthält einseitig ausgewählte Argumente und stimmt mit der Kommentierung nicht überein.[147]

Schönbach spricht hier von einem Idealfall, da es sich um ein Medium mit dezidierter politischer Haltung und gleichzeitig breit gestreutem Nachrichtenangebot handle: „...eine Berichterstattung, die wir als normgerecht, ja geradezu als ‚ideal' bezeichnen müssten: Nachricht und Kommentierung haben wenig Ähnlichkeit. Die Nachricht wird nicht von der Meinung beeinflusst – im Gegenteil: Der Rezipient erhält in der Berichterstattung ein ‚maßstabgetreu' verkleinertes Abbild der Realität. Er wird objektiv unterrichtet. Die Kommentierung dagegen bezieht eindeutig Stellung."[148]

Anhand der vier überregionalen Qualitätszeitungen Frankfurter Rundschau, Süddeutsche Zeitung, Frankfurter Allgemeine Zeitung und Die Welt berechnete Schönbach schließlich ein Standardmaß der Berichterstattung. Mit seiner Hilfe lassen sich, laut Schönbach, „Berichterstattung wie Kommentierung als ganzes oder als Teile in ihrer Ausgewogenheit einstufen."[149] Einseitigkeit in der Berichterstattung kam nach Schönbach demnach dann vor, wenn es in der Berichterstattung Abweichungen von diesem Standardmaß gab.[150]

Eine Überprüfung des Journalisten dahingehend, ob einseitig oder in eine gewisse Richtung berichtet, wie sie bei der News-Bias-Forschung im Vordergrund steht, soll helfen, Einseitigkeiten und Fehler auf journalistischer Seite zu korrigieren. Das Problem bei diesem Ansatz ist jedoch, dass der Journalist als passiver Mittler begriffen wird. Medien wären demnach nur ein Spiegel der Realität, was nach Ansicht von Schulz eine überholte Sichtweise ist. Den Medien sei vielmehr eine aktive und konstruktivistische Rolle zuzuschreiben.[151]

4.4. Brauchbare Elemente für die Theorie der Schlüsselereignisse

Auch bei der News Bias-Forschung steht weniger die Frage im Vordergrund, *ob* der Journalist über ein Schlüsselereignis berichtet, sondern vielmehr das *Wie*. Es geht also um die Inhalte, die im Rahmen der Berichterstattung zu einem Schlüsselereignis transportiert werden. Besonders im Vordergrund stehen dabei gewisse Einseitigkeiten und politische Tendenzen, die sich in der Medienberichterstattung niederschlagen, zwar nicht im Hinblick auf die Auswahl des Schlüsselereignisses, denn Schlüsselereignisse werden aufgrund ihrer Außergewöhnlichkeit nicht selektiert werden, sondern vielmehr auf die Art und Weise wie das Schlüsselereignis aufbereitet wird.

Wenn man davon ausgeht, dass die Sichtweise des Journalisten mit der Sichtweise des Mediums, in dem er arbeitet, einhergeht, so sind es diese Sichtweisen und Tendenzen, die in der Berichterstattung über das Schlüsselereignis den Ton angeben. Ein Schlüsselereignis besteht, aber es kann in Bezug auf die Berichterstattung in unterschiedliche Richtungen verlaufen, je nach den politischen Tendenzen, die hinter dem Medium bzw. dem Journalisten stehen. Ein Beispiel dazu: Ein politischer Skandal, in den der Spitzenkandidat einer Partei verwickelt ist und der zweifelsohne zu einem lokalen Schlüsselereignis werden kann, kann in der Berichterstattung unterschiedliche Berücksichtigung finden.

Während sich ein Journalist aufgrund seiner Einstellung oder der redaktionellen Linie seines Mediums für eine gewisse Darstellung des Skandals/Schlüsselereignisses entscheidet, beispielsweise dafür, den Spitzenkandidaten anzuprangern, da es sich bei dem Medium um ein Medium handelt, das der in den Skandal verwickelten Partei nicht nahe steht, kann die Berichterstattung eines nahe stehenden Blattes dazu führen, dass man den Spitzenkandidaten als Opfer darstellt und in anderen Parteien nach ähnlichen Fällen sucht.

Eine eigene Hypothese zu diesen Überlegungen soll an dieser Stelle nicht aufgestellt werden, da diese im Wesentlichen mit dem Inhalt der Hypothese zum Thema „Gatekeeper"-Forschung übereinstimmen würde.

5. Der Agenda-Setting-Ansatz

5.1. Begriffserklärung

Der Begriff „Agenda-Setting" bedeutet ins Deutsche übersetzt so viel wie „Themensetzung" oder „Thematisierung". Im Zentrum der Forschungen rund um das Agenda-Setting steht der Versuch herauszufinden, ob die bevorzugte Behandlung von bestimmten Themen in den Medien zur Folge hat, dass die Rezipienten diese Themen für wichtiger halten als andere.[152] James W. Dearing und Everett M. Rogers sehen den Agenda-Setting-Prozess als einen Prozess, der durch eine ständige Konkurrenz zwischen verschiedenen Themen geprägt wird, um die Aufmerksamkeit der Medien, der im Mediensystem agierenden Personen, des Publikums und der Politik zu gewinnen.[153]

Im Mittelpunkt der Überlegungen steht bei diesem Ansatz nicht mehr die Frage, ob die Medien die Einstellung und das Verhalten der Menschen beeinflussen, sondern wie die Medien den Grad der Wichtigkeit, der einem Thema in der öffentlichen Diskussion zugemessen wird, beeinflussen.[154] „Diejenigen Themen der politischen Diskussion, welche die Medien hervorheben, werden in der Folge auch von den Rezipienten als wichtig betrachtet."[155]

5.2. Die Entwicklung des Agenda-Setting-Ansatzes

5.2.1. Anfänge durch Walter Lippmann und Bernhard C. Cohen

Schon im Jahr 1922 gibt es erste Überlegungen in Richtung Agenda-Setting. Walter Lippmann beschreibt in seinen Erörterungen zur öffentlichen Meinung die „Notwendigkeit einer imaginären ‚Landkarte' für die Orientierung in der sozialen Umwelt"[156]; man müsse eine Art Landkarte für die Menschen basteln, die ihnen ein vereinfachtes Bild der komplexen Umwelt darstelle. An diese

Überlegungen knüpft später auch Bernhard C. Cohen an und stellt eine These auf, die heute als Ausgangspunkt der Agenda-Setting-Forschung gilt: Die Medien haben zwar keinen großen Einfluss auf das, was das Publikum zu einzelnen Themen denkt, aber einen erheblichen Einfluss darauf, worüber es sich überhaupt Gedanken macht. [157]

5.2.2. Die Chapel-Hill-Studie von Maxwell E. McCombs und Donald L. Shaw

Ein Meilenstein in der Entwicklung des Agenda-Setting-Ansatzes wurde durch die beiden Kommunikationsforscher Maxwell E. McCombs und Donald L. Shaw geschaffen. Mehr noch, sie gelten heute als Vorreiter der Agenda-Setting-Studien, die den Anstoß zu weiteren Forschungen gaben. Im Jahr 1972 stellten sie die so genannte Chapel-Hill-Studie[158] vor, die den Gedanken der kognitiven Medienwirkung verfolgte, welcher die bis dahin herrschende Vorstellung von schwacher bzw. fehlender Medienwirkung ablöste.[159] Ausgangspunkt der Chapel-Hill-Studie war die amerikanische Präsidentschaftswahl im Jahr 1972, bei der die Wirkung der Medien durch ihre Themenauswahl auf die Wähler und deren Wahl bei der Präsidentschaftswahl erforscht wurde. Dabei stellte man einen Vergleich zwischen den Themen, mit denen die Medien sich zu dieser Zeit beschäftigten und den Themen, welche die Wähler in den Kampagnen für wichtig hielten, an. 100 zufällig ausgewählte Bewohner der Stadt Chapel Hill dienten dabei als Sample, in weiterer Folge wurde zwischen unentschlossenen und entschlossenen Wählern unterschieden, wobei lediglich die unentschlossenen weiter befragt wurden. Gleichzeitig wurde eine Analyse jener Medien durchgeführt, auf welche die Befragten zurückgriffen. Bei den Ergebnissen dieser Untersuchung wurde zwischen „major items" und „minor items" unterschieden. Die Themen-Hitlisten der Befragten und die der untersuchten Medien korrelierten dabei extrem hoch. Daraus schlossen McCombs und Shaw auf einen engen Zusammenhang zwischen der Themenstruktur in den Medien und den thematischen Prioritäten der Wähler.[160]

Trotz der Bedeutung für die weitere Forschung blieb die Studie von McCombs und Shaw nicht ohne Kritik. Eine kritische Sichtweise dieser Studie kam beispielsweise im Jahr 1983 von Renate Ehlers, die auf zahlreiche methodische Mängel der Studie hinwies: „zu kleines Wählersample, keine Erhebung über die Mediennutzung, Vergleich mit aggregierten statt individuellen Daten."[161] Auch Hans-Bernd Brosius fand einen Kritikpunkt: „Die Studie von McCombs und Shaw war als Querschnittstudie angelegt, d.h. zu einem bestimmten Zeitpunkt wurde die Rangreihe der Themen in der Berichterstattung mit der Rangreihe der Themen im Bewusstsein der Bevölkerung verglichen. Das Querschnitt-Design ist bis dato immer wieder auf Kritik gestoßen, weil es nicht möglich ist, die Richtung des Zusammenhangs zwischen Medienagenda und Rezipientenagenda und damit eine kausale Beziehung festzustellen, weil sich die dynamische Struktur des Agenda-Setting-Prozesses nicht nachvollziehen lässt und weil die zeitliche Struktur, also die Zeitverzögerung zwischen Veränderungen in der Berichterstattung und Veränderungen in der Themenstruktur der Rezipienten, nicht beschrieben werden kann."[162] Dennoch herrscht Einigkeit darüber, dass die Chapel-Hill-Studie eine sehr fruchtbare Pilotstudie für die weitere Forschung auf dem Gebiet des Agenda-Setting ist.

5.3. Drei wesentliche Komponenten des Agenda-Setting-Prozesses

James W. Dearing und Everett M. Rogers unterscheiden zwischen drei Komponenten, die den Agenda-Setting-Prozess beeinflussen können: die Medien, das Publikum und die Politik. Zwischen diesen Komponenten existieren Interdependenzbeziehungen. Aus der Interaktion zwischen diesen Komponenten ergeben sich drei Agenda-Setting-Formen:

- *Media-Agenda-Setting* (mit dem Einfluss der Öffentlichkeit oder des politischen Systems auf die Medienagenda)
- *Public Agenda-Setting* (mit dem Einfluss der Medien oder des politischen Systems auf die öffentliche Agenda)
- *Policy Agenda-Setting* (mit dem Einfluss der Öffentlichkeit oder der Medien auf die politische Agenda)[163]

Zwischen den drei Akteuren – Öffentlichkeit, Medien und Politisches System – besteht eine wechselseitige Abhängigkeit, der sich keine der beteiligten Institutionen entziehen kann.[164]

5.4. Wirkungsmodelle der Agenda-Setting-Forschung

Drei Wirkungsmodelle werden von McCombs zur Erklärung der Kausalbeziehung zwischen der Medienagenda und der Publikumsagenda unterschieden: das Awareness-Modell, das Salience-Modell und das Priorities-Modell:[165]

- Beim Awareness-Modell wird davon ausgegangen, dass die Rezipienten die Themenrangfolge der Medien spiegelbildlich übernehmen. In diesem Modell nicht angesprochen werden das Verhältnis der Themen zueinander und die Wichtigkeit der Themen. Das Awareness-Modell ist im Prinzip nicht fruchtbar und wird daher auch nicht angewandt, da es um die Reichweite der Themen geht, und nicht so sehr um deren Bedeutung.

- Beim Salience-Modell wird der Grad der Zuschreibung von Wichtigkeit als inhaltlicher Aspekt in die Annahmen integriert. Das Verhältnis zwischen den Themen untereinander bleibt weiterhin außer Acht.
- Beim Priorities-Modell wird auch die Relation der Themen zueinander in Betracht gezogen. „Im Unterschied zu den beiden zuvor dargestellten Positionen formuliert dieses Modell also eine Hypothese über die Beziehung zwischen den einzelnen Themen."[166] Vor allem das Priorities-Modell wird den Annahmen der Agenda-Setting-Hypothese gerecht, seit kurzem gewinnen aber auch Salience-Studien zu einzelnen Themen an Bedeutung.[167]

5.5. Typologie des Agenda-Setting-Ansatzes

Je nachdem, ob in der Analyse aggregierte Daten (Vergleich von Durchschnittswerten auf der Medienseite mit Durchschnittswerten auf der Publikumsseite) oder Individualdaten (Messung der jeweiligen Paarbeziehung zwischen dem Problembewusstsein der Mediennutzer und den genutzten Medieninhalten) untersucht werden und ob ein bzw. mehrere Themen untersucht werden, gibt es vier Möglichkeiten:

- *Strukturaggregatanalyse:* Untersuchung von mehreren Themen basiert auf aggregierten Daten
- *Sturkturindividualanalyse:* Untersuchung von mehreren Themen in Bezug auf individuelle Daten
  Themenaggregatanalyse: Untersuchung eines Themas mit Hilfe von aggregierten Daten
- *Themenindividualanalyse:* Analyse eines Einzelthemas in Bezug auf Individualdaten[168]

5.6. Intervenierende Variablen

Als Ursache der Publikumsagenda ist nicht nur die Themensetzung der Medien verantwortlich zu machen, in der Forschung ging man etwa zwanzig Jahre nach der Untersuchung von McCombs und Shaw auch daran, soziologische und psychologische Variablen mit einzubeziehen, um Einstellungs- und Verhaltensmuster bei den Rezipienten besser erklären zu können – so genannte intervenierende Variablen. Auf folgende intervenierende Variablen soll nun näher eingegangen werden: Zeitrahmen, Medien, Themen, Mediennutzung, Orientierungsbedürfnis des Rezipienten, Interpersonelle Kommunikation und Umweltbedingungen.

5.6.1. Zeitrahmen

Der Zeitfaktor spielt eine große Rolle bei Agenda-Setting-Effekten, ohne ihn lässt sich die dynamische Struktur des Agenda-Setting-Prozesses nicht nachvollziehen, denn die zeitliche Struktur bzw. die Zeitverzögerung zwischen Veränderungen in den Berichterstattungen und Veränderungen in der Themenstruktur bei den Rezipienten können nicht beschrieben werden.[169] Fünf Zeitaspekte spielen dabei eine Rolle:

- Der Zeitraum der Untersuchung
- Die Verzugszeit zwischen der Publikation eines Themas und dem Niederschlag in der Publikumsagenda
- Die Dauer der Medienberichterstattung (Auswertungszeitraum)
- Die Dauer der Publikumsbefragung
- Die optimale Wirkungsspanne zwischen der stärksten Beachtung eines Themas in den Medien und derjenigen des Publikums[170]

Der optimale Zeitrahmen für eine Agenda-Setting-Studie kann nicht pauschal erklärt werden, sondern hängt vielmehr vom unterschiedlichen Verlauf der „Karrieren" einzelner Themen ab, denn „jedes Thema hat seine eigene zeitliche Karriere und gelangt unterschiedlich rasch in die Schlagzeilen."[171]

5.6.2. Medien

Auch die Nutzung bestimmter Medien nimmt Einfluss auf die Themenstruktur des Nutzers. Wie stark der Agenda-Setting-Effekt sich dabei auswirkt, hängt von der Glaubwürdigkeit bestimmter Medien im Vergleich zu anderen ab.[172]
An dieser Stelle soll noch einmal kurz auf das Thema „Intermedia Agenda-Setting" eingegangen werden, das bereits im Kapitel zur Theorie der Schlüsselereignisse erwähnt wurde. Hier wird das Verhältnis zwischen Leitmedien und Folgemedien beschrieben. Bestimmte Medien fungieren als Meinungsführer und andere Journalisten bzw. Medien orientieren sich in ihrer Berichterstattung an diesen Medien. Aufgrund dieser Orientierung kommt es zu so genannten Intermedia-Agenda-Setting-Effekten, d. h. einer Übernahme von bestimmten Themen und Meinungen durch Folgemedien.[173]

5.6.3. Themen

Als eine sinnvolle Unterscheidung erscheint hier jene zwischen „aufdringlichen" und „unaufdringlichen" Themen. Unter aufdringlichen Themen versteht man jene, die der Einzelne direkt und persönlich erfahren kann, beispielsweise eine Preissteigerung, die Einführung des Euro oder eine Gesetzesänderung. Unaufdringliche Themen liegen im Allgemeinen außerhalb der eigenen Reichweite und sind daher die Domäne der Massenmedien. Ehlers nennt hier als Beispiel das Thema internationale Beziehungen.[174] Bei unaufdringlichen Themen lässt sich ein weitaus höherer Agenda-Setting-Effekt erkennen, als bei aufdringlichen Themen, da die Rezipienten meist keine andere Möglichkeit haben, von solchen unaufdringlichen Themen zu erfahren. Sie müssen sich daher auf Informationen aus zweiter Hand verlassen, welche für gewöhnlich durch die Medien vermittelt werden.[175] Rössler bemerkt hierzu, dass mehrere Agenda-Setting-Studien ihre Themenliste aufgrund von Kriterien auswählen, die sehr stark an die Nachrichtenfaktoren der Nachrichtenwert-Theorie erinnern, beispielsweise Personalisierung, räumliche Nähe, Konflikte, Negativismus, Überraschung und Eindeutigkeit als Charakteristika, die das Auftreten von Agenda-Setting-Mechanismen beeinflussen.[176]

5.6.4. Mediennutzung

Für das Auftreten von Agenda-Setting-Effekten spielt auch die Mediennutzung eine wesentliche Rolle. Michael Schenk sieht in der Mediennutzung eine „notwendige Voraussetzung für kumulative Agenda-Setting-Effekte".[177] Diese Sichtweise betrachtet Rössler etwas differenzierter und erwähnt in diesem Zusammenhang eine Studie zum amerikanischen Präsidentschaftswahlkampf 1972, die ergab, dass mit steigendem Medienkonsum auch der Agenda-Setting-Effekt steigen würde. Allerdings traf das nur auf den Zeitungskonsum zu, nicht so sehr auf die Fernsehnutzung.[178] Rössler betont daher, dass es unabdingbar sei, den Fernsehzuschauer vom Leser einer Tageszeitung zu unterscheiden.

5.6.5. Orientierungsbedürfnis der Rezipienten

Das Konzept vom Orientierungsbedürfnis des Rezipienten, das von McCombs und Weaver entwickelt wurde, beinhaltet, dass ein hohes Orientierungsbedürfnis zu einer verstärkten Mediennutzung und demzufolge zu einem ausgeprägteren Agenda-Setting-Effekt führe.[179] Die Intensität der Medienzuwendung und die Art der ausgewählten Inhalte beim Rezipienten würden dabei von drei Faktoren abhängen:

• Interesse an der Aussage
• Unsicherheit über den Gegenstand der Aussage
• Erforderlicher Aufwand um die Aussage zu empfangen[180]

5.6.6. Interpersonelle Kommunikation

Auch die interpersonelle Kommunikation spielt im Agenda-Setting-Prozess eine Rolle. Rössler geht davon aus, dass „(1) die soziale Nützlichkeit für antizipierte Diskussionen, (2) die Determination der Inhalte von Gesprächen und (3) die Veränderung aufgrund tatsächlicher Diskussionen der interpersonellen Kommunikation einen erheblichen Einfluss auf das Auftreten von Agenda-Setting-Effekten zuweisen." [181]

5.6.7. Umweltbedingungen

Untersucht wurde auch der Einfluss realer Umweltbedingungen auf die Themenprioritäten des Publikums. Man unterscheidet zwischen den Realitätsindikatoren und persönlicher Erfahrung als Faktoren der Umweltbedingungen. Realitätsfaktoren sind jene, welche die wirklichen Gegebenheiten oder Tatsachen repräsentieren, beispielsweise die Zahl von Gewalttaten. „Empirische Agenda-Setting-Studien, die Realitätsindikatoren in ihren Analysen berücksichtigen, liefern keine überzeugenden Argumente für einen direkten und ungefilterten Einfluss der Umweltbedingungen."[182]

Bei der persönlichen Erfahrung wird der Aspekt der Betroffenheit angesprochen. Wie wichtig ein bestimmtes Thema für eine Person ist, ist abhängig davon, wie sehr die Person selbst betroffen ist. Das Thema Arbeitslosigkeit beispielsweise wird nach Untersuchungen von Erbring, Goldberg und Miller nur noch von Personen als wichtig eingestuft (und aus den Medien übernommen), die direkt (z.B. in der Familie) von Arbeitslosigkeit betroffen sind.[183]

5.7. Verschiedene Modelle bei der Agenda-Setting-Forschung

In der Literatur werden verschiedene Modelle vorgestellt, die anstreben, die Vielzahl von Variablen, die eine Rolle spielen können, zu berücksichtigen. Doch stellt jede Untersuchung auch „einen Kompromiss aus realisierten Analyseschwerpunkten und zwangsläufig vernachlässigten Variablen dar."[184]

5.8. Kritische Sichtweisen

Aufgrund der Uneinheitlichkeit der verschiedenen Studien und des großen Entscheidungsspielraums, den man in einer Untersuchung hat, ist es schwierig, den Agenda-Setting-Ansatz zu einem Modell zu entwickeln. „Insofern tragen die vielen Studien und theoretischen Konzepte eher zur Verwirrung als zur Klärung dieses Forschungsansatzes bei.“[185] Als Ursache für die mangelhafte Theoriebildung des Agenda-Setting-Ansatzes nennt Brosius drei Faktoren:

- *Schwache Datenbasis der meisten Studien:* Viele Studien sind in Bezug auf den Zeitraum zu kurz angelegt. Da es keinen einheitlichen Zeitrahmen bei den einzelnen Studien gibt, führt dies wiederum zu einer Unvergleichbarkeit der Studien. Vielfach wird aus Kostengründen auch auf die Erhebung von Primärdaten verzichtet und auf Sekundärdaten zurückgegriffen. Das führt dazu, dass die Anzahl der Themen, der erhobenen intervenierenden Variablen und das Aggregierungsniveau drastisch sinken.
- *Methodische Probleme:* Die Beschränkung der Datenbasis führt in weiterer Folge zu methodischen Problemen, die sich hauptsächlich auf Schwächen der Datenanalyse beziehen. Die Anwendung einfacher Korrelations- und Regressionsverfahren aufgrund der geringen Anzahl der Messzeitpunkte und des geringen Aggregierungsniveaus erschwert eine theoretische Differenzierung des Agenda-Setting-Ansatzes. Derart einfache Analysen haben wiederum zur Folge, dass die Richtung der Thematisierung sich nicht bestimmen lässt. Zudem sind die Verfahren ungeeignet für die Bestimmung von Kausalität in der einen oder anderen Richtung.
- *Konzeptionelle Schwächen:* Aufgrund eines eingeschränkten Zugangs zu den entsprechenden Daten ergeben sich konzeptionelle Schwächen. Da man bei der universitären Forschung jedoch auf jene Daten angewiesen ist, welche die kommerzielle Umfrageforschung zur Verfügung stellt, ist gerade bei Zeitreihen beispielsweise der Wortlaut der Fragen nicht identisch, der Zeitpunkt der Befragung entspricht nicht den sachlichen Gegebenheiten, die Zeitabstände zwischen einzelnen Umfragen sind nicht einigermaßen gleich oder die Liste der erfassten Themen variiert.[186]

„Deshalb hat die Agenda-Setting-Forschung mit einer Vielzahl von Problemen zu kämpfen, die nicht auf den theoretischen Annahmen des Ansatzes, sondern auf den Voraussetzungen der Forschung beruhen.“[187]

Die Erforschung des Agenda-Setting-Prozesses ist heute immer noch nicht vervollständigt. Roberts und Bachen stellen fest, dass die Agenda-Setting-Hypothese keine adäquate Überprüfung erfahren hat: Weder läge eine ausreichende Konzeptionierung und Operationalisierung des Schlüsselkonzepts vor, noch seien die Forschungsdesigns für die Überprüfung kausaler Zusammenhänge geeignet.[188] Brosius beschreibt die Agenda-Setting-Theorie wie folgt: „Die Medienagenda beeinflusst die Rezipientenagenda für einige Rezipienten, für andere nicht; bei einigen Themen, bei anderen nicht; zu einigen Zeitpunkten, zu anderen nicht.“[189] Diese Aussage spiegelt die Theorielosigkeit des Agenda-Setting-Ansatzes sehr gut wider, frei nach dem Motto: „Alles ist möglich.“ Auf der anderen Seite geht es aber auch nicht darum, ein perfektes Agenda-Setting-Design zu finden, sondern es müssen vielmehr Kriterien gefunden werden, die es dem Forscher ermöglichen, die seiner Fragestellung von den sachlichen Gegebenheiten her am besten entsprechenden Methoden auszuwählen. [190]

5.9. Brauchbare Elemente für die Theorie der Schlüsselereignisse

Die Medien haben zwar keinen großen Einfluss auf das, *was* das Publikum zu einzelnen Themen denkt, aber einen erheblichen Einfluss darauf, *worüber* es sich überhaupt Gedanken macht. Dieses Credo des Agenda-Setting trifft wohl auch auf Schlüsselereignisse und Teilaspekte aus diesen Ereignissen im Besonderen zu. Diejenigen Themen und Aspekte in Verbindung mit dem Schlüsselereignis, welche die Medien hervorheben, rücken in weiterer Folge auch ins Zentrum der Gedankenwelt der Rezipienten. Durch gewisse Themenschwerpunkte, die aus dem Schlüsselereignis heraus entstehen und in weiterer Folge auch in der Medienberichterstattung Berücksichtigung finden, kann also auch eine entsprechende Einschätzung in der öffentlichen Meinung, die öffentliche Agenda, erzeugt werden.

Auf diesen Aspekt soll in weiterer Folge nicht näher eingegangen werden, da eine Auseinandersetzung mit diesem Thema mehr dem Aspekt des Agenda-Setting Rechnung tragen würde und weniger dem Aspekt der Theorie der Schlüsselereignisse.

6. Exkurs 1: Die Rolle von Nachrichtenagenturen

Eine wichtige Rolle in der Medienberichterstattung nehmen Nachrichtenagenturen ein. Sie liefern Material, welches die unterschiedlichsten Ressorts abdeckt, direkt an die Redaktionen, die diese Meldungen zu einem Großteil unverändert bzw. marginal verändert, übernehmen. Deshalb wird in Bezug auf Nachrichtenagenturen auch oftmals von „Journalismus aus zweiter Hand" gesprochen.[191] Die Karriere von Themen und die Berichterstattung über Schlüsselereignisse wird somit auch maßgeblich von Nachrichtenagenturen bestimmt. Sie entscheiden vielfach durch die Vorauswahl von Nachrichten, was weitergegeben wird und was schließlich auch in den unterschiedlichsten Medien „Karriere macht".

Aber wozu braucht man eigentlich Nachrichtenagenturen? Liegt es daran, dass sich Journalisten heute nicht mehr die Zeit nehmen oder nehmen können, selbst Recherche zu betreiben? Jürgen Wilke und Bernhard Rosenberger führen diesen Umstand darauf zurück, dass es sich keine der Institutionen von Presse, Hörfunk und Fernsehen leisten kann, überall Berichterstatter einzusetzen. Dies trifft nicht nur auf kleinere Blätter und Rundfunkstationen zu, sondern auch auf größere Institutionen, die sogar über ein gewisses Kontingent an Auslandsberichterstattern verfügen. Auch sie können nicht alle Regionen der Erde abdecken und sind auf „fremde Hilfe" angewiesen. Hansjoachim Höhen spricht hier von „Zuliefererbetrieben", welche Presse und Rundfunk mit Nachrichtenmaterial versorgen.[192] Der Journalist muss sich heutzutage durch eine wahre Flut an Informationen durchwühlen, denn neben den unzähligen Meldungen, die von den verschiedensten Nachrichtenagenturen eintreffen, gilt es auch noch anderes Nachrichtenmaterial wie beispielsweise Pressemitteilungen zu sichten.[193] Zeit-druck und Personalmangel tun das ihre dazu, dass sich das von Agenturen aufbe-reitete und zur Verfügung gestellte Material oftmals unkontrolliert und lediglich mit marginalen Veränderungen in der Zeitung oder im Rundfunk wieder fin-det.[194]

Den Journalisten wird es im Zusammenhang mit dem Material von Nachrich-tenagenturen oft auch sehr leicht gemacht. Sie erhalten sehr gut recherchierte Materialien und diese noch dazu in unterschiedlichen Darstellungsformen, von der Reportage über Interviews bis hin zu klassischen Meldungen.[195] Ohne die Nachrichtenagenturen wären die Massenmedien heute nicht mehr denkbar, so Thomas Struk.[196]

6.1. Brauchbare Elemente für die Theorie der Schlüsselereignisse

Die Position, die Nachrichtenagenturen im Zusammenhang mit Schlüsselereig-nissen einnehmen, kann durchaus als eine Art „Schlüsselposition" gesehen wer-den. Nachrichtenagenturen sind oftmals eine unerlässliche Quelle, wenn es da-rum geht, Informationen zum und über das Schlüsselereignis zu erhalten. Das spezifische Medium, das sich aus vielerlei Gründen – beispielsweise Zeitmangel oder Personalmangel – auf Nachrichtenagenturen stützt, tut dies nicht nur bei „normalen" Ereignissen, sondern auch bei Schlüsselereignissen.

Journalismus aus zweiter Hand ist bei allen Medienunternehmen gang und gäbe. Wie bei anderen Ereignissen auch, so ist es bei Schlüsselereignissen eben-falls der Fall, dass sich die Medienunternehmen und die darin arbeitenden Re-dakteure einzelner Nachrichtenagenturen bedienen. Ansonsten würde es für sie bedeuten, Eigenrecherchen vorzunehmen, die aufgrund der oben genannten Problematik, der sich Medienunternehmen aus wirtschaftlichen Gründen gegen-über sehen, häufig nicht möglich sind.

Vor allem bei Schlüsselereignissen, die in fernen Ländern stattfinden und für die das jeweilige Medium keine Auslandskorrespondenten hat, die vor Ort sind, bzw. es sich auch nicht leisten kann Journalisten zu entsenden, sind Nachrichten-agenturen unerlässlich. Bei lokalen Schlüsselereignissen hingegen kann der An-teil der Eigenrecherche höher eingestuft werden. Journalisten sind vor Ort, au-ßerdem ist das Ereignis aufgrund seiner Außergewöhnlichkeit ein Top-Thema, sodass hierfür die Gründe, die für die Inanspruchnahme der Dienste von Nachrichtenagenturen geltend gemacht werden, weniger zum Tragen kommen.

Auf das Thema „Nachrichtenagenturen" wird in der empirischen Überprüfung nicht näher eingegangen, da hier der Journalist eine eher passive Rolle einnimmt.

7. Exkurs 2: Die Karriere von Themen durch Public Relations

Bereits im Jahr 1922 erkannte Walter Lippmann, dass der Einfluss von Public Relations auf die Arbeit des Journalisten nicht zu unterschätzen sei: „Die Entwicklung der Öffentlichkeitsarbeit ist ein klares Zeichen dafür, dass die Tatsachen des modernen Lebens nicht von selbst die Form annehmen, in der sie veröffentlicht werden können. Jemand muss ihnen vielmehr die Form erst geben, und da die Reporter in der täglichen Routine Tatsachen keine Gestalt geben können und weil es nur selten eine neutrale Geisteshaltung gibt, werden die notwendigen Formulierungen von den interessierten Parteien selbst geprägt."[197]

„Da (...) die Tatsachen aus dem Bereich der meisten großen Nachrichtenthemen sich nicht einfach darbieten und vor allem keineswegs augenfällig sind, sondern der Auswahl und der subjektiven Auffassung unterliegen, ist es nur natürlich, dass man gern seine eigene Auswahl der Tatsachen für die Veröffentlichung treffen möchte. Das besorgt der ‚Publicity Man'. Und daher erspart er dem Reporter sicherlich viel Mühle, weil er ihm ein klares Bild von der Situation verschafft, aus der der Zeitungsmann sonst vielleicht gar nicht schlau würde. Hieraus ergibt sich jedoch, dass der Öffentlichkeitsmann das für den Reporter zurechtgemachte Bild für die Öffentlichkeit auch wünscht. Er ist Zensor und Propagandist zugleich, lediglich seinen Brotgebern verantwortlich, der ganzen Wahrheit jedoch nur insofern, als sie mit der Auffassung seiner Arbeitgeber von seinen eigenen Aufgabengebieten übereinstimmt."[198]

Diese Sichtweise greift auch Herbert Denk auf, der auf Michael Kerbler verweist. Ökonomische Entwicklungen, wie beispielsweise schrumpfendes Anzeigenvolumen, dadurch wirtschaftliche Probleme der Medien und Personalfreisetzungen würden zudem dazu führen, dass immer weniger Redakteure eine immer größer werdende Flut an Informationen verarbeiten müssten: „Die Versuchung, hier schnell PR-Texte ohne kritisches Hinterfragen und ohne journalistische Eigenleistung zu übernehmen, steigt."[199] Dies würde in weiterer Folge dazu führen, dass eine adäquate Behandlung der Informationen nicht mehr gewährleistet sei.[200] Diese Tatsache bestätigen die Journalisten sogar selbst. Auf die Frage, ob der Einfluss der PR in den letzten Jahren stärker geworden sei, hätten 82 Prozent der befragen Journalisten im Rahmen einer Studie mit „Ja" geantwortet.[201] Die Mehrzahl der Redakteure würde sich zudem – ebenfalls nach eigenen Angaben – mehr mit dem Umschreiben von Fremdmaterial, mit Sichten und

Auswählen, mit Informationsverwaltung, -reduktion und -vermittlung beschäftigen, als mit der Produktion eigener Texte.[202] Romy Fröhlich meint hierzu: „Weitaus mehr als die Hälfte des Inhaltes tagesaktueller Medien geht auf Presse- und Öffentlichkeitsarbeit zurück, das kann man als Faktum ansehen."[203] Barbara Baerns geht sogar noch einen Schritt weiter, indem sie sagt, dass zwei von drei Beiträgen als Ergebnis von Pressemitteilungen und Pressekonferenzen zu sehen seien, die kaum durch journalistische Recherchen ergänzt oder überprüft würden.[204]

Eine große Rolle bei der Selektion der einzelnen Meldungen und Ereignisse spielen, wie bereits angemerkt, Nachrichtenfaktoren. Die Journalisten suchen nach Meldungen, die möglichst viele Nachrichtenfaktoren beinhalten, was wiederum dazu führt, dass die PR-Texte und PR-Materialien so aufgebaut sind, dass sie die wichtigsten Nachrichtenfaktoren bedienen, damit ihr aufbereitetes Material nicht von den Journalisten ausgefiltert wird. Das muss jedoch nicht bedeuten, dass das Ereignis tatsächlich viele Nachrichtenfaktoren aufweist, es handelt sich vielmehr nicht selten um mediengerecht inszenierte Nachrichtenfaktoren und somit inszenierte Ereignisse.[205] Journalisten sollten sich daher immer wieder ins Bewusstsein rufen, dass sie und PR-Praktiker unterschiedliche Ziele verfolgen, die bei der Gestaltung der Medieninhalte miteinander konkurrieren. Während der Journalist das Publikum mit möglichst wahrheitsgemäßen, nach rein professionellen Gesichtspunkten ausgewählten Informationen versorgen sollte, damit es sich unabhängig eine Meinung bilden kann, versucht der PR-Praktiker hingegen Informationen in die Öffentlichkeit zu bringen, die den Interessen bestimmter Institutionen nützen.[206] Dies sollte vor allem auch im Hinblick auf den Rezipienten geschehen. Denn wenn dieser einmal erkennt, dass es sich um ein von einer Interessensvertretung ohne journalistische Prüfung übernommenes Produkt handelt (beispielsweise durch das Konsumieren mehrerer Medienprodukte, bei denen derselbe PR-Text ohne eigens recherchierten Input übernommen wurde), wird er beginnen, an der Glaubwürdigkeit des Mediums zu zweifeln.

Einen Hoffnungsschimmer zum Einfluss von PR auf den Journalismus lässt Siegfried Weischenberg durchscheinen: „Im Lichte neuerer, theoretisch und/oder methodisch anspruchsvollerer Studien lässt sich die These eines dominierenden Einflusses von PR auf die Medienberichterstattung in pauschaler Form jedoch nicht uneingeschränkt aufrechterhalten. Vielmehr ist deutlich geworden, dass das System Journalismus auch hier Resistenz gegen eine Umweltsteuerung aufbringt. Öffentlichkeitsarbeit muss schon zu den internen Relevanzhierarchien und Operationsprozeduren passen, wenn sie in der intendierten Weise wirksam werden will."[207] Er geht davon aus, dass die hohe Übernahme von Pressemitteilungen im Hinblick auf die gesamte Berichterstattung erheblich relativiert werden muss. Von einer Dominanz von PR-Texten in der gesamten Berichterstattung könne nicht gesprochen werden.[208] Annette Rinck hingegen bemerkt, dass die Bedeutung der Public Relations im Journalismus noch zunehmen wird. Die knappen personellen und zeitlichen Ressourcen, mit denen sich Redaktionen konfrontiert sehen, werden auch in Zukunft nicht entscheidend verbessert werden können. Sie sieht daher eine besondere Bedeutung im Aufbau einer verständigungsorientierten Kommunikationsbeziehung zwischen beiden Systemen.[209]

7.1. Brauchbare Elemente für die Theorie der Schlüsselereignisse

Welche Rolle können PR-Agenturen im Zusammenhang mit Schlüsselereignissen einnehmen? Geht man davon aus, dass es sich bei einem Schlüsselereignis um ein spektakuläres, einzigartiges Ereignis mit einer besonders großen Tragweite handelt, so würde dies bedeuten, dass man für das Thema keine PR betreiben müsste, die dafür sorgen, dass das Thema in aller Munde ist. Dennoch können Public Relations und PR-Agenturen im Zusammenhang mit Schlüsselereignissen eine besondere Rolle einnehmen, und zwar dann, wenn Schlüsselereignisse in eine bestimmte Richtung gelenkt werden sollen. Ein Beispiel hierfür ist der 2. Golfkrieg im Jahr 1991. Als es darum ging, die Luftangriffe auf den Irak zu legitimieren, wurde eine PR-Agentur beauftragt, welche die Öffentlichkeit über die Medien davon überzeugen sollte, dass Luftangriffe auf den Irak notwendig seien. Mit Hilfe der amerikanischen Agentur Hill & Knowlton gelang es, Kuwait, den damaligen Gegner Iraks, als ein Emirat erscheinen zu lassen, das sehr nahe an demokratischen Spielregeln lebte und vom bösen Nachbarn angegriffen wurde. „Die kuwaitische Regierung zahlte der Public Relations-Firma Hill & Knowlton mehr als zehn Mio. Dollar, um Informationen über irakische Grausamkeiten in Kuwait fernsehgerecht aufzubereiten. Das allermeiste, was die US-Öffentlichkeit vor Beginn des Luftkrieges aus Kuwait zu sehen bekam, stammte von Hill & Knowlton. Mit den Tatsachen hatte es oft wenig zu tun."[210]

Wenn man den Golfkrieg als Schlüsselereignis sieht, so haben PR-Agenturen wesentlich dazu beigetragen, gewisse Verläufe des Schlüsselereignisses zu kreieren. Die Rolle, die PR im Zusammenhang mit Schlüsselereignissen spielen, kann also durchaus groß sein; zwar nicht in Bezug auf die Inszenierung eines Schlüsselereignisses, jedoch sehr wohl in Bezug auf den Verlauf des Schlüsselereignisses. Hier kann es durchaus geschehen, dass mithilfe von Public Relations bestimmte Sichtweisen und Themen kreiert werden, die den Verlauf des Schlüsselereignisses prägen. Personalmangel und Zeitmangel, die eine genaue Recherche oft nicht möglich machen, tun ihres dazu, dass sich PR-Meldungen hartnäckig durchsetzen.

Eine weitere Berücksichtigung wird dieses Thema nicht finden, da auch hier der hier der Journalist in seiner Arbeit als eher passiv und nicht aktiv angesehen werden kann.

IV   Empirische Untersuchungen

1. Untersuchungsgegenstand

Aus den theoretischen Überlegungen in dieser Arbeit haben sich vier Themengebiete ergeben, die nun empirisch untersucht werden sollen:

- Die Bedeutung von Nachrichtenfaktoren für Schlüsselereignisse
- Die Rolle des Journalisten als Gatekeeper im Zusammenhang mit Schlüsselereignissen
- Die Bedeutung von Schlüsselbildern, -figuren und -begriffen im Zusammenhang mit Schlüsselereignissen
- Kurzfristige und langfristige journalistische Veränderungen durch Schlüsselereignisse

Als Methode zur Untersuchung der Forschungsfragen und zur Überprüfung
der Hypothesen wurde eine dreiteilige Analyse gewählt. Der erste Schritt der
Untersuchung besteht aus einer groß angelegten Befragung mithilfe eines struk-
turierten Fragebogens. Die Befragung wurde schriftlich durchgeführt und richtete sich an österreichische Journalisten aus allen Medienbereichen. Der zweite
Schritt besteht aus einer Inhaltsanalyse von ausgewählten Schlüsselereignissen.
Der dritte Schritt beinhaltet Experteninterviews, bei denen die Ergebnisse aus der
schriftlichen Befragung und der Inhaltsanalyse und deren Vergleich diskutiert
werden sollen.

2. Forschungsfragen und Hypothesen

Aus den vier Themengebieten wurden fünf Forschungsfragen gebildet und in
weiterer Folge sieben Hypothesen. An dieser Stelle soll ein Überblick über die
zentralen Fragestellungen gegeben werden.

Forschungsfrage 1: Hat ein Ereignis, das besonders viele Nachrichtenfaktoren
abdeckt, eher die Chance zu einem Schlüsselereignis zu werden?

Die Hypothese, die dazu aufgestellt wurde, lautet:

- *Hypothese 1:* Anders als bei der Nachrichtenwert-Theorie ist die Anzahl der Nachrichtenfaktoren bei einem Schlüsselereignis unerheblich. Es kann bereits ein Nachrichtenfaktor ausreichend dafür sein, dass es sich um ein Schlüsselereignis handelt und nicht wie bei der Nachrichtenwert-Theorie angenommen, je mehr desto besser. Ein Nachrichtenfaktor ist theoretisch ausreichend, dieser muss allerdings der Außergewöhnlichkeit des Ereignisses Rechnung tragen.

Forschungsfrage 2: Welche Rolle spielen die Nachrichtenfaktoren Negativität bzw. Positivität in Bezug auf Schlüsselereignisse? Haben negative Ereignisse eher die Chance zu einem Schlüsselereignis zu werden?

Die Hypothese, die diese Forschungsfrage abdeckt, lautet:

- *Hypothese 2:* Negative Ereignisse haben eher die Chance zu einem Schlüsselereignis zu werden.

Forschungsfrage 3: Welche Rolle nimmt der Gatekeeper im Zusammenhang mit Schlüsselereignissen ein? Kommen Selektionsentscheidungen des Gatekeepers aufgrund der Außergewöhnlichkeit des Schlüsselereignisses überhaupt zum Tragen?

Aus dieser Forschungsfrage ergibt sich folgende Hypothese:

- *Hypothese 3:* Die Rolle des Journalisten in Bezug auf Schlüsselereignisse ist zweischneidig. Auf den Selektionsprozess, also ob über das Schlüsselereignis berichtet wird, hat er keinen Einfluss. Das Schlüsselereignis ist zu außergewöhnlich, um selektiert zu werden. Der Gatekeeper entscheidet lediglich über die Art und Weise wie über das Schlüsselereignis berichtet wird.

Forschungsfrage 4: Welche Rollen nehmen Schlüsselbegriffe, -bilder und -figuren im Zusammenhang mit Schlüsselereignissen ein?

Aus dieser Forschungsfrage ergeben sich folgende Hypothesen:

- *Hypothese 4:* Schlüsselbegriffe, Schlüsselbilder und Schlüsselfiguren nehmen im Zusammenhang mit Schlüsselereignissen eine zentrale Rolle ein. Sie dienen dazu, das Schlüsselereignis zu strukturieren und vereinfacht – mit einem Begriff, einem Bild oder einer Figur – darzustellen.

- *Hypothese 5:* Schlüsselbegriffe und -figuren fließen im Laufe der Zeit ganz selbstverständlich in den (medialen) Sprachgebrauch ein. Auch wenn das Schlüsselereignis in Vergessenheit gerät, so bleiben die daraus entstandenen Begriffe und Figuren weiter bestehen und werden auch ohne direkten Bezug zu dem Schlüsselereignis, aus dem heraus sie entstanden sind, in verschiedensten Zusammenhängen selbsterklärend verwendet.

Forschungsfrage 6: Können Schlüsselereignisse auch langfristige Veränderungen in der Medienberichterstattung und im Journalismus hervorrufen? Oder gibt es nur kurzfristige Veränderungen und nach einer gewissen Zeit hat alles den gewohnten Verlauf?

Auch aus dieser Forschungsfrage resultieren zwei Hypothesen:

- *Hypothese 6:* Schlüsselereignisse können nicht nur kurzfristige Veränderungen im Journalismus hervorrufen, sondern auch langfristige, auch wenn dies nicht so häufig der Fall ist.
- *Hypothese 7:* Eine Sonderstellung nehmen Schlüsselbegriffe und -figuren in Bezug auf Veränderungen durch Schlüsselereignisse ein. Auch sie können eine langfristige Wirkung auf den Journalismus haben. Sie gehen in den medialen Sprachgebrauch ein und werden in weiterer Folge selbsterklärend verwendet, auch in Bezug auf Themen, die nicht unbedingt im Zusammenhang mit dem Schlüsselereignis stehen.

V   Schriftliche Befragung mittels Fragebogen

Der erste Schritt der empirischen Untersuchung besteht aus einer schriftlichen Befragung. Die Zusammenstellung der Fragen ergibt sich aus den Forschungsfragen bzw. aus den Hypothesen. In einem ersten Schritt wurde dabei ein Fragebogen erstellt, der dann in einer ersten Runde an fünf Journalisten geschickt wurde. Diese wurden gebeten, ihre Bemerkungen zu den einzelnen Frageformulierungen und Verbesserungsvorschläge zu machen. Schließlich wurde der Fragebogen überarbeitet.

1. Der veröffentlichte Fragebogen[211]

Außergewöhnlich, sensationell, spektakulär: Schlüsselereignisse, beispielsweise der Fall der Berliner Mauer 1989 oder die Terrorakte des 11. September 2001, nehmen in der Medienberichterstattung eine ganz besondere Rolle ein. Wie sehen Sie den Stellenwert von Schlüsselereignissen? Im Rahmen meiner Dissertation an der Universität Salzburg führe ich eine Befragung mittels Online-Fragebogen durch, um die Einschätzung österreichischer Journalisten über die Bedeutung von Schlüsselereignissen in der Medienberichterstattung zu ermitteln. Die Befragung erfolgt anonym. Sämtliche Angaben werden streng vertraulich behandelt. Die Beantwortung der Fragen wird zudem nur wenige Minuten Ihrer Zeit in Anspruch nehmen, da es sich fast nur um geschlossene Fragen handelt, bei denen die Antwortmöglichkeiten genau vorgegeben sind. Nach Beendigung der Befragung drücken Sie einfach auf den Button „Senden".

1. *Welche Schlüsselereignisse der letzten 20 Jahre fallen Ihnen spontan ein?*
    Lokale, nationale wie internationale Nennung von Schlüsselereignissen
    möglich, Mehrfachnennungen pro Ressort möglich

    O Schlüsselereignis Politik:
    O Schlüsselereignis Wirtschaft:
    O Schlüsselereignis Sport:
    O Schlüsselereignis Kultur:
    O Schlüsselereignis Gesellschaft:
    O Schlüsselereignis Sonstige:

2. *Welche Eigenschaften sollte Ihrer Meinung nach ein Ereignis aufweisen, um*
   zu einem publizistischen Schlüsselereignis zu werden?
   BITTE FÜR SIE ZUTREFFENDE WERTUNG ANKREUZEN!
   (1 sehr große Bedeutung, 2 eher von Bedeutung, 3 weniger von Bedeutung,
   4 überhaupt keine Bedeutung)

O Sensationelles, spektakuläres Ereignis   1 2 3 4
O Einzigartiges Ereignis   1 2 3 4
O Neuer Sachverhalt, Ereignis noch nie
da gewesen oder in der Art noch nie da gewesen   1 2 3 4
O Große Auswirkung, Tragweite des Ereignisses   1 2 3 4
O Hoher Grad an Überraschung   1 2 3 4
O Prominenz (Grad der Bekanntheit einer Person, die am
Ereignis beteiligt ist – unabhängig von ihrem Einfluss)   1 2 3 4
O Beteiligung von Elite-Personen und Elite-Nationen
am Ereignis   1 2 3 4
O Reichweite (betrifft die Anzahl der Personen oder
die Größe des Gebiets, die/das vom Ereignis betroffen ist)   1 2 3 4
O Dauer des Ereignisses   1 2 3 4
O Bedeutung und Relevanz des Ereignisses   1 2 3 4
O Einfach zu verstehen, kein komplexes Ereignis   1 2 3 4
O Identifikation mit dem Ereignis
(geografische, kulturelle, zeitliche Nähe zum Ereignis)   1 2 3 4

3. *Wie viele der von Ihnen als sehr wichtig empfundenen Eigenschaften (Bewer-*
   tung mit 1) sollte/müsste Ihrer Meinung nach ein Ereignis aufweisen, da-
   mit man von einem Schlüsselereignis sprechen kann?

O Alle
O Je mehr, desto besser
O Die Anzahl der Eigenschaften ist unerheblich, theoretisch wäre auch eine
   Eigenschaft vollkommen ausreichend, diese muss aber besonders
   ausgeprägt sein.

4. *In der Medienberichterstattung spielt Negativismus eine entscheidende Rolle,*
   etwa nach dem Motto: „Only bad news are good news". Sind Sie der Mei-
   nung, dass negative Ereignisse eher auch die Chance haben, zu einem
   Schlüsselereignis zu werden, als positive Ereignisse?

O Ja
O Nein

5. *Welche Rolle spielt Ihrer Meinung nach der Journalist als Gatekeeper in Bezug auf die Medienberichterstattung zu Schlüsselereignissen?*

O *Sehr große Rolle:* Er entscheidet, ob über das Schlüsselereignis überhaupt berichtet wird oder ob es selektiert wird und in weiterer Folge, auf welche Art und Weise das Ereignis schließlich Berücksichtigung in der Medienberichterstattung findet (über welche Themengebiete des Schlüsselereignisses berichtet wird).

O *Zweischneidige Rolle:* Er entscheidet zwar nicht, ob über das Schlüsselereignis berichtet wird, dafür ist das Schlüsselereignis zu außergewöhnlich, er entscheidet jedoch, auf welche Art und Weise das Schlüsselereignis Berücksichtigung findet (über welche Themengebiete des Schlüsselereignisses berichtet wird).

O *Keine bedeutende Rolle:* Die Rolle des Journalisten als Gatekeeper ist in Bezug auf Schlüsselereignisse unerheblich; das Schlüsselereignis besitzt aufgrund seiner Außergewöhnlichkeit eine Eigendynamik, der sich der Gatekeeper nicht entziehen kann. Er bestimmt weder, ob über das Ereignis berichtet wird, noch den Verlauf der Berichterstattung.

6. *Sind Sie der Meinung, dass Schlüsselereignisse in weiterer Folge eine Veränderung in der journalistischen Arbeit hervorrufen können, bzw. bereits hervorgerufen haben?*

O Ja, aber nur kurzfristig
O Ja, kurzfristig genauso wie langfristig
O Nein

7. *Wenn ja, wie könnte diese kurzfristige bzw. langfristige Veränderung Ihrer Meinung nach aussehen bzw. wie sieht diese aus? (Bitte Ihre Meinung in Stichworten)*

8. *Wenn nein, warum nicht? (Bitte Ihre Meinung in Stichworten)*

9. *Welche Bedeutung kommt Ihrer Meinung nach Schlüsselbildern (Bsp. Flugzeug rast in World Trade Center) im Zusammenhang mit Schlüsselereignissen zu?*

O Sehr große Bedeutung
O Eher von Bedeutung
O Weniger von Bedeutung
O Keine Bedeutung

10. *Welche Bedeutung kommt Ihrer Meinung nach Schlüsselfiguren (z.B. Osama Bin Laden, George Bush) im Zusammenhang mit Schlüsselereignissen zu?*

O Sehr große Bedeutung
O Eher von Bedeutung
O Weniger von Bedeutung
O Keine Bedeutung

11. *Welche Bedeutung kommt Ihrer Meinung nach Schlüsselbegriffen (Bsp. Osama, 9/11, Ground Zero) im Zusammenhang mit Schlüsselereignissen zu?*

O Sehr große Bedeutung
O Eher von Bedeutung
O Weniger von Bedeutung
O Keine Bedeutung

12. *Sind Sie der Meinung, Schlüsselbegriffe und Schlüsselfiguren, die durch das Schlüsselereignis entstanden sind, können sich nachhaltig und langfristig auf die Medienberichterstattung und den medialen Sprachgebrauch auswirken, und zwar insofern, als sie in weiterer Folge selbsterklärend verwendet werden?*

O Ja, aber nur kurzfristig
O Ja, und zwar langfristig
O Nein

13. *Hatten Sie im Speziellen in Ihrer journalistischen Arbeit (lokal, national, international) bereits mit Schlüsselereignissen zu tun?*

O Ja
O Nein

2. Die ausgewählten Medien im Überblick

Rund 1.600 österreichische Journalisten aus den unterschiedlichsten Medienbereichen wurden befragt. Im Folgenden soll ein Überblick über die Medien gegeben werden, die dabei ausgewählt wurden.

2.1. Printmedien

- APA
- Bestseller
- Bezirksblätter
- Der österreichische Journalist
- Der Standard
- Die Lokalen
- Die Presse
- Echo
- Extradienst
- Format
- Furche
- Gewinn
- Horizont
- Kärntner Tageszeitung
- Kärntner Woche
- Kleine Zeitung
- Kurier
- Neue Kronen Zeitung
- News
- Niederösterreichische Nachrichten
- Oberösterreichische Nachrichten
- Osttiroler Bote
- profil
- Rundschau
- Salzburger Nachrichten
- Sportwoche
- Sportzeitung
- Trend
- Volksblatt
- Vorarlberger Nachrichten
- Weekendmagazin
- Wiener Zeitung
- Wirtschaftsblatt

2.2. Hörfunk

- 886 Supermix
- Antenne
- Hit FM
- Kronehit
- KT1
- Liferadio
- Radio Arabella
- Radio Orange
- Radiofabrik
- Welle1

2.3. TV

- ORF
- ATVplus
- Privatfernsehen Linz
- PulsTV
- SalzburgTV
- Tirol TV

2.4. Sonstige

- Diverse freie Journalisten aus Österreich

Die Adressliste wurde einerseits mithilfe des österreichischen PR- und Journalistenindex 2005 zusammengestellt, andererseits durch Online-Recherchen auf den Homepages der Medien. Die Befragung startete am 1. Dezember 2005 und endete am 10. Jänner 2006. Von den rund 1.600 befragten Journalisten antworteten 345, für die Analyse und Auswertung konnten 336 der ausgefüllten Fragebögen verwendet werden. Das entspricht einer verwertbaren Rücklaufquote von 21 Prozent. Bei der Auswahl der Medien und der einzelnen Journalisten wurde vor allem auf eine große Medienvielfalt geachtet. So wurden nicht nur die unterschiedlichsten Medien ausgewählt, sondern auch innerhalb der einzelnen Medien die unterschiedlichsten Journalisten – sowohl ressortbezogen als auch in Bezug auf die Stellung im Medienunternehmen. Einerseits wurden Herausgeber und Chefredakteure angeschrieben, andererseits Journalisten, die in der Redaktionshierarchie nicht so weit oben zu finden sind und letztendlich auch eine Vielzahl von freien Redakteuren. Die Ressorts, die vorrangig berücksichtigt wurden, waren die Ressorts Politik, Wirtschaft, Kultur, Sport und Gesellschaft. Die Beantwortung der Fragebögen durch die Journalisten erfolgte anonym.

3. Die Auswertung der Fragebögen

3.1. Die Erfahrung der Journalisten mit Schlüsselereignissen

Am Beginn sollen die Ergebnisse zu jener Frage dargestellt werden, bei der die Journalisten gefragt wurden, ob sie denn selbst schon in ihrer journalistischen Arbeit mit Schlüsselereignissen zu tun gehabt hätten. Das Ergebnis ist eindeutig: 89,3 Prozent der befragten Journalisten gaben an, dass sie selbst bereits in ihrer Arbeit mit Schlüsselereignissen in Berührung gekommen seien. Demgegenüber stehen 9,5 Prozent, die meinten, sie hätten in ihrer journalistischen Tätigkeit mit Schlüsselereignissen bis dato nichts zu tun gehabt. 1,2 Prozent der befragten Journalisten machten zu dieser Frage keine Angaben.

Die Ergebnisse zu dieser Frage sind sehr wichtig für die Aussagekraft der Befragung insgesamt. Wäre die Erfahrung der Journalisten in Bezug auf Schlüsselereignisse nicht derart hoch ausgefallen, wären die Ergebnisse beispielsweise umgedreht und hätten nur 9,5 Prozent der Befragten bis dato mit Schlüsselereignissen zu tun gehabt, so hätten auch die weiteren Ergebnisse der Befragung aufgrund mangelnder Erfahrung der Journalisten in Bezug auf Schlüsselereignisse in Frage gestellt werden müssen. Dieses Problem stellt sich bei einer absoluten Mehrheit von 89,3 Prozent jedoch nicht.

3.2. Die am häufigsten erwähnten Ereignisse

Nach Auswertung der 336 ausgefüllten Fragebögen ergaben sich klare „Favoriten" in Bezug auf die angegebenen Schlüsselereignisse. Die zehn am häufigsten erwähnten Schlüsselereignisse sind[212]:

1. 11. September 2001 (*Politik*, Wirtschaft, Gesellschaft, Sonstige)   58,9 %
2. Fall der Berliner Mauer (*Politik*, Wirtschaft)   42,3 %
3. Schwarz-Blaue Regierung 2000 (*Politik*, Sonstige)   33,3 %
4. Hermann Maiers Sturz und Sieg in Nagano (*Sport*)   32,7 %
5. Tsunami (*Sonstige*, Gesellschaft)   30,7 %
6. Tod Lady Dianas (*Gesellschaft*)   23,2 %
7. EU-Beitritt Österreichs (*Politik*, Wirtschaft, Sonstige)   22,3 %
8. Einführung des Euro (*Wirtschaft*, Sonstige)   20,8 %
9. Irakkrieg (*Politik*, Sonstige, Wirtschaft)   19,9 %
10. Nobelpreis an Elfriede Jelinek (*Kultur*)   17,0 %

3.2.1. Die Terroranschläge des 11. September 2001 in den USA

Die Ergebnisse aus der Befragung: 198 der 336 befragten Journalisten, das entspricht 58,9 Prozent, gaben die Terrorakte des 11. September 2001 als Schlüsselereignis an. Der 11. September ist somit das am häufigsten erwähnte Schlüsselereignis. Insgesamt gab es 204 Nennungen, denn sechs Journalisten führten die Terroranschläge in zwei Ressorts an:

Politik:	113	Nennungen
Wirtschaft:	6	Nennungen
Gesellschaft:	18	Nennungen
Sonstige:	55	Nennungen
Politik & Wirtschaft:	2	Nennungen
Politik & Gesellschaft:	2	Nennungen
Wirtschaft & Gesellschaft	2	Nennungen

Kein anderes der von den Journalisten erwähnten Schlüsselereignisse deckte so viele Ressorts ab, wie die Terroranschläge des 11. September 2001. In vier von sechs möglichen Ressorts wurde das Ereignis erwähnt, wobei die meisten Nennungen in das Ressort Politik fallen. Lediglich in den Ressorts Sport und Kultur gab es keine Erwähnung.

3.2.2. Der Fall der Berliner Mauer

Die Ergebnisse aus der Befragung: 142 der 336 befragten Journalisten, das sind 42,3 Prozent, gaben den Fall der Berliner Mauer 1989 als Schlüsselereignis an. Insgesamt gab es 143 Nennungen, denn ein Journalist erwähnte das Schlüsselereignis in zwei Ressorts:

Politik:	138	Nennungen
Wirtschaft:	3	Nennungen
Politik & Wirtschaft:	1	Nennung

Die Nennungen beschränkten sich auf die Ressorts Politik und Wirtschaft, wobei das politische Ressort eindeutig überwiegt.

3.2.3. Bildung der ersten schwarz-blauen Regierung 2000

Die Ergebnisse aus der Befragung: 112 der 336 befragten Journalisten gaben die erste blau-schwarze Regierung im Jahr 2000 als Schlüsselereignis an. Das entspricht 33,3 Prozent aller befragten Journalisten.

Politik: 109   Nennungen
Sonstige: 3   Nennungen

Vier dieser Journalisten erwähnten dabei zusätzlich die EU-Sanktionen gegen Österreich als eigenes Schlüsselereignis. Die Sanktionen wurden insgesamt jedoch von den befragten Journalisten nicht oft erwähnt. Lediglich 15 Journalisten gingen explizit auf die Sanktionen ein, das entspricht 4,6 Prozent der Befragten. Das Schlüsselereignis wurde von den Befragten eindeutig als politisches Schlüsselereignis gesehen. Nur drei Nennungen fallen in den Bereich „Sonstiges".

3.2.4. Hermann Maiers Sturz und Sieg in Nagano/Japan

Die Ergebnisse aus der Befragung: 110 der 336 befragten Journalisten gaben Hermann Maiers legendären Sturz in Nagano als Schlüsselereignis an. Das entspricht 32,7 Prozent aller befragten Journalisten. Das Ereignis wurde als eindeutiges Sportereignis gesehen:

Sport: 110   Nennungen

Interessant ist hier, dass Hermann Maiers Motorradunfall und sein Comeback zwei Jahre später nur von wenigen Journalisten erwähnt wurde. Dabei könnte dieses Ereignis durchaus als Schlüsselereignis gesehen werden, vielleicht sogar noch eher als der Sturz in Nagano. Hermann Maier zog sich bei einem Motorradunfall 2001 einen offenen Unterschenkelbruch im rechten Bein zu, die Gefahr einer Amputation des Beines bestand. Viele propagierten bereits das Aus seiner Karriere als Spitzensportler. Zwei Jahre später, im Jänner 2003, feierte Maier in Kitzbühel seinen ersten Weltcupsieg nach der Verletzung. Dennoch werteten, anders als den Sturz in Nagano, dieses Ereignis lediglich 33 Journalisten als Schlüsselereignis. Das entspricht 9,8 Prozent der befragten Journalisten.

3.2.5. Der Tsunami im Dezember 2004

Die Tsunami-Katastrophe im Dezember 2004 sahen 103 der 336 Journalisten als Schlüsselereignis. Das entspricht einer Quote von 30,7 Prozent, also etwa jedem dritten befragten Journalisten. Die überwiegende Mehrheit reihte das Ereignis als Schlüsselereignis ein, das nicht in eines der klassischen Ressorts passt, sondern eher in den Bereich „Sonstiges" fällt. 12 Journalisten sahen die Flutkatastrophe als gesellschaftliches Schlüsselereignis:

Sonstige: 91 Nennungen
Gesellschaft: 12 Nennungen

3.2.6. Der Tod von Lady Diana 1997

78 der 336 befragten Journalisten gaben den Tod von Lady Diana als Schlüsselereignis an. Das sind 23,2 Prozent aller Umfrageteilnehmer. Das Ereignis wurde von allen Journalisten als gesellschaftliches Schlüsselereignis gewertet.

Gesellschaft: 78 Nennungen

3.2.7. Der EU-Beitritt Österreichs

Der EU-Beitritt wurde von 75 der 336 befragten Journalisten als Schlüsselereignis angegeben, das entspricht 22,3 Prozent aller Teilnehmer der Umfrage. Insgesamt gab es 76 Nennungen, denn ein Journalist ordnete den EU-Beitritt zwei Ressorts zu.

Politik: 46 Nennungen
Wirtschaft: 26 Nennungen
Sonstige: 2 Nennungen
Politik & Wirtschaft: 1 Nennung

Die überwiegende Mehrheit wertete den EU-Beitritt Österreichs als politisches Schlüsselereignis, ein Großteil sah den Beitritt auch als wirtschaftliches Ereignis.

3.2.8. Die Einführung des Euro in Österreich

Die Ergebnisse aus der Befragung: Die Einführung der neuen Währung wurde von 70 der 336 befragten Journalisten als Schlüsselereignis angegeben, das entspricht einer Quote von 20,8 Prozent. Bis auf eine Nennung wurde die Euroeinführung eindeutig als wirtschaftliches Schlüsselereignis gewertet:

Wirtschaft: 69 Nennungen
Gesellschaft: 1 Nennung

3.2.9. Der Irakkrieg 2003

Die Ergebnisse aus der Befragung: 67 der 336 befragten Journalisten werteten den Irakkrieg als Schlüsselereignis, das entspricht 19,9 Prozent der Umfrageteilnehmer. Die überwiegende Mehrheit sah den 3. Golfkrieg als politisches Schlüsselereignis, aber auch im Bereich „Sonstiges" und „Wirtschaft" kam es zu Nennungen:

Politik: 57 Nennungen
Sonstige: 9 Nennungen
Wirtschaft: 1 Nennung

3.2.10. Der Literaturnobelpreis an Elfriede Jelinek

Die Ergebnisse aus der Befragung: Von 57 der 336 befragten Journalisten wurde die Verleihung des Nobelpreises an Elfriede Jelinek als Schlüsselereignis gesehen. Das entspricht einer Quote von 17,0 Prozent. Alle Nennungen fielen in das Ressort Kultur.

Kultur: 57 Nennungen

3.3. Die Bedeutung der Nachrichtenfaktoren bei Schlüsselereignissen

Welchen Nachrichtenfaktoren messen die Journalisten besondere Bedeutung bei, welche Nachrichtenfaktoren sehen sie als weniger wichtig im Zusammenhang mit Schlüsselereignissen? Zwölf Nachrichtenfaktoren wurden diesbezüglich abgefragt, die Reihung erfolgt nach den Nachrichtenfaktoren, denen die größte Bedeutung zugesprochen wurde:

1. Große Tragweite des Ereignisses
2. Sensationelles, spektakuläres Ereignis
3. Einzigartiges Ereignis
4. Neuer Sachverhalt
5. Bedeutung und Relevanz des Ereignisses
6. Hoher Grad an Überraschung
7. Identifikation mit dem Ereignis
8. Reichweite des Ereignisses
9. Komplexität des Ereignisses
10. Das Vorhandensein von Prominenz (prominenten Personen)
11. Die Beteiligung von Elite-Personen und Elite-Nationen
12. Die Dauer des Ereignisses

3.3.1. Große Tragweite des Ereignisses

Dem Nachrichtenfaktor „große Auswirkung, Tragweite" wird von 70,8 Prozent der befragten Journalisten eine sehr große Bedeutung zugemessen. Zusammen mit der Antwortmöglichkeit „eher von Bedeutung" ergibt sich dabei ein Wert von 93,7 Prozent. 6,0 Prozent der Umfrageteilnehmer meinten, die Tragweite eines Ereignisses würde im Zusammenhang mit Schlüsselereignissen eher keine Rolle spielen. Lediglich 0,3 Prozent gaben an, der Faktor „große Auswirkung, Tragweite" hätte überhaupt keine Bedeutung.

3.3.2. Sensationelles, spekatkuläres Ereignis

Auch diesem Nachrichtenfaktor wird von den befragten Journalisten ein hoher Stellenwert beigemessen. 68,8 Prozent der Umfrageteilnehmer gaben an, die Eigenschaft „sensationell, spektakulär" würde im Zusammenhang mit Schüsselereignissen eine sehr große Rolle spielen. Zusammen mit jenen Journalisten, die meinten, der Faktor wäre eher von Bedeutung, ergibt sich ein Wert von 91,7 Prozent. 8,3 Prozent der Befragten messen dem Faktor eine eher geringe Bedeutung zu. Kein einziger der Journalisten vertrat die Meinung, dass dieser Faktor überhaupt keine Rolle spielen würde.

3.3.3. Einzigartiges Ereignis

59,8 Prozent der befragten Journalisten sehen diesen Nachrichtenfaktor als sehr wichtig an, 30,4 Prozent messen ihm eine eher wichtige Bedeutung zu. Das ergibt zusammen einen Wert von 90,2 Prozent. Demgegenüber stehen 9,8 Prozent, die der Meinung sind, dass die Einzigartigkeit eines Ereignisses im Zusammenhang mit Schlüsselereignissen weniger/ überhaupt nicht von Bedeutung sei.

3.3.4. Neuer Sachverhalt

Ein Schlüsselereignis sollte einen neuen Sachverhalt beinhalten: Dieser Meinung sind 87 Prozent der Befragten. Sie gaben an, dieser Nachrichtenfaktor würde ein sehr große Rolle spielen bzw. eher von Bedeutung sein. Keine oder eine geringe Bedeutung des Faktors „neuer Sachverhalt" im Zusammenhang mit Schlüsselereignissen sehen 13,7 Prozent der befragten Journalisten. 0,3 Prozent der Umfrageteilnehmer machten zu dieser Fragestellung keine Angabe.

3.3.5. Bedeutung und Relevanz des Ereignisses

Die Bedeutung und Relevanz eines Ereignisses im Zusammenhang mit Schlüsselereignissen ist für die Befragten ebenfalls von sehr großer bzw. eher von Bedeutung. 80,4 Prozent der Journalisten, die an der Befragung teilnahmen, waren dieser Meinung. 18,4 Prozent meinten hingegen, dieser Nachrichtenfaktor wäre eher weniger bzw. überhaupt nicht von Bedeutung. 1,2 Prozent der Umfrageteilnehmer machten zu dieser Frage keine Angaben.

3.3.6. Hoher Grad an Überraschung

Wie steht es mit dem Faktor Überraschung? Haben Ereignisse, die einen hohen Grad an Überraschung aufweisen, eher die Chance zu einem Schlüsselereignis zu werden? 75,9 Prozent der Befragten sehen den Faktor als sehr bzw. eher bedeutend an. Demgegenüber stehen 22,3 Prozent der Journalisten, die meinen, der Faktor würde eher weniger von Bedeutung sein. Lediglich 1,8 Prozent der befragten Journalisten sind der Meinung, der Grad der Überraschung würde im Zusammenhang mit Schlüsselereignissen völlig unbedeutend sein.

3.3.7. Identifikation mit dem Ereignis

Muss man sich mit einem Ereignis besonders identifizieren können? 72,3 Prozent der Befragten sehen die Identifikation mit einem Ereignis als sehr bzw. eher bedeutend an. 27,4 Prozent der Journalisten hingegen messen dem Faktor weniger bzw. überhaupt keine Bedeutung zu. Keine Angabe zu dieser Frage machten 0,3 Prozent der befragten Journalisten.

3.3.8. Reichweite des Ereignisses

Die Reichweite eines Ereignisses ist für 72,9 Prozent der Journalisten von sehr großer bzw. eher von Bedeutung. 25,9 Prozent der Befragten sehen die Bedeutung dieses Nachrichtenfaktors für ein Schlüsselereignis als eher unerheblich, bzw. stufen ihn als völlig unbedeutsam ein. 1,2 Prozent der Umfrageteilnehmer machten zu dieser Frage keine Angaben.

3.3.9. Komplexität des Ereignisses

Die Komplexität eines Ereignisses, also ob ein Ereignis einfach zu verstehen ist oder nicht, ist für 51,5 Prozent von großer bzw. eher von Bedeutung. 48,5 Prozent der Journalisten, die an der Umfrage teilnahmen, sind der Meinung, dass dieser Faktor eher weniger bzw. überhaupt nicht von Bedeutung sei.

3.3.10. Das Vorhandensein von Prominenz (prominenten Personen)

13,4 Prozent messen diesem Faktor eine hohe Bedeutung zu. 42,6 Prozent waren der Meinung, das Vorhandensein von prominenten Personen würde eher von Bedeutung sein. 43,7 Prozent der Umfrageteilnehmer messen dem Faktor wenig bzw. überhaupt keine Bedeutung zu. 0,3 Prozent der Befragten machten zur Einschätzung dieses Nachrichtenfaktors keine Angabe.

3.3.11. Die Beteiligung von Elite-Personen und Elite-Nationen

Die Beteiligung von Elite-Personen bzw. Elite-Nationen spielt für 53,6 Prozent der Journalisten eine sehr große bzw. große Rolle. 45,5 Prozent sehen diesen Faktor als weniger bedeutend, bzw. völlig unbedeutend an. 0,9 Prozent der Umfrageteilnehmer machten zu diesem Faktor keine Angabe.

3.3.12. Die Dauer des Ereignisses

Lediglich für 24,1 Prozent der Befragten spielt die Dauer eines Ereignisses im Zusammenhang mit Schlüsselereignissen eine sehr große Rolle bzw. ist eher von Bedeutung. Dieser Nachrichtenfaktor schneidet somit am schlechtesten ab. Die überwiegende Mehrheit, 75,3 Prozent, misst dem Faktor weniger, bzw. überhaupt keine Bedeutung bei. 0,6 Prozent der Befragten machten zum Faktor Dauer keine Angabe.

3.4. Die Anzahl der Nachrichtenfaktoren im Zusammenhang mit Schlüsselereignissen

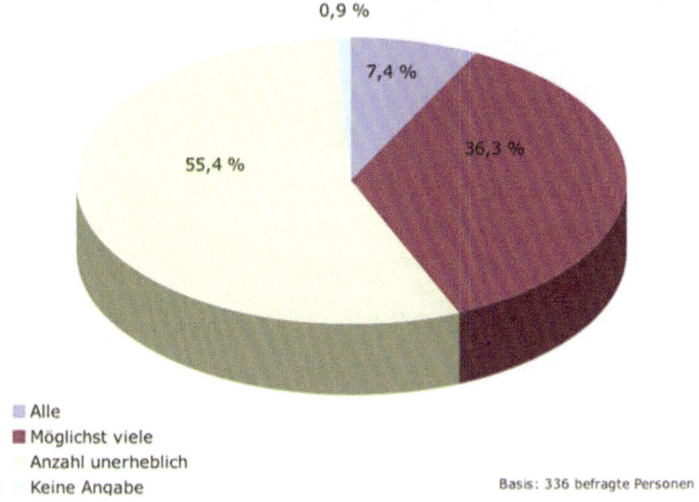

Wie viele der von Ihnen als sehr wichtig empfundenen Eigenschaften
(Bewertung mit 1) sollte/müsste Ihrer Meinung nach ein Ereignis aufweisen,
damit man von einem publizistischen Schlüsselereignis sprechen kann?

0,9 %

7,4 %

36,3 %

55,4 %

■ Alle
■ Möglichst viele
  Anzahl unerheblich
  Keine Angabe

Basis: 336 befragte Personen

Abb. 9: Die Anzahl der Nachrichtenfaktoren im Zusammenhang mit Schlüsselereignissen

Die überwiegende Mehrheit der Befragten gab an, dass es unerheblich sei, wie viele der als wichtig empfundenen Nachrichtenfaktoren/Eigenschaften ein Schlüsselereignis aufweise. 55,4 Prozent der Journalisten meinten, dass theoretisch auch eine Eigenschaft vollkommen ausreichend sei, diese müsse jedoch besonders ausgeprägt sein. 36,3 Prozent der Befragten waren der Meinung, dass ein Schlüsselereignis möglichst viele der als wichtig beurteilten Eigenschaften aufweisen müsse; 7,4 Prozent der Umfrageteilnehmer meinten hingegen, alle als wichtig empfundenen Nachrichtenfaktoren müssten zutreffen. 0,9 Prozent machten zu dieser Frage keine Angabe.

3.5. Die Bedeutung von Negativismus und Positivismus

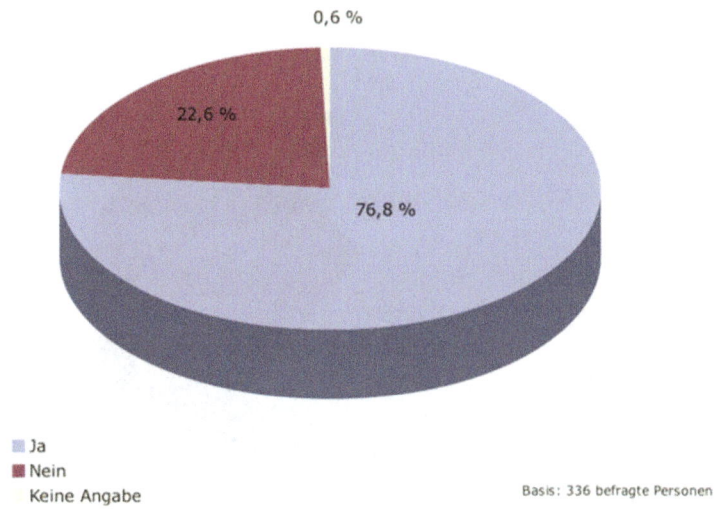

In der Medienberichterstattung spielt der Negativismus eine wichtige Rolle, nach dem Motto "Only bad news are good news." Sind Sie der Meinung, dass negative Ereignisse eher die Chance haben, zu einem publizistischen Schlüsselereignis zu werden, als positive?

0,6 %

22,6 %

76,8 %

■ Ja
■ Nein
  Keine Angabe

Basis: 336 befragte Personen

Abb. 10: Die Bedeutung von Negativismus und Positivismus

76,8 Prozent der befragten Journalisten vertraten die Meinung, dass negative Ereignisse eher die Chance hätten, zu einem Schlüsselereignis zu werden. 22,6 Prozent der Journalisten waren anderer Meinung. Sie messen positiven Ereignissen die gleiche Bedeutung zu wie negativen Ereignissen. 0,6 Prozent der Befragten machten zu dieser Frage keine Angabe. Hier sollen auch die Angaben zu der offen gestellten Frage, welche Schlüsselereignisse den Journalisten zu den einzelnen Ressorts (lokal, national, international) einfallen, erwähnt werden. Es gab rund 200 unterschiedliche Nennungen (Mehrfachnennungen an dieser Stelle unberücksichtigt). Etwa 48,5 Prozent der Nennungen sind eindeutig dem Bereich „negatives Ereignis" zuzuordnen, 14,7 Prozent der Nennungen können eindeutig als positives Ereignis gesehen werden. Etwa 36,8 Prozent der Nennungen wurden als neutrales Ereignis gesehen.[213] Bei den Werten muss eine Schwankungsbreite von etwa +/- 4 Prozent berücksichtigt werden, da einige Nennungen aufgrund der ungenauen Erläuterung nicht eindeutig als negatives, positives oder neutrales Schlüsselereignis bewertet werden konnten. In diesen Fällen konnte nicht festgestellt werden, auf welches Schlüsselereignis sich die Nennung bezog.

3.6. Die Rolle des Journalisten als Gatekeeper bei Schlüsselereignissen

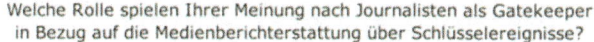

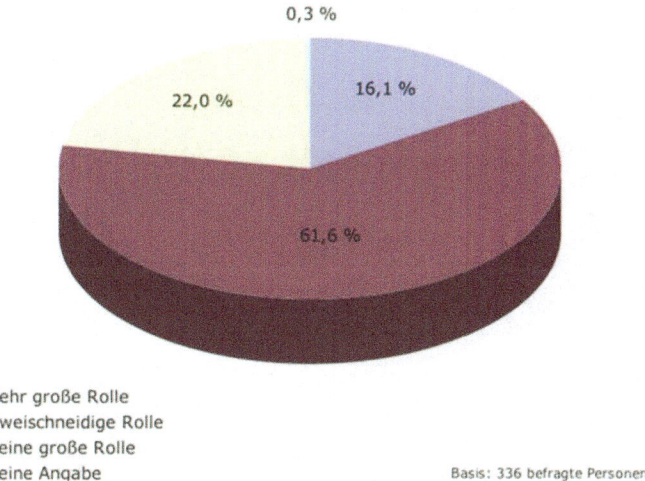

Abb. 11: Die Rolle des Journalisten als Gatekeeper bei Schlüsselereignissen

61,6 Prozent der befragten Journalisten sind der Meinung, dass die Rolle des Journalisten als Gatekeeper in Bezug auf Schlüsselereignisse und die Medienberichterstattung darüber zweischneidig ist. Als Journalist würde man zwar nicht darüber entscheiden, ob über das Schlüsselereignis berichtet wird, dafür sei das Ereignis zu außergewöhnlich, die Journalisten als Gatekeeper würden aber sehr wohl darüber entscheiden, auf welche Art und Weise das Schlüsselereignis Berücksichtigung findet, also über welche Themengebiete des Ereignisses berichtet wird. 22,0 Prozent der Befragten sehen die Rolle des Journalisten als Gatekeeper in Bezug auf Schlüsselereignisse als unbedeutend an; das Ereignis würde aufgrund seiner Außergewöhnlichkeit eine Eigendynamik besitzen, der sich der Gatekeeper nicht entziehen könne. 16,1 Prozent der Journalisten hingegen sehen die Rolle des Journalisten als Gatekeeper sehr groß, auch in Bezug darauf, ob über das Ereignis überhaupt berichtet wird. 0,3 Prozent machten zu dieser Frage keine Angabe.

3.7. Veränderungen in der journalistischen Arbeit durch Schlüsselereignisse

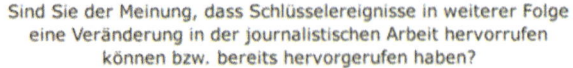

Sind Sie der Meinung, dass Schlüsselereignisse in weiterer Folge
eine Veränderung in der journalistischen Arbeit hervorrufen
können bzw. bereits hervorgerufen haben?

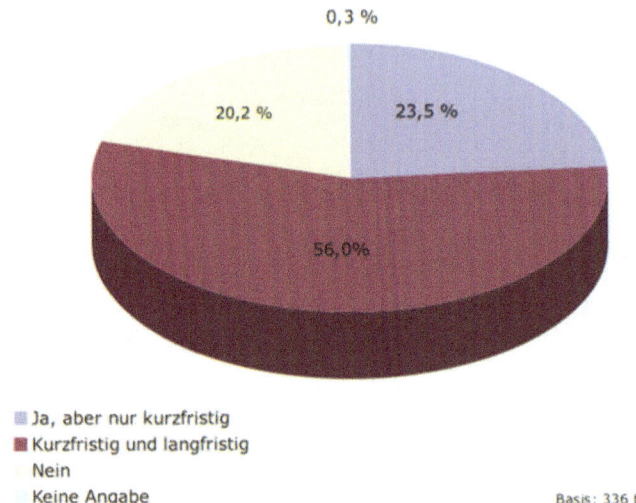

- Ja, aber nur kurzfristig
- Kurzfristig und langfristig
- Nein
- Keine Angabe

Basis: 336 befragte Personen

Abb. 12: Veränderungen in der journalistischen Arbeit durch Schlüsselereignisse

56,0 Prozent der befragten Journalisten gaben an, dass durch Schlüsselereignisse kurzfristige genauso wie langfristige Veränderungen möglich seien. Die am häufigsten erwähnten Beispiele sind dabei die Sensibilisierung für Themen, die vorher nicht beachtet worden waren oder kein Thema waren bzw. eine neue Sichtweise zu bereits vorhandenen Themen. 44 Nennungen gab es diesbezüglich. 18 Journalisten waren der Meinung, dass es durch Schlüsselereignisse und die Erfahrungswerte im Zusammenhang mit der journalistischen Tätigkeit zu inner-redaktionellen Veränderungen kommen würde, beispielsweise durch das Aufstellen von Krisen- oder Notfallplänen, um so für das nächste Schlüsselereignis in der Redaktion ein optimales Umfeld zu schaffen. „Wo muss man redaktionsintern das nächste Mal besser gerüstet sein, damit man beim nächsten Schlüsselereignis schneller und innovativer berichten kann?" 8 Journalisten gaben an, dass man Schlüsselereignisse auch immer wieder für spätere, ähnliche Ereignisse heranziehen würde. Bei ähnlich gelagerten Fällen würden Parallelen zu Schlüsselereignissen der Vergangenheit gezogen werden.

23,5 Prozent der befragten Journalisten waren der Meinung, dass Schlüsselereignisse nur kurzfristige Veränderungen bewirken würden. 10 Journalisten meinten dabei, dass es beim Auftreten des Schlüsselereignisses zu längeren Arbeitszeiten und erheblichem Rechercheaufwand kommen würde. Die Redaktionen würden am Limit arbeiten. Dies würde aber schnell wieder abflauen, sobald sich „die Lage wieder beruhigt habe". 7 Journalisten gaben in Bezug auf kurzfristige Veränderungen an, dass es zwar eine erhöhte Sensibilisierung zu gewissen Themen geben, diese aber schnell wieder abflauen würde. 7 Journalisten meinten, dass nach einem Schlüsselereignis mehr über das Thema berichtet würde – beispielsweise durch Sondersendungen –, dass aber auch dies nur von kurzer Dauer sei.

20,2 Prozent der befragten Journalisten sind der Meinung, dass sich durch Schlüsselereignisse weder kurzfristige noch langfristige Veränderungen in der journalistischen Arbeit ergeben würden. Journalistische Gesetze würden ewig gelten, das journalistische Handwerk sei seit Ewigkeiten gleich und die Grundwerte des Journalismus würden auch durch ein Schlüsselereignis nicht außer Kraft gesetzt werden. Die Medien würden immer nach den gleichen Gesetzen funktionieren. Dieser Meinung waren 12 Journalisten. 6 Journalisten gaben an, dass Veränderungen aufgrund redaktioneller und ökonomischer Zwänge gar nicht möglich seien, diese Zwänge würden dazu führen, dass der Journalismus nach Schablonen ablaufen würde. 2 Journalisten waren der Meinung, dass Veränderungen nur über längere Zeiträume erfolgen würden und nicht durch ein einziges (Schlüssel-)Ereignis ausgelöst werden könnten.

0,3 Prozent der Befragten machten zu dieser Frage keine Angabe.

3.8. Bedeutung von Bildern im Zusammenhang mit Schlüsselereignissen

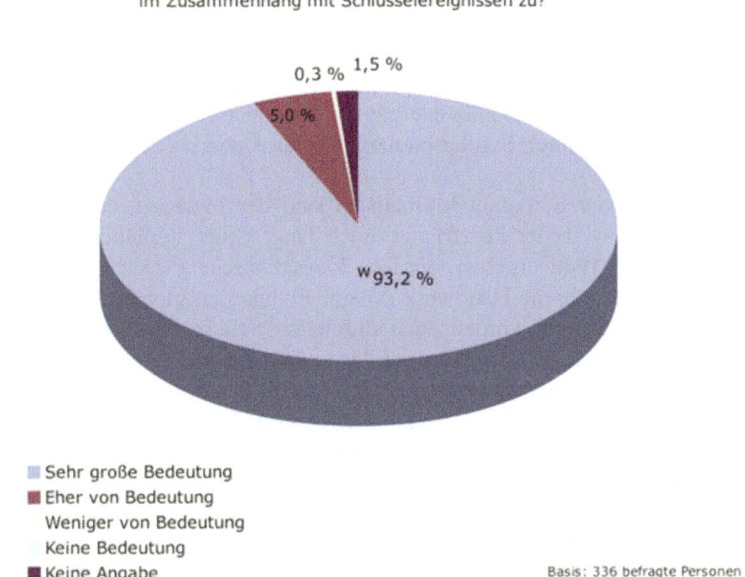

Abb. 13: Die Bedeutung von Bildern im Zusammenhang mit Schlüsselereignissen

Welche Bedeutung haben Bilder im Zusammenhang mit Schlüsselereignissen? Eine sehr große – dieser Meinung sind 93,2 Prozent der Umfrageteilnehmer. Zusammen mit jenen Journalisten, die angaben, Bilder seien eher von Bedeutung, ergibt das eine eindeutige Mehrheit von 98,2 Prozent. 0,3 Prozent der Befragten messen Bildern im Zusammenhang mit Schlüsselereignissen weniger Bedeutung zu. Kein einziger der befragten Journalisten meinte, Bilder hätten keine Bedeutung. Keine Angabe zu dieser Frage machten 1,5 Prozent der Journalisten.

3.9. Bedeutung von Figuren im Zusammenhang mit Schlüsselereignissen

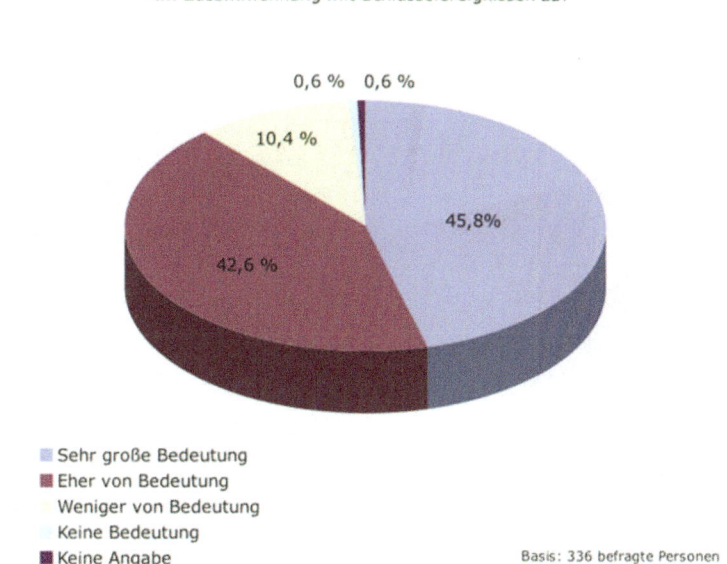

Abb. 14: Die Bedeutung von Figuren im Zusammenhang mit Schlüsselereignissen

Schlüsselfiguren, wie beispielsweise Osama Bin Laden, kommen im Zusammenhang mit Schlüsselereignissen eine sehr große Bedeutung zu. Dieser Meinung sind 45,8 Prozent der befragten Journalisten. Zusammen mit jenen Umfrageteilnehmern, die angaben, Figuren seien eher von Bedeutung, ergibt das eine Mehrheit von 88,4 Prozent. 11,0 Prozent der Journalisten sahen Figuren bei Schlüsselereignissen als weniger bzw. überhaupt nicht bedeutend an. 0,6 Prozent der Befragten machten zu Schlüsselfiguren im Zusammenhang mit Schlüsselereignissen keine Angabe.

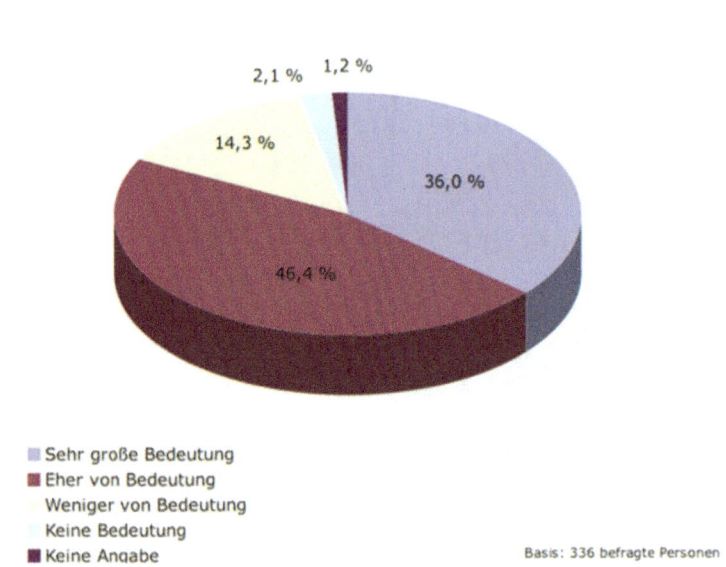

Abb. 15: Die Bedeutung von Begriffen im Zusammenhang mit Schlüsselereignissen

82,4 Prozent der befragten Journalisten sind der Meinung, dass Begriffen wie beispielsweise Osama oder 9/11 im Zusammenhang mit Schlüsselereignissen eine sehr große Bedeutung bzw. eher eine Bedeutung zukommt. Demgegenüber stehen 16,4 Prozent der Umfrageteilnehmer die angaben, Begriffe seien weniger von Bedeutung bzw. überhaupt nicht wichtig. 1,2 Prozent der Journalisten machten zu dieser Frage keine Angabe.

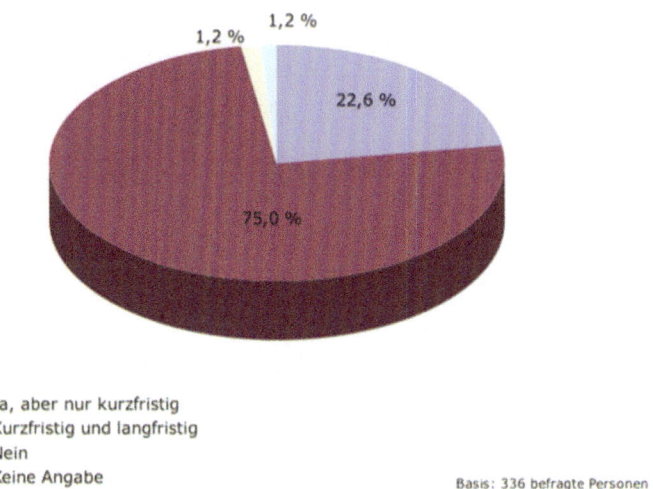

Abb. 16: Die Nachhaltigkeit von Schlüsselbegriffen und Schlüsselfiguren

Auch hier ist das Ergebnis eindeutig. 75,0 Prozent der befragten Journalisten sind der Meinung, dass Schlüsselbegriffe und Schlüsselfiguren, die durch das Schlüsselereignis entstanden sind, nicht nur eine kurzfristige, sondern auch eine langfristige Wirkung haben. Begriffe und Figuren wirken sich nachhaltig auf die Berichterstattung und den medialen Sprachgebrauch aus und zwar insofern, als sie in weiterer Folge ohne Erklärung verwendet werden, so der Tenor. 22,6 Prozent der Umfrageteilnehmer sehen nur eine kurzfristige Wirkung, lediglich 1,2 Prozent meinen, dass es weder eine kurzfristige noch eine langfristige Wirkung von Begriffen und Figuren geben würde. 1,2 Prozent der befragten Journalisten machten zu dieser Frage keine Angabe.

Wie man sieht, sind die Ergebnisse der Befragung sehr eindeutig ausgefallen, eine genaue Diskussion und Interpretation der Ergebnisse, auch im Hinblick auf die Beantwortung der Forschungsfragen und Hypothesen, erfolgt jedoch erst nach der Vorstellung der Ergebnisse der Inhaltsanalyse und der Experteninterviews.

VI Die Inhaltsanalyse

1. Die Analyse

1.1. Untersuchungsgegenstand

Als Fallbeispiel für die Inhaltsanalyse wurden die Terroranschläge des 11. September 2001 gewählt, jenes Schlüsselereignis, das mit Abstand die häufigsten Nennungen bei der Journalistenbefragung erzielt hat. Für die Untersuchung der vorhandenen Nachrichtenfaktoren wurden außerdem auch die anderen neun Schlüsselereignisse herangezogen.

Für die Analyse des Schlüsselereignisses „11.September 2001" wurden Meldungen der Austria Presse Agentur im Zeitraum 1. Jänner 1997 bis 31. Dezember 2005 herangezogen. Der frühe Zeitpunkt wurde gewählt, um feststellen zu können, wie die Berichterstattung zu gewissen Themenbereichen vor den Terroranschlägen ausgesehen hat. Daher wird die Analyse nicht erst mit dem 11. September 2001 starten. Für die anderen neun Schlüsselereignisse in Bezug auf die Analyse der Nachrichtenfaktoren wurde jeweils eine APA-Meldung, die die Ereignisse zum jeweiligen Schlüsselereignis ausführlich beschreibt, herangezogen.

In die Inhaltsanalyse nicht miteinfließen wird die Fragestellung in Bezug auf den Negativismus und Positivismus. Dies geschieht aus zwei Gründen: Einerseits deshalb, weil die überwiegende Mehrheit der Journalisten der Meinung ist, negative Ereignisse hätten eher die Chance zu einem Schlüsselereignis zu werden, andererseits weil bei den erwähnten Beispielen überwiegend negative Beispiele angeführt wurden, und zwar ressortübergreifend.

Auch die Rolle des Gatekeepers wird bei der Inhaltsanalyse ausgespart, da es schwierig ist, diese klar darzustellen. Hier müsste einerseits eine genaue Input-Output-Analyse erfolgen, zudem müssten die Verfasser der Beiträge zu dem Schlüsselereignis über die Hintergründe (beispielsweise redaktionsintern), die zu den Beiträgen und zu der veröffentlichten Sichtweise und Darstellung des Schlüsselereignisses geführt haben, befragt werden. Bei vielen Artikeln ist dies jedoch gar nicht möglich, da nicht explizit klar wird, wer der Verfasser der einzelnen Beiträge ist. Hinzu kommt, dass das Übernehmen von PR-Material und Meldungen von (anderen) Nachrichtenagenturen ebenfalls eine große Rolle spielt.

Die beiden Punkte, „Negativismus" und „die Rolle des Gatekeepers", werden bei den Experteninterviews wieder Berücksichtigung finden und dort in die Fragestellungen mit einfließen.

1.1.1. Untersuchung der vorhandenen Nachrichtenfaktoren

In Bezug auf die zehn am häufigsten genannten Schlüsselereignisse soll mittels Inhaltsanalyse geklärt werden, wie viele Nachrichtenfaktoren auf die jeweiligen Ereignisse zutreffen. Gibt es tatsächlich Schlüsselereignisse, für die nur ein einziger Faktor geltend gemacht werden kann? Oder weisen die Schlüsselereignisse allesamt sehr viele Nachrichtenfaktoren auf?

1.1.2. Veränderungen durch Schlüsselereignisse

In weiterer Folge wird auf mögliche Veränderungen durch Schlüsselereignisse eingegangen. In Bezug auf langfristige Veränderungen erfolgt eine Beschränkung auch zwei Fragestellungen: Einerseits soll festgestellt werden, ob durch das Schlüsselereignis langfristig neue Themen in den Vordergrund gerückt sind, andererseits, ob durch das Schlüsselereignis bestimmte, bereits vorhandene Themen eine neue Dimension in der Berichterstattung erfahren haben. Dies soll durch eine Frequenzanalyse untersucht werden.

Nicht berücksichtigt werden die in Bezug auf langfristige Veränderungen angesprochenen inner-redaktionellen Veränderungen durch Schlüsselereignisse, da durch eine Inhaltsanalyse der Beiträge diese wohl kaum feststellbar sind. Hier müsste wiederum eine Mitarbeiterbefragung stattfinden. Gleiches gilt in Bezug auf kurzfristige Änderungen. Längere Arbeitszeiten und mehr Stress können durch die Inhaltsanalyse nicht untersucht werden, auch hier wäre eine Mitarbeiterbefragung anzuraten. Da aber auch als kurzfristige Änderung angegeben wurde, dass aus dem Schlüsselereignis neue Themen entstanden seien, über die vorher nicht berichtet worden sei, ist es sicherlich interessant festzustellen, ob sich diese neuen Themen kurzfristig oder langfristig in den Medien gehalten haben. Schließlich sind einige der befragten Journalisten der Meinung, dass dies nur kurzfristig der Fall sei, andere wiederum gaben an, dass dies langfristig geschehen sei.

In Bezug auf Schlüsselfiguren und -begriffe soll festgestellt werden, ob diese nach einer gewissen Zeit selbsterklärend verwendet werden und somit in den medialen Sprachgebrauch einfließen. Dies würde einer langfristigen Veränderung entsprechen.

1.2. Das Analysemedium und das Analysematerial

Als Analysemedium dienen Meldungen der Austria Presse Agentur im Zeitraum 1. Jänner 1997 bis 31. Dezember 2005. Zudem werden in Bezug auf die zehn am häufigsten erwähnten Schlüsselereignisse zusätzlich jene APA-Meldungen untersucht, die innerhalb einer Woche nach dem jeweiligen Schlüsselereignis entstanden sind. Die APA wurde ausgewählt, da sie als führender Informationsservice-Provider Österreichs gilt.[214] Die Recherche erfolgte dabei über die Online-Datenbank der Austria Presse Agentur. Recherchiert wurde im APA-Basisdienst in den Kategorien international und Österreich sowie in den Ressorts Außenpolitik, Innenpolitik, Wirtschaft, Chronik, Kultur, Sport, Wissenschaft und Medien.

1.2.1. Zur Austria Presse Agentur (APA)

Die Austria Presse Agentur (APA) ist Österreichs nationale Nachrichtenagentur und steht als Genossenschaft im Eigentum der österreichischen Tageszeitungen und des Österreichischen Rundfunks. Folgende Genossenschafter sind hierbei zu erwähnen:

- ORF, Wien
- Kurier, Wien
- Kleine Zeitung, Graz und Klagenfurt
- Oberösterreichische Nachrichten, Linz
- Der Standard, Wien
- Die Presse, Wien
- Salzburger Nachrichten, Salzburg
- Tiroler Tageszeitung, Innsbruck
- Vorarlberger Nachrichten, Bregenz
- Kärntner Tageszeitung, Klagenfurt
- Neues Volksblatt, Linz
- Neue Vorarlberger Tageszeitung, Bregenz
- Wirtschaftsblatt, Wien
- Wiener Zeitung, Wien
- Salzburger Volkszeitung, Salzburg[215]

Kernbereich der APA ist die Produktion des Agenturbasisdienstes, das sind rund 600 Nachrichten täglich. Hinzu kommen spezielle Nachrichtendienste und Finanzmarktservices für professionelle Anwendungen in Banken und Finanzinstituten.[216]

1.3. Kategorienbildung

1.3.1. Kategorien zur Analyse der vorhandenen Nachrichtenfaktoren

Die Kategorien in Bezug auf die Untersuchung der Nachrichtenfaktoren entsprechen den zwölf Nachrichtenfaktoren aus der Befragung der Journalisten:

- Große Tragweite des Ereignisses
- Sensationelles, spektakuläres Ereignis
- Einzigartiges Ereignis
- Neuer Sachverhalt
- Bedeutung und Relevanz des Ereignisses
- Hoher Grad an Überraschung
- Identifikation mit dem Ereignis
- Reichweite des Ereignisses
- Komplexität des Ereignisses
- Das Vorhandensein von Prominenz (prominenten Personen)
- Die Beteiligung von Elite-Personen und Elite-Nationen
- Dauer des Ereignisses

1.3.2. Kategorien zur Analyse von Veränderungen durch Schlüsselereignisse

- Neues, vermutetes Thema
- Neue, vermutete Sichtweise/Dimension zu einem Thema

1.3.3. Kategorien zur Analyse von Schlüsselbegriffen und -figuren

- Schlüsselbegriff mit Erklärung
- Schlüsselbegriff ohne Erklärung
- Schlüsselfigur mit Erklärung
- Schlüsselfigur ohne Erklärung

1.4. Inhaltsanalytische Untersuchung der Nachrichtenfaktoren

Im Folgenden wird jeweils ein das Schlüsselereignis gut beschreibender APA-Artikel zu den zehn am häufigsten erwähnten Schlüsselereignissen untersucht. Anhand der Formulierungen in den Meldungen und der Beschreibungen der jeweiligen Sachverhalte soll geklärt werden, ob ein einziger oder mehrere Nachrichtenfaktoren auf das Ereignis zutreffen.

1.4.1. Die Terroranschläge in den USA am 11. September 2001

Folgende APA-Meldung zu den Terroranschlägen in den USA am 11. September 2001 wurde untersucht:

Di, 11.Sep 2001
Nach US-Anschlägen: Apokalyptische Szenen in New York und Washington
Utl.: Anschläge treffen finanzielle und politische Zentren der USA
(Von Daniel Jahn/AFP) Washington (AFP) - Apokalyptische Bilder in den USA: Nach dröhnenden Explosionen schießen riesige Feuerbälle aus den Zwillingstürmen des World Trade Center in New York, dichter schwarzer Rauch wallt über die Skyline von Manhattan hinweg. Tausende Menschen stürzen aus den dicht gefüllten Bürogebäuden auf die Straßen von Manhattan, nachdem zwei Flugzeuge innerhalb von wenigen Minuten in die beiden Hochhaustürme gerast waren. Menschen springen aus den Fenstern. Andere stürzten in panischer Angst auf die Straßen. Auch in Washington herrscht kurz darauf nackte Furcht und totales Chaos: Explosionen erschüttern das Pentagon vor den Toren der Stadt, nachdem auch dort offenbar ein Flugzeug eingeschlagen ist. Präsident George W. Bush eilt von einem Besuch in Florida in die Hauptstadt zurück, um über Gegenmaßnahmen gegen die Terroranschläge zu beraten. Die dichte Abfolge von beispiellosen Anschlägen gegen zuerst das finanzielle und dann das politische Zentrum der USA hatte am Morgen gegen 08.45 Uhr begonnen. Ein Flugzeug raste in den Nordturm des World Trade Center, etwa 20 Minuten später krachte eine weitere Maschine gegen den Südturm. "Ich wurde von einem riesigen Knall aus dem Schlaf gerissen", sagte die Französin Veronique Dupont, die gegenüber des World Trade Center wohnt. "Um mich herum regnete es Metall." Eine andere Zeugin in den Straßen von Manhattan berichtete: "Wir hörten einen Riesenknall, und dann war überall Rauch, und Menschen sprangen aus den Fenstern." Eine Serie von Explosionen erschütterte beide Gebäude, schließlich stürzten die Türme in sich zusammen. Menschen rannten in Panik durch die Straßen, um den herunterprasselnden Trümmern zu entkommen. Die Sender berichteten von tausend Verletzten, doch die Zahlen könnten noch höher liegen - etwa 40.000 Menschen arbeiten im World Trade Center, auf das bereits 1993 ein schwerer Terroranschlag verübt worden war. Augenzeugen berichteten, dass die Flugzeuge gezielt auf die Zwillingstürme zugesteuert seien. Bei einer der beiden Maschinen handelte es sich nach Berichten offenbar um eine in Boston gekaperte Passagiermaschine mit Dutzenden Menschen an Bord. Auch das Pentagon nahe Washington wurde offenbar einem Flugzeug getroffen. Eine Augenzeugin berichtete, bei der Anfahrt auf das Ministerium habe sie eine herabstürzende Passagiermaschine gesehen. Auch im Stadtzentrum von Washington herrschte Chaos, als Flammen im Regierungsviertel ausbrachen und das Weiße Haus und mehrere Ministerien evakuiert wurden. Schließlich hieß es, auch bei Pittsburgh in Bundesstaat Pennsylvania sei ein Flugzeug abgestürzt. Zwei Stunden nach Beginn der Katastrophe war ihr ganzes Ausmaß noch nicht überschaubar und und gab es noch keine konkreten Hinweise auf die Täter. Doch eines war bereits klar: Es war der bisher schwerste Angriff auf die Vereinigten Staaten in ihrer Geschichte und ein beispielloser Notstand, den der erst seit wenig mehr als einem halben Jahr amtierende Präsident zu bewältigen haben wird. Wenige Minuten nach den Anschlägen von New York hatte George W. Bush bereits angekündigt: "Terrorismus gegen unsere Nation wird keine Chance haben." Er wird dies in den nächsten Tagen unter Beweis stellen müssen.   (Schluss) ed APA0644 2001-09-11/17:30 111730 Sep 01

Die Analyse der vorhandenen Nachrichtenfaktoren ergab folgendes Ergebnis:

Große Tragweite des Ereignisses:
* Tausende Menschen
* Beispiellose Anschläge gegen zuerst das finanzielle und dann das politische Zentrum der USA

- Tausend Verletzte
- Es war der bisher schwerste Angriff auf die Vereinigten Staaten in ihrer Geschichte

Sensationelles Ereignis
- Apokalyptische Bilder
- Tausend Verletzte
- Schließlich stürzten die Türme in sich zusammen
- Zwei Flugzeuge innerhalb von wenigen Minuten in die beiden Hochhaustürme gerast
- Menschen springen aus den Fenstern
- Augenzeugen berichteten, dass die Flugzeuge gezielt auf die Zwillingstürme
- zugesteuert seien
- Explosionen erschüttern das Pentagon vor den Toren der Stadt, nachdem auch dort offenbar ein Flugzeug eingeschlagen ist

Einzigartiges Ereignis
- Schließlich stürzten die Türme in sich zusammen
- Zwei Flugzeuge innerhalb von wenigen Minuten in die beiden Hochhaustürme gerast
- Augenzeugen berichteten, dass die Flugzeuge gezielt auf die Zwillingstürme
- zugesteuert seien
- Explosionen erschüttern das Pentagon vor den Toren der Stadt, nachdem auch dort offenbar ein Flugzeug eingeschlagen ist

Neuer Sachverhalt
- Zwei Flugzeuge innerhalb von wenigen Minuten in die beiden Hochhaustürme gerast
- Augenzeugen berichteten, dass die Flugzeuge gezielt auf die Zwillingstürme zugesteuert seien
  Es war der bisher schwerste Angriff auf die Vereinigten Staaten in ihrer Geschichte
- Explosionen erschüttern das Pentagon vor den Toren der Stadt, nachdem auch dort offenbar ein Flugzeug eingeschlagen ist

Bedeutung und Relevanz des Ereignisses
- Tausend Verletzte
- Beispiellose Anschläge gegen zuerst das finanzielle und dann das politische Zentrum der USA
- Es war der bisher schwerste Angriff auf die Vereinigten Staaten in ihrer Geschichte

Hoher Grad an Überraschung
- Tausende Menschen stürzen aus den dicht gefüllten Bürogebäuden auf die Straßen von Manhattan, nachdem zwei Flugzeuge innerhalb von wenigen Minuten in die beiden Hochhaustürme gerast waren. Menschen springen aus den Fenstern. Andere stürzten in panischer Angst auf die Straßen
- Auch in Washington herrscht kurz darauf nackte Furcht und totales Chaos
- „Ich wurde von einem riesigen Knall aus dem Schlaf gerissen", sagte die Französin Veronique Dupont, die gegenüber des World Trade Center wohnt
- Präsident George W. Bush eilt von einem Besuch in Florida in die Hauptstadt zurück, um über Gegenmaßnahmen gegen die Terroranschläge zu beraten

Reichweite des Ereignisses
- World Trade Center in New York
- Washington
- Das finanzielle und dann das politische Zentrum der USA

Die Beteiligung von Elite-Personen und Elite-Nationen
- Präsident George W. Bush
- Die Vereinigten Staaten

1.4.2. Der Fall der Berliner Mauer

Folgende APA-Meldung zum Fall der Berliner Mauer am 9. November 1989 wurde untersucht:

Fr, 10.Nov 1989 DDR/BRD/Ausreise/Zus
DDR öffnet Eisernen Vorhang - Tagesmeldung 2 Berlin/APA/AP/dpa
Utl.: Momper: "Deutsche das glücklichste Volk der Welt"
Nach Angaben der westdeutschen Grenzbehörden kamen von Donnerstagabend 21.00 Uhr bis zum Freitagmittag fast 15.000 Besucher und Übersiedler aus der DDR auf dem direkten Weg in den Westen. Nachdem am Donnerstag abend SED-Politbüromitglied Günter Schabowski in Ostberlin bekannt gegeben hatte, daß alle DDR-Bürger jederzeit ein Visum für die Reise in den Westen erhalten könnten, gab es an den Grenzen zwischen der DDR und Westberlin oder der Bundesrepublik Deutschland kein Halten mehr. Noch am Abend und in der Nacht kamen nach verschiedenen Schätzungen mehr als 50.000 Ostberliner und DDR-Bürger in den Westteil der Stadt. Viele Westberliner strömten zu den Übergangsstellen in der Stadt, um die Besucher aus dem Osten zu empfangen. "Das deutsche Volk war in dieser Nacht das glücklichste Volk der Welt", erklärte der Regierende Bürgermeister von Westberlin Walter Momper. Menschen aus beiden Teilen der Stadt lagen sich auf der Prachtstraße Kurfürstendamm in Westberlin in den Armen. Einige erkletterten die Mauer, die seit 1961 die ehemalige Hauptstadt durchzieht. DDR-Grenzpolizisten reichten ihnen die Hände, um beim Heruntersteigen behilflich zu sein. Lieder wurden gesungen. Sprechchöre verlangten den endgültigen Abriß des Betonwalls. Andere liefen ungehindert durch das bislang mit Stacheldraht gesicherte Brandenburger Tor und schwenkten die Fahne von Westberlin mit dem Symbol des Bären. Ostberliner wurden mit Sekt und Zigaretten begrüßt. Viele waren von der Arbeit gekommen oder saßen schon im Schlafanzug vor dem Fernseher, als sie von der Öffnung der Grenzen erfuhren. "Ich habe noch schnell meine Freundin geweckt. Die hätte ja sonst die Welt

verpennt", berichtete eine junge Frau. Die meisten fuhren nach einigen Glas Bier wieder in die DDR zurück: "Ich muß doch arbeiten", erklärte ein junger Mann. "Aber wir kommen wieder." In den vergangenen zwei Monaten wanderten über 120.000 Menschen aus der DDR über die CSSR sowie Ungarn und Österreich in die Bundesrepublik Deutschland aus. Der Ansturm stellt die westdeutschen Behörden vor immer größere Belastungen. Neben Armeekasernen wurden auch unterirdische Krankenhäuser, die für Katastrophen vorgesehen sind, für die Aufnahme von Auswanderen vorbereitet. Kohl sprach in Polen von einem "bewegenden Moment für uns Deutsche". Bundespräsident Richard von Weizsäcker sagte in Bonn, "die für uns Deutsche so bewegenden Stunden der letzten Nacht bedeuten einen tiefen historischen Einschnitt in die Nachkriegsgeschichte". In Westberlin wurden angesichts zu erwartender Besucherströme aus dem Ostteil der Stadt Bus- und Bahnlinien wurden verstärkt. In den Schulen fiel der reguläre Unterricht aus. Schulsenatorin Sybille Volkholz rief Eltern und Lehrer auf, den Kindern in den nächsten Tagen einen "lebendigen Anschauungsunterricht" in Geschichte zu geben. Der entmachtete DDR-Staats- und Parteichef Erich Honecker hat ein Schreiben der staatlichen Jugendorganisation FDJ vom 9. Oktober als größten "Angriff der FDJ auf die Parteiführung in vierzig Jahren" bezeichnet und als Mittel benutzt, um den heutigen SED-Generalsekretär Egon Krenz gegebenenfalls daran zu hindern, die Wende einzuleiten. Diese Enthüllung machte der Erste Sekretär des FDJ-Zentralrates, Eberhard Aurich, am Freitag nach Angaben der Nachrichtenagentur ADN vor dem SED-Zentralkomitee in Ost-Berlin. Nähere Angaben machte Aurich nicht. (Forts.mögl.) ma/jr

Die Analyse der vorhandenen Nachrichtenfaktoren ergab folgendes Ergebnis:

Große Tragweite des Ereignisses
- Tiefen historischen Einschnitt in die Nachkriegsgeschichte
- Alle DDR-Bürger jederzeit ein Visum für die Reise in den Westen erhalten könnten
- Nach verschiedenen Schätzungen mehr als 50.000 Ostberliner und DDR-Bürger in den Westteil der Stadt
- Öffnung der Grenzen

Sensationelles, spektakuläres Ereignis
- Tiefen historischen Einschnitt in die Nachkriegsgeschichte
- Öffnung der Grenzen
- Alle DDR-Bürger jederzeit ein Visum für die Reise in den Westen erhalten könnten

Einzigartiges Ereignis
- Öffnung der Grenzen
- Alle DDR-Bürger jederzeit ein Visum für die Reise in den Westen erhalten könnten

Neuer Sachverhalt
- Öffnung der Grenzen
- Alle DDR-Bürger jederzeit ein Visum für die Reise in den Westen erhalten könnten

Bedeutung und Relevanz des Ereignisses
- Die für uns Deutsche so bewegenden Stunden der letzten Nacht bedeuten einen tiefen historischen Einschnitt in die Nachkriegsgeschichte

Hoher Grad an Überraschung
- Viele waren von der Arbeit gekommen oder saßen schon im Schlafanzug vor dem Fernseher, als sie von der Öffnung der Grenzen erfuhren
- „Ich habe noch schnell meine Freundin geweckt. Die hätte ja sonst die Welt verpennt", berichtete eine junge Frau

Reichweite des Ereignisses
- Alle DDR-Bürger

1.4.3. Bildung der ersten schwarz-blauen Regierung 2000

Folgende APA-Meldung zu Angelobung der schwarz-blauen Regierung 2000 wurde untersucht:

Do, 03.Feb 2000
Regierung/FPÖ/ÖVP/Bundespräsident/Prima vista Klestil gelobt die schwarz-blaue Regierung an
Utl.: Zahlreiche Pressekonferenzen und Demonstrationen
Wien (APA) - Nach vier Monaten und einem Tag hat das Warten auf eine neue Regierung ein Ende: Bundespräsident Thomas Klestil wird heute, Freitag (12.00 Uhr), die neue schwarz-blaue Regierung angeloben. Erstmals nach 30 Jahren wird der Bundeskanzler nicht von der SPÖ gestellt. Designierter Bundeskanzler ist ÖVP-Chef Wolfgang Schüssel, Vizekanzlerin wird Susanne Riess-Passer, die geschäftsführende Bundesobfrau der FPÖ. Die Regierungsliste stand Donnerstagabend weitgehend fest. Allerdings fehlten noch zwei Staatssekretäre der ÖVP, nachdem mehrere Kandidaten abgesagt hatten. Nach der Angelobung steht der erste kurze Ministerrat des blau-schwarzen Kabinetts auf dem Programm. Zur Bildung der neuen Regierung gibt es am Freitag zahlreiche Pressekonferenzen - von SPÖ, Grünen, LIF über den Österreichischen Gewerkschaftsbund und die Arbeiterkammer bis zu Kardinal Christoph Schönborn und der Europäischen Stelle zur Beobachtung von Rassismus und Fremdenfeindlichkeit. Begleitet wird die Bildung der neuen Regierung nicht nur von heftigen Protesten und Maßnahmen des Auslands, sondern auch ständigen Demonstrationen in Wien. Donnerstagabend stürmten nach mehrstündigen Protestzügen durch die Stadt Demonstranten das Burgtheater - um die Theaterbesucher zum Protest gegen die neue Regierung aufzufordern. Auch am Freitag werden die Kundgebungen fortgesetzt. (Schluss) dru/ws

Die Analyse der Nachrichtenfaktoren ergab folgendes Ergebnis:

Große Tragweite des Ereignisses
- Neue Regierung

Sensationelles, spektakuläres Ereignis
- Neue schwarz-blaue Regierung
- Erstmals nach 30 Jahren wird der Bundeskanzler nicht von der SPÖ gestellt

Einzigartiges Ereignis
- Neue schwarz-blaue Regierung
- Erstmals nach 30 Jahren wird der Bundeskanzler nicht von der SPÖ gestellt

Bedeutung und Relevanz des Ereignisses
- Neue Regierung

Die Beteiligung von Elite-Personen und Elite-Nationen
- Bundespräsident Thomas Klestil
- ÖVP
- FPÖ

1.4.4. Hermann Maiers Sturz und Sieg in Nagano/Japan

Folgende APA-Meldung zu Hermann Maiers Sturz und anschließendem Sieg in Nagano/Japan wurde untersucht:

Mo, 16.Feb 1998
Olympia/Nagano/Ski alpin/Super G/Herren/Maier
Ski alpin: Das Phänomen Hermann Maier - vom Maurer zum Millionär
Utl.: Der Salzburger bleibt auf dem Boden: "Ich könnte auch im Rollstuhl sitzen"
Hakuba (APA) - Hermann Maier. ÖSV-Alpinchef Hans Pum hatte den 25jährigen Salzburger bereits vor einiger Zeit zum "Außerirdischen" deklariert, nun erhob ihn Cheftrainer Werner Margreiter in den "Ski-Olymp". Zu Recht. Denn was der Flachauer bei den Olympischen Winterspielen in Nagano vollbracht hat, sucht seinesgleichen. Zuerst der Harakiri-Sturz in der Abfahrt, für viele im Skisport der "Flug des Jahrhunderts", am Montag souveränes Gold im Super G. Das Ski- Märchen "Vom Maurer zum Millionär" fand einen weiteren Höhepunkt. Klar, daß damit der Marktwert des österreichischen Draufgängers in ungeahnte Dimensionen steigt. Bereits jetzt hat der Senkrechtstarter dieser Saison Millionen gescheffelt, ein Ende ist nicht abzusehen. Er hat im Augenblick eine ähnliche Popularität wie ein Alberto Tomba, Angebote aus verschiedensten Richtungen häufen sich, doch er hat noch nicht einmal einen eigenen Manager. Hermann, der Sohn eines Skischulbesitzers in Flachau, bleibt auf dem Boden. Er läßt sich von seinem augenblicklichen Ruhm nicht blenden und stellte einige Stunden nach dem Rennen, als er im "Weißen Hof" von Hakuba in kleiner Runde locker wie immer Rede und Antwort stand, nüchtern fest: "Es hätte auch alles ganz anders kommen können. Wenn's blöd hergeht, könnt ich jetzt im Rollstuhl sitzen." Richtig realisiert hatte er sein Husarenstück zu diesem Zeitpunkt noch nicht so recht, doch ist "ihm ein großer Stein vom Herzen gefallen", daß der Super-Crash kaum Folgen gehabt hat ("Ich mußte gar nicht mehr punktiert werden und habe während der Fahrt nichts gespürt"), und es Gold geworden ist. "Unter diesen Umständen ist es ein wahnsinnig schöner Sieg", gestand der unbekümmerte Naturbursch, der von der Lebenseinstellung her gewisse Parallelen zum tödlich verunglückten Rudi Nierlich ortete. Den Weltcup-Gesamtsieg, der ihm ja nicht mehr zu nehmen ist, bezeichnet er zwar als "sportlich wertvoller", doch bedeutet ihm natürlich Olympia-Gold "auch sehr viel, weil diese Medaille mir nicht mehr zu nehmen ist". Errungen wurde es mit Kopf und "ohne Brutalität", da er innerhalb weniger Tage begriffen hat, daß er dank seiner Überlegenheit gar nicht volle Pulle fahren muß, um die Konkurrenz in Schach zu halten. Seit seiner Jugend hat er von solch einem Tag geträumt. Er war zwölf, als er bei den Olympischen Spielen 1984 in Sarajewo die Fahrt von Anton "Jimmy" Steiner zu Abfahrtsbronze gesehen hat. Die österreichische Bundeshymne hat er zuletzt bei der Ski-WM in Saalbach gehört und damals hatte er sich gedacht, "wenn sie die für mich bei Olympia spielen, wäre ich nicht abgeneigt."

Am Montagabend (Ortszeit) war es soweit. Er selbst glaubt, daß der "Hunger nach Rennen" eine seiner größten Stärken ist. Und auch seine Konsequenz. Er unternahm alles, um nach seinen Wachstumsproblemen wieder ins Weltcupteam zu kommen, und er biß sich durch. Daß es in diesem Winter gleich so sensationell gut klappte, kam auch für ihn überraschend. Die TV-Bilder von seinem wilden Sturz machten weltweit die Runde, derzeit gilt er als Skiheld Nummer eins. Vor allem natürlich in der Heimat. Hermann dazu: "Aber Denkmal werden sie mir noch keines stiften." Wer weiß?

(Schluss) hr/mgä/tm

Die Analyse der Nachrichtenfaktoren ergab folgendes Ergebnis:

Sensationelles, spektakuläres Ereignis
- Zuerst der Harakiri-Sturz in der Abfahrt, für viele im Skisport der „Flug des Jahrhunderts", am Montag souveränes Gold im Super G
- „Flug des Jahrhunderts"

Einzigartiges Ereignis
- Denn was der Flachauer bei den Olympischen Winterspielen in Nagano vollbracht hat, sucht seinesgleichen
- Zuerst der Harakiri-Sturz in der Abfahrt, für viele im Skisport der „Flug des Jahrhunderts", am Montag souveränes Gold im Super G
- „Flug des Jahrhunderts"

Das Vorhandensein von Prominenz
- Hermann Maier

1.4.5. Der Tsunami im Dezember 2004

Folgende APA-Meldung zur Flutkatastrophe in Südostasien am 26. Dezember 2004 wurde untersucht:

Mo, 27.Dez 2004
Katastrophen/Erdbeben/Südostasien/Hintergrund
Seebeben - Experten: Tsunami-Frühwarnsystem hätte Leben retten können
Utl.: "Man kann in 15 Minuten sicheres Gebiet landeinwärts erreichen(Von Sarah Tippit/Reuters)
Los Angeles (APA/Reuters) – Ein Tsunami-Frühwarnsystem, wie es längst schon für die Pazifik-Region existiert, hätte nach Einschätzung von Experten möglicherweise Tausende Menschenleben nach dem Seebeben in Südasien am Sonntag retten können.Doch gibt es in der Region bis heute ein solches Warnsystem vor den gefährlichen Flutwellen nach Seebeben nicht. Die asiatischen Regierungen hätten bisher offenbar geglaubt, darauf verzichten zu können, da sich solche Katastrophen eigentlich nur alle 700 Jahre ereigneten, sagte der Chef des Pazifik-Tsunami-Warnzentrums, Charles McCreery, in der Nacht zum Montag der Nachrichtenagentur Reuters. Unmittelbar nach Entdeckung des Bebens mit dem Epizentrum vor Sumatra in Indonesien habe die Warnzentrale Honolulu mit australischen und amerikanischen Stellen Kontakt aufgenommen. Mit den von der Flutwelle bedrohten asiatischen Ländern sei dies der Warnzentrale hingegen nicht möglich gewesen: "Wir haben getan, was wir konnten, aber wir haben keine Kontakte in unseren

Adressbüchern für irgendwen in diesem Teil der Welt." Ein funktionierendes Kommunikationssystem für Indien, Thailand, Bangladesch und Sri Lanka existiere eben nicht. Bereits in der Nacht zum Sonntag hatte auch die Nationale US-Bebenwarte das Seebeben mit einer Stärke von 8,9 registriert, aber dabei blieb es dann, weil die US-Behörden über keine detaillierten Informationen aus den betroffenen Regionen verfügten. Vorläufige Statistiken gehen davon aus, dass auf Sumatra, in Sri Lanka, in Bangladesch und Südindien über 11.000 Menschen bei dem Beben und durch die Flutwellen starben."Die meisten Menschen hätten gerettet werden können, wenn es ein solches Tsunami- und Hochwasser-Warnsystem gegeben hätte", sagt auch Waverly Person vom US-Geological Survey's National Earthquake Information Center. Die USA unterhalten solche Zentren seit langem etwa in Hawaii und in Alaska. Der Indische Ozean wird hingegen nicht überwacht. Bis eine Tsunami nach einem Seebeben an den Küsten aufläuft, bleibt nach Angaben von Experten eine Zeit von 20 Minuten bis zu zwei Stunden, damit die Menschen vor den bis zu zehn Meter hohen Flutwellen noch flüchten können - Vorwarnung vorausgesetzt. "Es hat anderthalb Stunden gedauert, bis die Welle vom Erdbeben bis nach Sri Lanka kam, und eine Stunde, bis sie die Westküste Thailands und Malaysias erreichte", sagte McCreery. "Man kann jedoch in 15 Minuten sicheres Gebiet landeinwärts erreichen."   (Schluss) ed APA0019 2004-12-27/05:00

Die Analyse der Nachrichtenfaktoren ergab folgendes Ergebnis:

Große Tragweite des Ereignisses
• Über 11.000 Menschen bei dem Beben und durch die Flutwellen starben
• Es hat anderthalb Stunden gedauert, bis die Welle vom Erdbeben bis nach Sri Lanka kam, und eine Stunde, bis sie die Westküste Thailands und Malaysias erreichte

Sensationelles, spektakuläres Ereignis
• Flutwellen
• Solche Katastrophen eigentlich nur alle 700 Jahre

Einzigartiges Ereignis
• Solche Katastrophen eigentlich nur alle 700 Jahre

Neuer Sachverhalt
• Tsunami
• Solche Katastrophen eigentlich nur alle 700 Jahre

Bedeutung und Relevanz des Ereignisses
• Über 11.000 Menschen bei dem Beben und durch die Flutwellen starben
• Sri Lanka, die Westküste Thailands und Malaysias
• Seebeben mit einer Stärke von 8,9

Hoher Grad an Überraschung
• Ein Tsunami-Frühwarnsystem, wie es längst schon für die Pazifik-Region existiert, hätte nach Einschätzung von Experten möglicherweise Tausende Menschenleben nach dem Seebeben in Südasien am Sonntag retten können

Reichweite des Ereignisses
- Sri Lanka, die Westküste Thailands und Malaysias
- Über 11.000 Menschen bei dem Beben und durch die Flutwellen starben

Dauer des Ereignisses
- Es hat anderthalb Stunden gedauert, bis die Welle vom Erdbeben bis nach Sri Lanka kam, und eine Stunde, bis sie die Westküste Thailands und Malaysias erreichte

1.4.6. Der Tod von Lady Diana 1997

Folgende APA-Meldung zum tödlichen Unfall von Lady Diana 1997 wurde untersucht:

So, 31.Aug 1997
Unglück/Gesellschaft/Frankreich/Großbritannien/Diana/Zus
"Königin der Herzen" tödlich verunglückt - 2. Tagesmeldung 1
Utl.: Prinzessin Diana und Dodi el Fayed starben bei Flucht vor Fotografen in Paris
Sieben Paparazzi in Untersuchungshaft - Überführung nach London
Paris (APA/AP/dpa/AFP) - Schock und Trauer weltweit: Die "Königin der Herzen", die britische Prinzessin Diana ist tot. Die 36jährige kam in der Nacht zum Sonntag bei der Flucht vor Paparazzi in Paris ums Leben. Auch ihr Begleiter, der 42jährige Dodi el Fayed, sowie der Chauffeur, starben bei dem Autounfall. Sieben Fotografen wurden in Untersuchungshaft genommen. Dianas geschiedener Mann, der britische Thronfolger Prinz Charles, flog am Nachmittag in die französische Hauptstadt. Zusammen mit Dianas beiden Schwestern wollte er am Abend die sterblichen Überreste der Prinzessin nach London überführen. Die Prinzessin von Wales und Fayed waren kurz nach Mitternacht nach einem Abendessen im Nobelhotel "Ritz" auf der Rückfahrt in das Privathaus des ägyptischen Milliardärssohnes, als ihr Chauffeur mit hoher Geschwindigkeit versuchte, sieben ihnen auf Motorrädern folgenden Fotografen zu entkommen. Der Mercedes 600 kam bei Tempo 160 in einem Straßentunnel neben der Seine ins Schleudern, überschlug sich mehrmals und prallte gegen die seitliche Betonwand. Der schwere Wagen wurde bis auf das Heck völlig zerstört, die Insassen in dem Wrack eingeklemmt. Fayed und der Fahrer des Wagens waren sofort tot. Diana und ihr Leibwächter wurden mit schwersten Verletzungen und inneren Blutungen in ein Krankenhaus in der französischen Hauptstadt eingeliefert. Wenige Stunden später starb die 36jährige an Herzversagen. Der Mercedes war nach dem Unfall nur noch ein Haufen Schrott. Die Rettungskräfte brauchten mehr als eine Stunde, um Diana aus den Trümmern zu ziehen. Sie hatte schwere Kopf- und Rückenverletzungen, einen tiefen Lungenriss und mehrere Brüche. Kurz nach der Ankunft im Krankenhaus kam es zum Herzstillstand. Trotz zweistündiger Herzmassage, für die die Ärzte den Rücken öffneten, um direkt das Herz greifen zu können, konnte die Prinzessin von Wales nicht wiederbelebt werden. Der Tod trat kurz vor vier Uhr ein. Der britische Fernsehsender BBC unterbrach sein Programm, spielte die Nationalhymne und zeigte die Staatsflagge.   (Forts.) wg APA0201 1997-08-31/16:25 311625 Aug 97

Die Analyse der Nachrichtenfaktoren ergab folgendes Ergebnis:

Sensationelles, spektakuläres Ereignis
- Prinzessin Diana ist tot

Einzigartiges Ereignis
• Bei der Flucht vor Paparazzi in Paris ums Leben

Neuer Sachverhalt
• Bei der Flucht vor Paparazzi in Paris ums Leben

Hoher Grad an Überraschung
• Prinzessin Diana ist tot

Vorhandensein von Prominenz
• Prinzessin Diana und Dodi el Fayed

1.4.7. Der EU-Beitritt Österreichs

Folgende APA-Meldung zum EU-Beitritt Österreichs 1995 wurde untersucht:

Fr, 30.Dez 1994: EU/Österreich/Beitritt/Hintergrund/Chronologie Österreichs Weg in die EU
Utl.: Fünfeinhalb Jahre bis zum Beitritt
Wien (APA) - Im Folgenden bringt die APA einen Überblick über die wichtigsten Etappen von der Annäherung Österreichs an die Europäische Gemeinschaft über die Beitrittsverhandlungen und deren Abschluß, die Zustimmung bei der Volksabstimmung bis zum Beitritt zur EU am 1. Jänner 1995:
04.07.89 - Das EG-Beitrittsgesuch passiert den Ministerrat und wird nach Brüssel weitergeleitet.
31.07.91 - Die EG-Kommission sendet ein positives Avis zum Beitrittsantrag Österreichs.
01.02.93 - Die Beitrittsverhandlungen zwischen Österreich und der EG beginnen.
01.11.93 - Der Vertrag von Maastricht tritt in Kraft. Aus den Europäischen Gemeinschaften (EG) wird die Europäische Union (EU).
01.01.94 - Der Vertrag über den Europäischen Wirtschaftsraum (EWR) zwischen den EU- und den EFTA-Staaten, zu denen auch Österreich zählt, tritt in Kraft.
01.03.94 - Die Beitrittsverhandlungen zwischen der EU und Österreich werden in Brüssel abgeschlossen, nachdem in tagelangen Verhandlungen über die bis zuletzt umstrittenen Punkte Transitverkehr und Landwirtschaft Einigung erzielt worden ist.
16.03.94 - Die Bundesregierung leitet einen 80seitigen Bericht über das Ergebnis der EU-Verhandlungen und das Beitritts-Bundesverfassungsgesetz an den Nationalrat weiter.
15.04.94 - Der Ministerrat beschließt den EU-Vertrag und übermittelt ihn dem Parlament.
05.05.94 - Der Nationalrat beschließt das Bundesverfassungsgesetz zum EU-Beitritt.
07.05.94 - Der EU-Vertrag und das Verfassungsgesetz passieren den Bundesrat.
12.06.94 - Die EU-Volksabstimmung bringt eine Zustimmung von 66,98 Prozent für einen Beitritt.
26.10.94 - Der EU-Vertrag wird am Nationalfeiertag im Rahmen eines Sonderministerrats behandelt.
11.11.94 - Der Nationalrat ratifiziert den EU-Vertrag.
17.11.94 - Auch der Bundesrat stimmt dem Vertrag zu.
24.11.94 - Bundespräsident Thomas Klestil hinterlegt in Rom die Ratifikations-Urkunde.
22.12.94 - Nach der Beilegung des EU-internen Fischereistreits gibt Spanien seinen Widerstand gegen die EU-Erweiterung auf.
30.12.94 - Spanien hinterlegt als letztes EU-Mitglied die Ratifikationsurkunde in Rom. Damit ist der Weg für den EU-Beitritt Österreichs mit 1. Jänner 1995 frei.   (Schluss) cw/sa/za

Die Analyse der Nachrichtenfaktoren ergab folgendes Ergebnis:

Große Tragweite des Ereignisses
- Beitritt zur EU am 1. Jänner 1995

Einzigartiges Ereignis
- Beitritt zur EU am 1. Jänner 1995

Neuer Sachverhalt
- Beitritt zur EU am 1. Jänner 1995

Bedeutung und Relevanz des Ereignisses
- Beitritt zur EU am 1. Jänner 1995

Die Beteiligung von Elite-Personen und Elite-Nationen
- Österreich / EU / Brüssel

Dauer des Ereignisses
- Fünfeinhalb Jahre bis zum Beitritt

1.4.8. Die Einführung des Euro in Österreich

Folgende APA-Meldung zur Einführung des Euro als Zahlungsmittel am 1. Jänner 2002 wurde untersucht:

Mo, 31.Dez 2001
Finanzen/Währung/Euro/EU/Österreich/Zus
Heute Nacht schlägt Stunde des Euro - Neues Geld für 300 Millionen Menschen
Utl.: Duisenberg sieht Wachstumsschub durch neue Währung - Prodi:
Jetzt muss Wirtschaftspolitik-Koordination kommen - Liebscher:
Jahrhundertprojekt, Preise und Steuern werden sich annähern
Wien/Frankfurt/Brüssel (APA) - Für mehr als 300 Millionen Menschen in Europa beginnt Punkt Mitternacht das Euro-Zeitalter. Beim größten Geld-Umtausch in der Geschichte Europas - für OeNB-Gouverneur Klaus Liebscher ein "Jahrhundertprojekt" - sollen die Konsumenten in Euroland heute Nacht an Tausenden Geldautomaten erstmals die neuen Euro-Scheine in die Hand bekommen. Österreichs Großbanken, die mit der Kontoumstellung auf Euro praktisch fertig sind, erwarten gegen Mitternacht einen Ansturm auf die zurzeit in Umfüllung befindlichen Bankomaten und Geldautomaten, vor allem in zentralen Lagen. Ab 1. Jänner null Uhr ist der Euro gesetzliches Zahlungsmittel in Österreich und 11 anderen EU-Ländern. Mit dem Schilling kann parallel noch bis 28. Februar 2002 gezahlt werden. Dann verliert Österreichs alte Währung nach fast 80 Jahren ihre Gültigkeit. Die Einführung des Euro-Bargeldes wird nach Einschätzung der Europäischen Zentralbank (EZB) auch den Volkswirtschaften der 12 Euro-Länder unter die Arme greifen. EZB-Chef Wim Duisenberg sagte in Frankfurt, Experten rechneten mit bis zu einem Prozent mehr Wachstum. Er fände schon ein halbes Prozent "fantastisch", so der EZB-Cher laut AFP. Duisenberg zeigte sich überzeugt, dass sich die Bürger schnell an das neue Geld gewöhnen werden. Er glaube sogar, dass die meisten ihre nationale Währung in wenigen Wochen vergessen hätten.

Klaus Liebscher, Gouverneur der Oesterreichischen Nationalbank (OeNB) und EZB-Ratsmitglied, gab heute zu, zum Abschied des Schilling selber "viel Sentimentalität" zu verspüren. Aber noch mehr Freude habe er mit dem "Jahrhundertprojekt Euro". Liebscher geht davon aus, dass sich in Euroland als Effekt des gemeinsamen Bargelds Warenpreise und Mehrwertsteuersätze annähern werden. Absoluten Gleichklang sieht er dennoch nicht. Für Liebscher ist mit dem Euro, der am morgigen 1. Jänner 2002 auch als gemeinsames Bargeld in 12 EU-Ländern einzieht, ein politischer Schulterschluss verbunden, der Euro sei die Krönung des Binnenmarktes. Er schätzt, dass sich im Laufe einiger Jahre auch in den noch nicht am Euro teilnehmenden EU-Ländern Großbritannien, Dänemark und Schweden die Stimmung für eine Euro-Teilnahme noch einmal verbessert, wie er im Hörfunk erklärte. EU-Währungskommissar Pedro Solbes warnte unterdessen vor gefälschten Banknoten in den alten nationalen Währungen. Bei Banken seien zuletzt Blüten in deutlich höherer Zahl aufgetaucht als in den vergangenen Jahren, sagte Solbes in Brüssel. Allerdings seien die Fälschungen häufig "von sehr schlechter Qualität" und damit leicht zu erkennen. Solbes appellierte zugleich an den Handel, die Bargeld-Einführung nicht für Preiserhöhungen zu missbrauchen. EU-Kommissionspräsident Romano Prodi sagte in Brüssel, der Euro werde seine Rolle als eine der beiden weltweit wichtigsten Währungen neben dem Dollar spielen. Er stehe schließlich für zwei Drittel der nicht vom Dollar abgedeckten Weltwirtschaft. Nächster Schritt nach der Euro-Einführung müsse nun eine engere wirtschaftspolitische Koordinaton in Europa sein. Die Aussicht auf die Einführung als Bargeld konnte dem Euro-Kurs jedoch zunächst nicht deutlich aufhelfen. Nachdem die Gemeinschaftswährung in London am Vormittag zunächst leicht verlor, stand sie am Nachmittag mit 0,8859 Dollar nur geringfügig über dem Wert zu Handelsbeginn. Von der für den heutigen Silvestertag vor vielen Monaten erwünschten Dollar-Parität also keine Spur. In vielen Städten wird der Euro-Bargeldeinzug heftig gefeiert, um Mitternacht stehen in den Hauptstädten Willkommensfeste auf dem Programm. In Wien wird Bundeskanzler Wolfgang Schüssel (V) zusammen mit EU-Kommissionspräsident Prodi die ersten Euro-Geldscheine ausgeben. Laut Protokoll für Blumen. Schon zuvor dürfen Einwohner in den französischen Überseegebieten Reunion und Mayotte mit dem neuen Geld zahlen. Durch die Zeitverschiebung beginnt das neue Jahr auf den Inseln im Indischen Ozean bereits um 21.00 Uhr mitteleuropäischer Zeit. Auch für Griechen und Finnen bricht um 23.00 Uhr unserer Zeit das neue Währungszeitalter etwas früher an. Ein Dörfchen in Frankreich hatte die Nase vorn: In Saint-Julien de Concelles spielte ein Bankomat "verrückt": Nach anfänglichem Blinken fing er zum Erstaunen der Beobachter schon am Samstag an, Euros auszuspucken. Zunächst vorübergehend.   (Schluss) rf/eun APA0256 2001-12-31/16:42 311642 Dez

Die Analyse der Nachrichtenfaktoren ergab folgendes Ergebnis:

Große Tragweite des Ereignisses
- Neues Geld für 300 Millionen Menschen
- Erstmals die neuen Euro-Scheine in die Hand bekommen
- Die Einführung des Euro-Bargeldes

Einzigartiges Ereignis
- Neues Geld für 300 Millionen Menschen
- Erstmals die neuen Euro-Scheine in die Hand bekommen
- Die Einführung des Euro-Bargeldes
- „Jahrhundertprojekt"

Neuer Sachverhalt
- Neues Geld für 300 Millionen Menschen

- Erstmals die neuen Euro-Scheine in die Hand bekommen
- Die Einführung des Euro-Bargeldes

Bedeutung und Relevanz des Ereignisses
- Neues Geld für 300 Millionen Menschen
- „Jahrhundertprojekt"

Reichweite des Ereignisses
- 300 Millionen Menschen
- Österreich und 11 anderen EU-Ländern

Die Beteiligung von Elite-Personen und Elite-Nationen
- Österreich und 11 anderen EU-Ländern

1.4.9. Der Irakkrieg 2003

Folgende APA-Meldung zum Irakkrieg 2003 wurde untersucht:

Do, 20.Mär 2003
USA/Irak/Krieg/Zus
Weißes Haus: Erste Phase des Irak-Kriegs begonnen
Utl.: Luftangriffe auf Bagdad - Marschflugkörper gegen irakische Führung
Washington/Bagdad (APA/AFP/Reuters/dpa/AP) - Mit einem Angriff auf Bagdad hat Donnerstag Früh der Irak-Krieg begonnen. Die irakische Luftabwehr beantwortete die Angriffe. Der Sprecher des Weißen Hauses, Ari Fleischer, sagte in Washington, die erste Phase der Entwaffnung des Iraks habe begonnen. US-Präsident George W. Bush wollte sich um 04.15 Uhr (MEZ) in einer Rede an die Nation richten. Zuvor war das Ultimatum Bushs an den irakischen Staatschef Saddam Hussein zum Verlassen des Landes abgelaufen. In Bagdad wurde am Donnerstag kurz vor Sonnenaufgang Luftalarm ausgelöst. In der Stadt war das Feuer der irakischen Flugabwehr zu hören. Am Himmel waren aber keine Flugzeuge zu sehen. Der erste Angriff mit einem Marschflugkörper habe sich gegen ein Ziel in der irakischen Führung gerichtet, berichtete der Nachrichtensender CNN unter Berufung auf das Pentagon. Ein hoher Regierungsbeamter der USA sprach von einem "chirurgischen Schlag gegen ein Ziel in der Nähe von Bagdad. Zuvor seien Geheimdienstinformationen eingegangen, wonach sich dort Mitglieder der irakischen Führung aufhalten könnten, sagte der Regierungsbeamte. Er machte keine Angaben darüber, ob der Angriff sein Ziel erreicht habe. In Bagdad wurde das Feuer der Flugabwehrgeschütze nach einer halben Stunde eingestellt. Die Stadt kehrte daraufhin zu gespannter Ruhe zurück. Nur der Ruf eines Muezzins zum Morgengebet war zu hören.
(Schluss) za/an/gru APA0034 2003-03-20/04:10 200410 Mär 03

Die Analyse der Nachrichtenfaktoren ergab folgendes Ergebnis:

Große Tragweite des Ereignisses:
- Mit einem Angriff auf Bagdad hat der Irak-Krieg begonnen

Sensationelles Ereignis:
- Angriff auf Bagdad

Bedeutung und Relevanz des Ereignisses
- Irak-Krieg

Beteiligung von Elite-Personen und Elite-Nationen
- George W. Bush
- USA

1.4.10. Der Literaturnobelpreis an Elfriede Jelinek

Folgende APA-Meldung zur Verleihung des Nobelpreises an Elfriede Jelinek wurde untersucht:

Do, 07.Okt 2004 Literatur/Auszeichnung/Nobelpreis/Schweden/Österreich/Überblick
Jelinek ist erste österreichische Literatur-Nobelpreisträgerin
Utl.: Jelinek: "Mehr Verzweiflung als Freude" - Autorin will nicht an Verleihung teilnehmen - Bundespräsident gratuliert
Stockholm/Wien (APA) - Die Autorin Elfriede Jelinek (57) ist die erste österreichische Literatur-Nobelpreisträgerin. Dies gab die Königlich Schwedische Akademie der Wissenschaften heute, Donnerstag, bekannt. Sie werde für "den musikalischen Fluss von Stimmen und Gegenstimmen in Romanen und Dramen, die mit einzigartiger sprachlicher Leidenschaft die Absurdität und zwingende Macht der sozialen Klischees enthüllen", ausgezeichnet, hieß es in der Begründung. Jelinek sagte, sie wolle nicht an der Nobelpreisverleihung teilnehmen."Natürlich freue ich mich auch, da hat es keinen Sinn zu heucheln, aber ich verspüre eigentlich mehr Verzweiflung als Freude", meinte Jelinek gegenüber der APA. Sie bezeugte jedoch Angst vor einer Belastung durch den Preis. "Ich eigne mich nicht dafür, als Person an die Öffentlichkeit gezerrt zu werden. Da fühle ich mich bedroht." Jelinek weiter: "Ich hoffe, ich kann das damit verbundene Geld genießen, denn damit kann man sorgenfrei leben. Ich hoffe aber auch, es kostet mich nicht zu viel." Jelinek ist damit der zehnte weibliche Literatur-Nobelpreisträger in der Geschichte der Auszeichnung. Bundespräsident Heinz Fischer betonte, mit der Auszeichnung habe ihr "außergewöhnliches bisheriges literarisches Lebenswerk die höchste Auszeichnung auf dem Gebiet der Literatur bekommen, die weltweit verliehen wird". Burgtheaterdirektor Klaus Bachler meinte, "Es ist eine mutige Entscheidung, angesichts dessen, was Jelinek nicht nur in ihrer Kunst, sondern auch inhaltlich aufgreift, und vor allem eine, die einem Hoffnung macht in unserer Welt." Elfriede Jelinek wurde am 20. Oktober 1946 in Mürzzuschlag in der Steiermark geboren. Nach der Matura an einer Klosterschule studierte sie am Wiener Konservatorium Klavier und Komposition, belegte daneben aber auch Sprachen, Theaterwissenschaft und Kunstgeschichte. Noch als Studentin veröffentlichte sie 1967 ihren ersten Gedichtband, "Lisas Schatten". Als ihr "opus magnum" bezeichnete sie selbst "Die Kinder der Toten" (1995). Zuletzt wurde ihr Stück "Attabambi - Pornoland - Eine Reise durchs Schwein" in Zürich uraufgeführt. Die Natur ihrer Texte ist oftmals "schwer zu definieren", hieß es auf der Nobelpreis-Homepage. Sie "bewegen sich zwischen Prosa und Poesie, Gesängen und Hymnen" und enthalten theatralische Szenen und filmische Sequenzen. Das Hauptgewicht ihres Werkes habe sich von der Novelle auf die Dramatik verlagert. Sie hat auch Werke von Thomas Pynchon, Georges Feydeau und Chirstopher Marlowe übersetzt, Drehbücher verfasst und das Libretto für eine Oper von Olga Neuwirth geschrieben. Der mit 10 Millionen Kronen (1,1 Millionen Euro) dotierte Literatur-Nobelpreis ging im Vorjahr an den südafrikanischen Autor J.M. Coetzee. Die Auszeichnung werden am 10. Dezember, dem Todestag des Stifters Alfred Nobel, in Stockholm überreicht. Mit dem gebürtigen Alt-Österreicher Elias Canetti war im Jahr 1981 ein Autor ausgezeichnet worden, dessen literarische Heimat Wien war.   (Schluss) ley/whl APA0461 2004-10-07/14:18 071418 Okt 04

Die Analyse der Nachrichtenfaktoren ergab folgendes Ergebnis:

Sensationelles, spektakuläres Ereignis
- Erste österreichische Literatur-Nobelpreisträgerin
- Bundespräsident Heinz Fischer betonte, mit der Auszeichnung habe ihr „außergewöhnliches bisheriges literarisches Lebenswerk die höchste Auszeichnung auf dem Gebiet der Literatur bekommen, die weltweit verliehen wird"

Einzigartiges Ereignis
- Erste österreichische Literatur-Nobelpreisträgerin

Neuer Sachverhalt
- Erste österreichische Literatur-Nobelpreisträgerin

Das Vorhandensein von Prominenz
- Elfriede Jelinek

1.4.11. Erste Kurzanalyse

Die Analyse der Nachrichtenfaktoren hat gezeigt, dass keines der Schlüsselereignisse lediglich einen Nachrichtenfaktor aufweist, sondern dass vielmehr das Vorhandensein von mehreren Faktoren zu beobachten ist. Die Ergebnisse der Analyse widersprechen somit der aufgestellten These und der überwiegenden Meinung der befragten Journalisten. Selbst wenn theoretisch ein Faktor für ein Schlüsselereignis ausreichen würde, scheint dies, wie sich aus der Inhaltsanalyse gezeigt hat, bei genauerer Beleuchtung der Schlüsselereignisse praktisch nicht der Fall zu sein.

Genauer wird auf diesen Punkt bei der Expertenbefragung und schließlich bei der Zusammenfassung der Ergebnisse aus den einzelnen Analysen sowie bei der Beantwortung der Hypothesen eingegangen.

1.5. Veränderungen durch Schlüsselereignisse

Nun soll geklärt werden, inwieweit sich Veränderungen durch Schlüsselereignisse inhaltsanalytisch beobachten lassen. In Bezug auf die Kategorien „vermutetes, neues Thema" und „vermutete, neue Sichtweise/Dimension zu bereits bekanntem Thema" wurden Unterkategorien gebildet, die im Zeitraum 1997 bis 2005 untersucht wurden.

Unterkategorien „vermutetes, neues Thema": Es wird vermutet, dass folgende Themenbereiche bis dato keine Berücksichtigung in den APA-Meldungen fanden und es sich hierbei um neue Themen handelt, die aus den Ereignissen des 11. September entstanden sind:

• Al Jazeera
• Al Qaida
• Anthrax
• Die Achse des Bösen
• Kampf gegen den Terror, Anti-Terror-Krieg
• Osama Bin Laden

Unterkategorien „neue Sichtweise/Dimension zu bereits bekanntem Thema":
Bei folgenden Themenbereichen/Kategorien wird davon ausgegangen, dass diese auch schon vor den Terroranschlägen des 11. September in den APA-Meldungen Berücksichtigung fanden, allerdings durch die Terrorakte eine neue Dimension in der Berichterstattung erreicht haben:

• Der heilige Krieg
• Gotteskrieger
• Islam
• Islamismus, Islamisten
• Kampf der Kulturen
• Selbstmordattentate, Selbstmordattentäter
• Taliban
• Terroranschläge
• Terrorismus

Untersucht werden sollte mittels Frequenzanalyse, wie oft die erwähnten Themenbereiche/Kategorien in den APA-Meldungen vorkommen. Kann nach den Terroranschlägen des 11. September 2001 eine langfristige Veränderung hinsichtlich der Häufigkeit der Berichterstattung zu den einzelnen Themen beobachtet werden? In die Untersuchung aufgenommen werden dabei jene Meldungen, in denen die erwähnten Themenbereiche/Kategorien zumindest einmal erwähnt wurden.

1.5.1. Das vermutete, neue Thema „Al Jazeera"

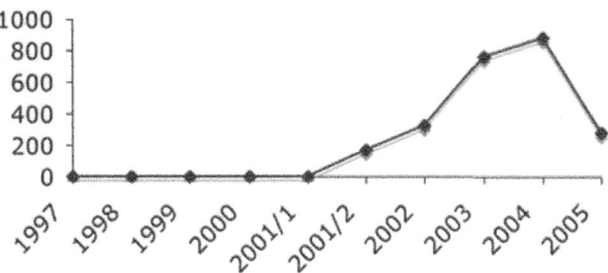

Wie häufig wird das Thema "Al Jazeera" erwähnt?
Die Häufigkeit der APA-Artikel, in denen
"Al Jazeera" oder "Al Dschasira"
zumindest einmal thematisiert wird:

Abb. 17: Das vermutete, neue Thema „Al Jazeera"

Der arabische Sender Al Jazeera[217] fand in den APA-Meldungen von 1997 bis
1999 kein einziges Mal Erwähnung. Im Jahr 2000 und im Jahr 2001 vor dem 11.
September gab es insgesamt sechs Meldungen. Unmittelbar nach den Terroranschlägen stieg die Anzahl der Meldungen, in denen Al Jazeera erwähnt wurde,
drastisch an. Vom 11. September bis zum 31. Dezember 2001 wurden 167 Meldungen verzeichnet, in denen Al Jazeera erwähnt wurde. Mit dem Irakkrieg – der
als Auswirkung des 11. September verstanden werden kann (Stichwort: Kampf
gegen den Terror, Achse des Bösen) – gab es einen Höhepunkt von jeweils rund
800 Meldungen in den Jahren 2003 und 2004. Im Jahr 2005 wurden die Artikel,
in denen der Sender genannt wurde, wieder etwas weniger; 278 Meldungen
konnten verzeichnet werden. Dennoch sind die Meldungen, in denen Al Jazeera
erwähnt wird, bei weitem häufiger als vor dem 11. September. „Al Jazeera" ist
somit sicher ein Thema, das es schon vor dem 11. September gegeben hat, allerdings wurde es nur am Rande erwähnt. Durch den 11. September hat das Thema
eine neue Dimension erreicht, und zwar in langfristiger Hinsicht. Zwar gab es im
letzten Analyse-Jahr eine deutliche Abwärtskurve, dennoch ist die Zahl der
Meldungen auch im Jahr 2005 beachtlich.

1.5.2. Das vermutete, neue Thema „Al Qaida"

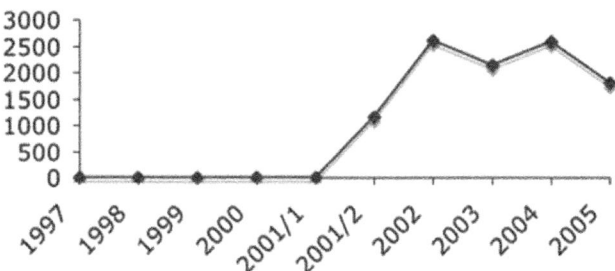

Wie häufig wird das Thema "Al Qaida" erwähnt?
Die Häufigkeit der APA-Artikel, in denen
"Al Qaida", "Al Kaida", "El Kaida" oder "Al Qaeda"
zumindest einmal thematisiert wird:

Abb. 18: Das vermutete, neue Thema „Al Qaida"

Auch in Bezug auf das Thema „Al Qaida"[218] kommt man zu einem ähnlichen Ergebnis, hier ist das Resultat allerdings noch eindeutiger. In den Jahren 1997 bis 2000 gab es lediglich 6 Meldungen (4 im Jahr 1998, 2 im Jahr 2000), in denen die Al Qaida erwähnt wurde. Mit den Terroranschlägen des 11. September wurde auch dem Thema „Al Qaida" plötzlich mehr Aufmerksamkeit geschenkt und das Thema wurde nicht mehr wie zuvor nur am Rande erwähnt. Allein vom 11. September bis 31. Dezember 2001 konnten 1.149 Artikel gefunden werden, in denen die Al Qaida Berücksichtigung findet. Der Verlauf in den Jahren 2002 bis 2005 zeigt eine noch höhere Quote: 2.598 Nennungen im Jahr 2002, 2.129 Nennungen im Jahr 2003, 2.567 Nennungen im Jahr 2004 und 1.790 Nennungen im Jahr 2005. Somit kann auch hier eindeutig gesagt werden: Das Thema „Al Qaida" ist zwar kein Thema, das durch den 11. September neu entstanden ist, jedoch ist es ein Thema, das eine völlig neue Dimension erreicht und sich bis dato auch dort gehalten hat.

1.5.3. Das vermutete, neue Thema „Anthrax"

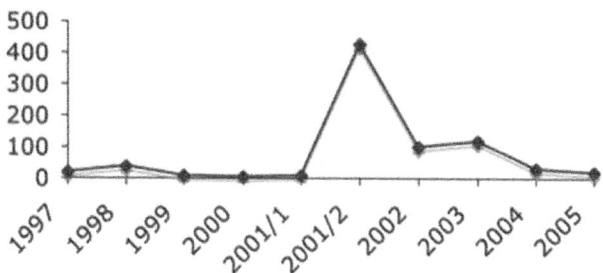

Wie häufig wird das Thema "Anthrax" erwähnt?
Die Häufigkeit der APA-Artikel, in denen
"Anthrax" zumindest einmal thematisiert wird:

Abb. 19: Das vermutete, neue Thema „Anthrax"

Das Thema „Anthrax" war ebenfalls bereits vor dem 11. September 2001 in den APA-Meldungen zu finden; 1997 mit 18 Meldungen, 1998 mit 36 Meldungen, 1999 mit 6 Meldungen, 2000 mit 2 Meldungen und im Jahr 2001 vor dem 11. September mit 8 Meldungen. Es handelt sich hierbei somit nicht, wie vermutet, um ein neues Thema, das durch die Anschläge des 11. September entstanden ist. Mit den Terroranschlägen erreichte dieses Thema jedoch eine neue Dimension und stieg bis zum Ende des Jahres 2001 auf 426 Meldungen an.

Diese hohe Zahl an Meldungen hielt jedoch nicht lange an. Im Jahr 2002 konnte man nur noch 99 Meldungen verzeichnen, im Jahr 2003 120. In den Jahren 2004 und 2005 erreichten die Meldungen einen ähnlichen Wert wie vor den Terroranschlägen, mit 30 bzw. 19 Meldungen.

Es kann demnach festgestellt werden, dass es sich bei dem Thema „Anthrax" um ein Thema handelt, das nur kurzfristig eine neue Dimension erreichte, nach zwei Jahren jedoch wieder an Bedeutung verlor.

1.5.4. Das vermutete, neue Thema „Achse des Bösen"

Wie häufig wird die "Achse des Bösen" erwähnt?
Die Häufigkeit der APA-Artikel, in denen
"Achse des Bösen" zumindest einmal thematisiert wird:

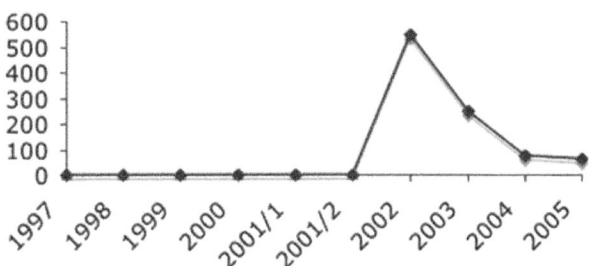

Abb. 20: Das vermutete, neue Thema „Achse des Bösen"

Der Begriff „Achse des Bösen" hatte vor dem 11. September keine Bedeutung und wurde auch kein einziges Mal erwähnt. Der Begriff wurde mit den Terrorakten neu erfunden und stieg Ende 2001 von 0 auf 547 Meldungen an. Mittlerweile ist der Begriff nicht mehr so stark vertreten wie unmittelbar nach dem 11. September (2003 mit 249 Meldungen, 2004 mit 77 Meldungen, 2005 mit 61 Meldungen), dennoch kann gesagt werden, dass der Begriff durch den 11. September neu entstanden ist und sich auch Jahre nach den Terroranschlägen weiterhin in den APA-Meldungen hält. Somit ist ein Thema entstanden, das langfristig Berücksichtigung gefunden hat.

1.5.5. Das vermutete, neue Thema „Kampf gegen den Terror"

Wie häufig wird das Thema "Kampf gegen den Terror" erwähnt?
Die Häufigkeit der APA-Artikel, in denen
"Kampf gegen den Terror", "Anti-Terror-Kampf", "Krieg gegen den Terror"
oder "Anti-Terror-Krieg" zumindest einmal thematisiert wird:

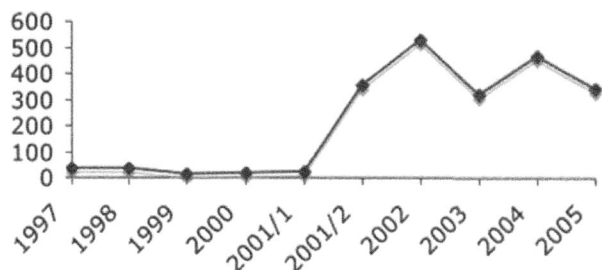

Abb. 21: Das vermutete, neue Thema „Kampf gegen den Terror"

Ein Thema, das ebenfalls bereits vor dem 11. September Berücksichtigung in den APA-Meldungen gefunden hat, ist das Thema „Kampf gegen den Terror". Somit kann auch hier nicht gesagt werden, dass dieses Thema erst mit den Terroranschlägen bedeutend geworden sei. Im Jahr 1997 gab es diesbezüglich 35 Meldungen, 1998 34 Meldungen, 1999 12 Meldungen, 2000 20 Meldungen und im Jahr 2001 vor den Terroranschlägen 24 Meldungen. Nach dem 11. September wurde in den APA-Meldungen jedoch eine neue Dimension zum Thema „Kampf gegen den Terror" erreicht. Von September bis Dezember 2001 gab es 354 Meldungen und auch in den Jahren danach war die Zahl der APA-Meldungen, in denen „Kampf gegen den Terror" erwähnt wurde, sehr hoch (2002 mit 530 Meldungen, 2003 mit 321 Meldungen, 2004 mit 467 Meldungen und 2005 mit 343 Meldungen).

Das Thema „Kampf gegen den Terror" ist somit zwar kein neues Thema, das durch die Terroranschläge entstanden ist, es erhielt jedoch durch den 11. September ebenfalls eindeutig eine neue Dimension, und zwar langfristig.

1.5.6. Das vermutete, neue Thema „Osama Bin Laden"

Wie häufig wird "Osama Bin Laden" erwähnt?
Die Häufigkeit der APA-Artikel, in denen
"Osama Bin Laden" oder "Usama Bin Laden" oder "Bin Laden"
zumindest einmal thematisiert wird:

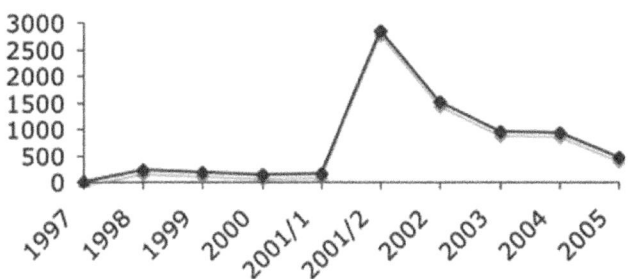

Abb. 22: Das vermutete, neue Thema „Osama Bin Laden"

Osama Bin Laden war auch vor dem 11. September 2001 in den APA-Meldungen zu finden, allerdings nicht in dem Ausmaß, wie dies nach den Terroranschlägen der Fall war. Somit kann man zwar ebenfalls nicht von einem neuen Thema sprechen, jedoch von einem Thema, das eine neue Dimension erhalten hat.

Im Jahr 1997 konnte lediglich eine Meldung verzeichnet werden, 1998 217 Meldungen, 1999 188 Meldungen, 2000 134 Meldungen und im Jahr 2001 vor dem 11. September 148 Meldungen. Von Mitte September bis Ende Dezember 2001 gab es einen gewaltigen Schub an Meldungen, in denen „Osama Bin Laden" thematisiert wurde. 2.837 Meldungen konnten in diesen dreieinhalb Monaten gezählt werden. In den Jahren 2002 bis 2005 wurden die Meldungen zwar weniger, dennoch ist Osama Bin Laden weiterhin sehr präsent in den APA-Meldungen: 2002 kam es zu 1.515 Meldungen, 2003 zu 945 Meldungen, 2004 zu 941 Meldungen und 2005 zu 467 Meldungen.

1.5.7. Vermutete, neue Sichtweise/Dimension zum Thema „Gotteskrieger"

Wie häufig wird das Thema "Gotteskrieger" erwähnt?
Die Häufigkeit der APA-Artikel, in denen
"Gotteskrieger" zumindest einmal thematisiert wird:

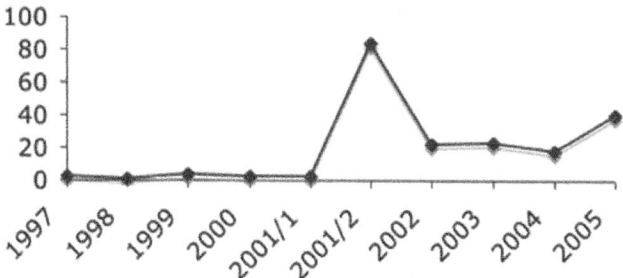

Abb. 23: Vermutete, neue Sichtweise/Dimension zum Thema „Gotteskrieger"

Das Thema „Gotteskrieger" war vor dem 11. September so gut wie gar nicht in den APA-Meldungen zu finden. Von 1997 bis 2001 vor dem 11. September konnten lediglich 11 Meldungen verzeichnet werden. In den dreieinhalb Monaten des Jahres 2001 nach dem 11. September stieg die Zahl der Meldungen auf 84 an. Und auch in den Jahren danach gab es mehr Meldungen zum Thema „Gotteskrieger" als vor dem 11. September. Im Jahr 2002 gab es 22 Meldungen, 2003 23 Meldungen, 2004 18 Meldungen und 2005 40 Meldungen.

Das Thema „Gotteskrieger" ist somit zwar ein Thema, das auch vor dem 11. September die eine oder andere Berücksichtigung fand, allerdings wurde es nur marginal erwähnt. Nach den Terroranschlägen erhielt das Thema „Gotteskrieger" eine neue Dimension.

1.5.8. Vermutete, neue Sichtweise/Dimension zum Thema „Islam"

Wie häufig wird das Thema "Islam" erwähnt?
Die Häufigkeit der APA-Artikel, in denen
"Islam" zumindest einmal thematisiert wird:

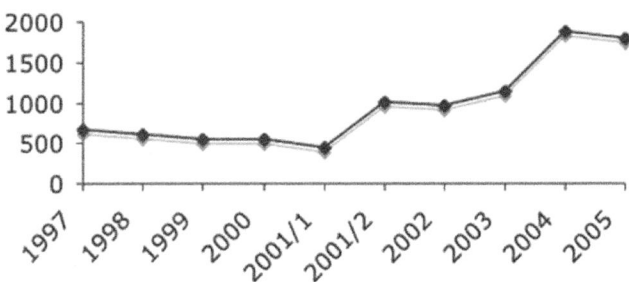

Abb. 24: Vermutete, neue Sichtweise/Dimension zum Thema „Islam"

Die Zahl der Meldungen, in denen das Thema „Islam" erwähnt wurde, war auch vor dem 11. September 2001 hoch. Allerdings hat auch dieses Thema durch die Terroranschläge einen zusätzlichen Schub und somit eine neue Dimension in der Berichterstattung erfahren, was langfristig zu beobachten ist.

Vor dem 11. September 2001 waren pro Jahr etwa 660 Meldungen zu verzeichnen, nach den Anschlägen gab es doppelt und dreifach so viele Meldungen wie zuvor: 2001 (11. September bis 31. Dezember) 1.009 Meldungen, im Jahr 2002 965 Meldungen, im Jahr 2003 1.137 Meldungen, im Jahr 2004 1.879 Meldungen und im Jahr 2005 1.788 Meldungen.

1.5.9. Vermutete, neue Sichtweise/Dimension zum Thema „Islamismus"

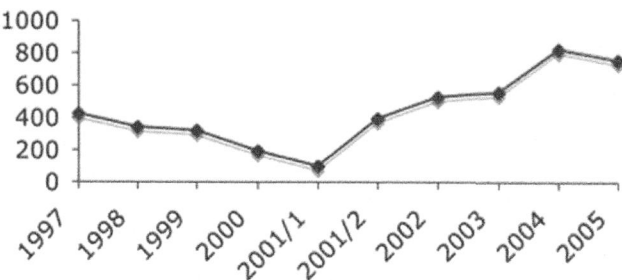

Wie häufig wird das Thema "Islamismus" erwähnt?
Die Häufigkeit der APA-Artikel, in denen
"Islamismus", "Islamist" oder "Islamisten"
zumindest einmal thematisiert wird:

Abb. 25: Vermutete, neue Sichtweise/Dimension zum Thema „Islamismus"

Gleiches gilt für das Thema „Islamismus". Auch hier konnte mit dem 11.
September 2001 ein Schub beobachtet werden, der bis zum Jahr 2005, dem Ende
der Analyse, angedauert hat. Vor dem 11. September waren etwa 300
Meldungen zu verzeichnen, nach dem 11. September stieg die Zahl der Meldungen zu Themen wie „Islamismus" oder „Islamisten" jährlich an. Ende 2001
gab es 389 Meldungen, im Jahr 2002 526 Meldungen, im Jahr 2003 559
Meldungen, im Jahr 2004 822 Meldungen und im Jahr 2005 752 Meldungen.
Auch für das Thema „Islamismus" gilt somit, dass durch den 11. September
eine Veränderung eingetreten ist. Nach den Terroranschlägen wurde langfristig
viel mehr darüber berichtet als vor den Ereignissen.

1.5.10. Vermutete, neue Sichtweise/Dimension zum Thema „Kampf der Kulturen"

Wie häufig wird der "Kampf der Kulturen" erwähnt?
Die Häufigkeit der APA-Artikel, in denen
"Kampf der Kulturen" zumindest einmal thematisiert wird:

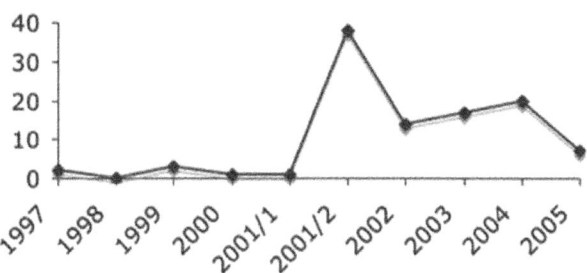

Abb. 26: Vermutete, neue Sichtweise/Dimension zum Thema „Kampf der Kulturen"

Das Thema „Kampf der Kulturen" wurde vor den Ereignissen des 11. September insgesamt lediglich 7 Mal erwähnt (von 1997 bis 11. September 2001). Hierbei handelt es sich also um ein Thema, das es zwar vor den Terrorakten gegeben hat, das allerdings nur am Rande Aufmerksamkeit erfahren hat. Ende des Jahres 2001 gab es 38 Meldungen, die sich mit dem Thema „Kampf der Kulturen" beschäftigten. In den Jahren darauf war zwar die Zahl der Meldungen höher als vor dem 11. September, dennoch kann beobachtet werden, dass das Thema mit den Jahren wieder abgeflaut ist. Im Jahr 2002 gab es 14 Meldungen, 2003 17 Meldungen, 2004 20 Meldungen und im Jahr 2005 nur noch 7 Meldungen.

Das Thema „Kampf der Kulturen" kann somit als Thema gewertet werden, das kurzfristig an Bedeutung gewonnen, mit den Jahren jedoch wieder an Bedeutung verloren hat.

1.5.11. Vermutete, neue Sichtweise/Dimension zum Thema „Selbstmordanschläge/Selbstmordattentäter"

Wie häufig werden "Selbstmordanschläge" und "Selbstmordattentäter" erwähnt?
Die Häufigkeit der APA-Artikel, in denen "Selbstmordanschlag",
Selbstmordanschläge(n)", "Selbstmordattentat(e)(en)" oder "Selbstmordattentäter"
zumindest einmal thematisiert wird:

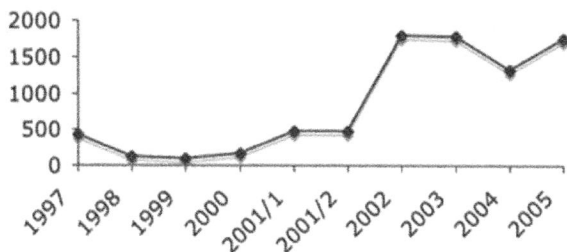

Abb. 27: Vermutete, neue Sichtweise/Dimension „Selbstmordanschläge/Selbstmordattentäter"

Ein Thema, das durch den 11. September langfristig mehr Bedeutung gewonnen hat, ist das Thema „Selbstmordanschläge/Selbstmordattentäter".

Zwischen 82 und 469 Meldungen konnten in den Jahren vor dem 11. September verzeichnet werden. Danach stieg die Zahl der Meldungen, die sich mit Selbstmordanschlägen und Selbstmordattentätern beschäftigen, enorm an. Alleine in den letzten drei Monaten des Jahres 2001 gab es 478 Meldungen, so viele, wie vor dem 11. September in keinem einzigen Jahr erzielt wurden. Im Jahr 2002 konnten 1.794 Meldungen verzeichnet werden, 2003 1.773 Meldungen, 2004 1.321 Meldungen und 2005 1.750 Meldungen.

1.5.12. Vermutete, neue Sichtweise/Dimension zum Thema „Taliban"

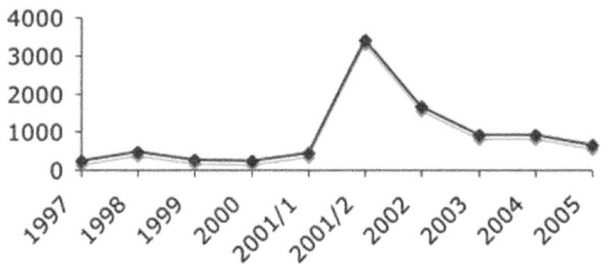

Abb. 28: Vermutete, neue Sichtweise/Dimension zum Thema „Taliban"

Auch das Thema „Taliban" hat durch den 11. September einen Schub erfahren und langfristig eine neue Dimension in der Berichterstattung erreicht. In den Jahren vor dem 11. September konnten zwischen 235 und 480 Meldungen verzeichnet werden. Dann kam der 11. September und alleine in den letzten Monaten des Jahres 2001 stieg die Zahl der Meldungen auf 3.410 an. Zwar ist diese hohe Zahl in den darauffolgenden Jahren nicht mehr erreicht worden, dennoch gibt es nach dem 11. September ein deutliches Mehr an Meldungen als in den Jahren vor den Terroranschlägen: 2002 1649 Meldungen, 2003 906 Meldungen, 2004 912 Meldungen und 2005 666 Meldungen.

Somit kann gesagt werden, dass es sich auch hierbei um ein Thema handelt, das durch die Terroranschläge eine langfristige Veränderung erfahren hat.

1.5.13. Vermutete, neue Sichtweise/Dimension zum Thema „Terroranschläge"

Wie häufig werden "Terroranschläge" erwähnt?
Die Häufigkeit der APA-Artikel, in denen
"Terroranschlag" oder "Terroranschläge(n)"
zumindest einmal thematisiert werden:

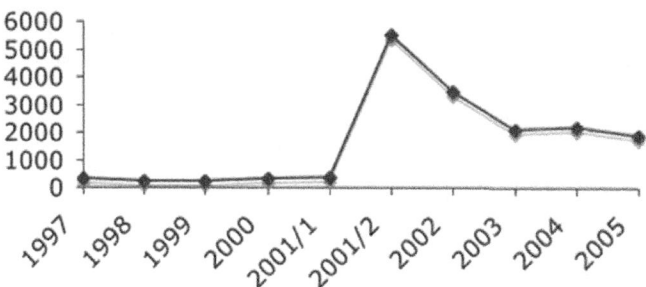

Abb. 29: Vermutete, neue Sichtweise/Dimension zum Thema „Terroranschläge"

Mit dem 11. September ist auch die Zahl der Meldungen gestiegen, in denen das Thema „Terroranschläge" erwähnt wird. Vor dem 11. September konnten jährlich etwa 250 bis 300 Meldungen gezählt werden. In den letzten drei Monaten des Jahres 2001, also unmittelbar nach den Anschlägen in den USA, stieg die Zahl der Meldungen enorm an, und zwar auf 5.490 Meldungen. In den Jahren danach ist die Zahl der Meldungen zwar wieder gesunken, dennoch ist das Thema um ein vielfaches mehr präsent, als vor dem 11. September 2001. So gab es im Jahr 2005 1.884 Meldungen, das sind rund sechs Mal mehr Meldungen als vor dem 11. September.

Somit kann auch hier eindeutig festgestellt werden, dass dieses Thema durch die Anschläge in den USA eine langfristige Veränderung erfahren hat.

1.5.14. Vermutete, neue Sichtweise/Dimension zum Thema „Terrorismus"

Wie häufig wird das Thema "Terrorismus" erwähnt?
Die Häufigkeit der APA-Artikel, in denen
"Terrorismus" oder "Terrorist(en)"
zumindest einmal thematisiert wird:

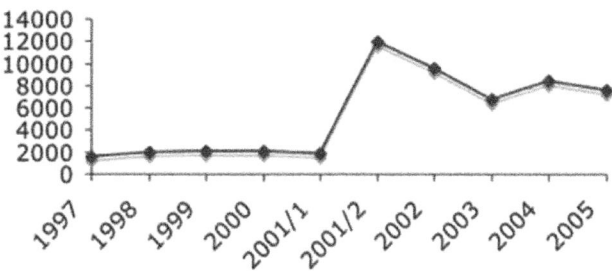

Abb. 30: Vermutete, neue Sichtweise/Dimension zum Thema „Terrorismus"

Auch in Bezug auf das Thema „Terrorismus" kann durch den 11.September eine Veränderung verzeichnet werden, die langfristig zu beobachten ist. Vor dem 11. September konnten zwischen 1.560 und 1.870 Meldungen beobachtet werden, nach dem 11. September ist hier ein eklatanter Anstieg zu verzeichnen. Alleine in den letzten drei Monaten des Jahres 2001 gab es beinahe 12.000 Meldungen. Diese Zahl wurde in den darauffolgenden Jahren zwar nicht gehalten, dennoch gibt es fast vier Mal mehr Meldungen als zuvor. Im Jahr 2005 beispielsweise wurde das Thema „Terrorismus" in 7.531 Meldungen erwähnt.

1.5.15. Erste Kurzanalyse

Zusammenfassend kann gesagt werden, dass aus dem Schlüsselereignis zwar weniger neue Themen entstanden sind, dass aber sehr viele Themen eine neue Dimension erreicht haben und darüber mehr berichtet wird als vor dem 11. September. Dies ist ein Trend, der langfristig zu beobachten ist.

Auf der einen Seite gibt es hierbei Themen, die in den Jahren vor den Terrorakten eher am Rande erwähnt wurden, beispielsweise „Al Jazeera", „Al Qaida", „Osama Bin Laden" oder „Gotteskrieger". Durch den 11. September sind diese Themen plötzlich enorm in den Vordergrund gerückt und weisen auch Jahre nach den Terroranschlägen noch eine große Präsenz in den APA-Meldungen auf.

Auf der anderen Seite konnten Themen beobachtet werden, die auch vor dem 11. September eine entsprechende Berücksichtigung in den APA-Meldungen fanden, beispielsweise „Terrorismus", „Terroranschläge", „Selbstmordanschläge", „Tablian", „Islam" oder „Islamismus". Durch den 11. September erreichten aber auch sie eine neue Dimension, und zwar in dem Sinn, dass langfristig um ein vielfaches mehr an Meldungen, in denen diese Themen erwähnt werden, zu beobachten sind als vor dem 11. September 2001.

Schließlich sind auch kurzfristige Veränderungen zu beobachten, dies ist an den Themen „Anthrax" oder „Kampf der Kulturen" zu erkennen. Diese Themen erhielten nach dem 11. September einen Schub, der jedoch nur kurzfristig anhielt.

Aus der Analyse geht somit hervor, dass einerseits kurzfristige Veränderungen beobachtet werden können, andererseits auch langfristige Veränderungen zu erkennen sind – dies jedoch weniger im Hinblick auf neue Themen, sondern eher in Bezug auf ein Mehr an Berichterstattung zu Themen, die vorher oftmals nur am Rande behandelt wurden. Auch hierauf wird in den Experteninterviews noch einmal eingegangen und schließlich bei der Überprüfung der Hypothesen und der Beantwortung der Forschungsfragen sowie der Zusammenfassung der Ergebnisse eine genaue Analyse der Ergebnisse stattfinden.

1.6. Analyse von Schlüsselbegriffen und -figuren

Nun sollen auch Schlüsselbegriffe und Schlüsselfiguren inhaltsanalytisch untersucht werden. Im Zentrum steht hierbei die Frage, ob Begriffe und Figuren, die aus dem Schlüsselereignis entstanden sind, im Laufe der Zeit selbsterklärend verwendet werden und in den medialen Sprachgebrauch einfließen. Die Untersuchung beschränkt sich hierbei auf den Zeitraum 11. September 2001 bis 31. Dezember 2005.

Folgende Schlüsselbegriffe wurden dabei untersucht:

• Ground Zero
• 9/11[219]
• Der 11. September[220]

Folgende Schlüsselfigur wurde untersucht:

• Osama Bin Laden

Die Kategorien:

- Schlüsselbegriff mit Erklärung
- Schlüsselbegriff ohne Erklärung
- Schlüsselfigur mit Erklärung
- Schlüsselfigur ohne Erklärung

Die Unterkategorien:

- Ground Zero mit Erklärung (unmittelbar oder aus dem Kontext heraus)
- Ground Zero ohne Erklärung (unmittelbar oder aus dem Kontext heraus)
- 9/11 mit Erklärung (unmittelbar oder aus dem Kontext heraus)
- 9/11 ohne Erklärung (unmittelbar oder aus dem Kontext heraus)
- Der 11 September mit Erklärung (unmittelbar oder aus dem Kontext heraus)
- Der 11. September ohne Erklärung (unmittelbar oder aus dem Kontext heraus)
- Osama Bin Laden mit Erklärung (unmittelbar oder aus dem Kontext heraus)
- Osama Bin Laden ohne Erklärung (unmittelbar oder aus dem Kontext heraus)

An dieser Stelle soll bemerkt werden, dass nicht alle APA-Meldungen, die zu den einzelnen Begriffen und zur Schlüsselfigur verzeichnet werden konnten, in die Untersuchung mit aufgenommen wurden. Bei der Analyse der Schlüsselbegriffe wurden Filme, Ausstellungen, Kommissionen oder Gegenstände, in denen der Begriff vorkam – beispielsweise Fahrenheit 9/11, Ground-Zero-Fahne oder 9/11-Kommission – nicht in die Untersuchung aufgenommen. Ebenfalls ausgespart wurden Meldungen, die inhaltlich identisch waren (hierbei wurde jeweils nur eine Meldung analysiert). Schließlich gab es noch eine Reihe von Meldungen, die nicht eindeutig einer der Kategorien zugeordnet werden konnten; auch diese wurden in der Inhaltsanalyse nicht berücksichtigt.

In Bezug auf den Schlüsselbegriff „Ground Zero" wurden 268 Meldungen analysiert, im Zusammenhang mit dem Begriff „9/11" 130 Meldungen und in Bezug auf den Begriff „11.September" 248 Meldungen.

Bei der Analyse der Schlüsselfigur „Osama Bin Laden" wurde aufgrund der Vielzahl der Meldungen eine Stichprobe gezogen. Jeweils die ersten zehn Meldungen eines jeden Monats (September 2001 bis Dezember 2005) wurden hier analysiert, insgesamt also 520 Meldungen.

1.6.1. Der Schlüsselbegriff „Ground Zero"

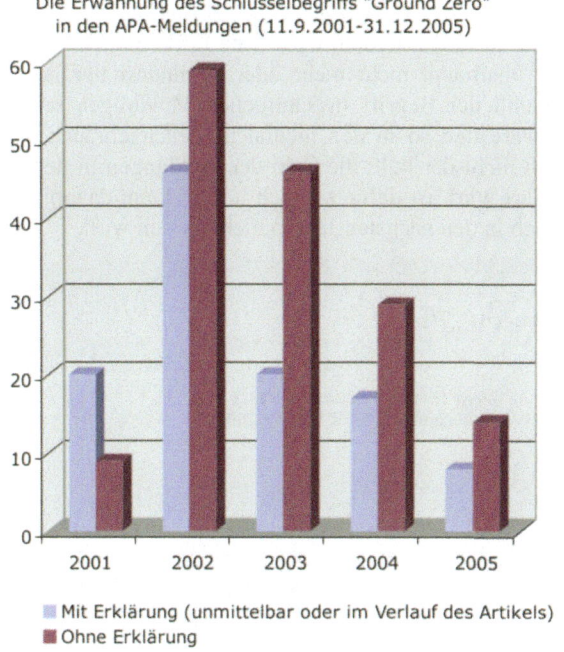

Abb. 31: Der Schlüsselbegriff „Ground Zero"

Bei der Untersuchung des Begriffes „Ground Zero" kann eindeutig festgestellt werden, dass die Zahl der Meldungen, in denen der Begriff ohne Erklärung verwendet wird, im Laufe der Jahre im Vergleich zu den Meldungen mit Erklärung immer größer geworden ist.

Lediglich im Jahr 2001 überwogen die Meldungen, in denen „Ground Zero" genau erklärt wurde, beispielsweise: „Dann werden sie, bewacht wie Sträflinge, mit Bussen in das Umfeld von „Ground Zero" gefahren, wie die unmittelbare Katastrophenzone um das von Terroristen zum Einsturz gebrachte World Trade Center genannt wird. " *Di, 18.Sep 2001*

In den Jahren danach gab es bereits ein Mehr an Meldungen, in denen der Begriff „Ground Zero" selbsterklärend verwendet wird: „In New York erhitzt aber eine neue Mode, die sich rund um Ground Zero ausbreitet, die Gemüter. „Die Straßenverkäufer entwürdigen unsere Helden von Ground Zero." Bald schon sollen Polizisten rund um Ground Zero patrouillieren, um den Schwarz-handel zu unterbinden." *Sa, 12.Jän 2002*

Die Analyse dieses Begriffs hat zwar gezeigt, dass im Verlauf der Jahre der Begriff häufiger ohne Erklärung verwendet wird, dennoch kann nicht davon ausgegangen werden, dass der Begriff generell selbsterklärend vorkommt. Die Hypothese könnte nur bestätigt werden, wenn eine Erklärung des Begriffes nach einer gewissen Zeit überhaupt nicht mehr oder zumindest nur noch marginal stattgefunden hätte und der Begriff in sämtlichen Meldungen selbsterklärend verwendet worden wäre und so in den medialen Sprachgebrauch eingeflossen wäre. Dies ist jedoch nicht der Fall; die Zahl der Meldungen in denen „Ground Zero" weiterhin erklärt wird, ist dafür zu hoch und es kann davon ausgegangen werden, dass dies auch in den nächsten Jahren nicht so sein wird.

1.6.2. Der Schlüsselbegriff „9/11"

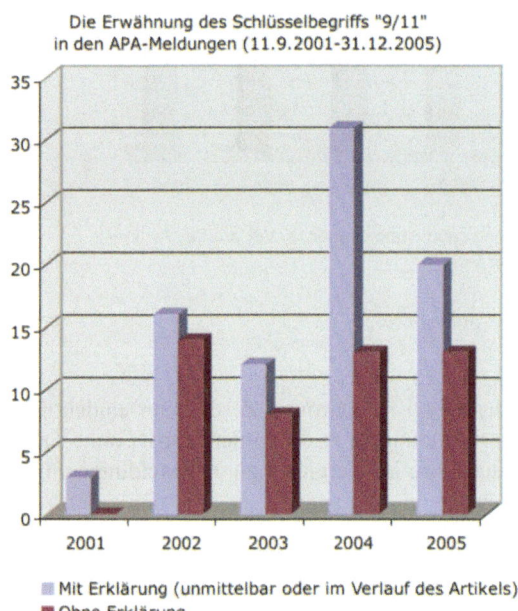

Abb. 32: Der Schlüsselbegriff „9/11"

154

Bei der Analyse des Begriffs „9/11" zeigt sich ein anderes Bild als bei der Analyse des Begriffs „Ground Zero". Auch einige Jahre nach den Terroranschlägen wird der Begriff überwiegend in Verbindung mit einer genauen Erklärung oder einer Erklärung aus dem Kontext heraus verwendet: „Nach dem jetzt veröffentlichten Bericht wollte ein FBI-Beamter, der an den Geheimdienst CIA ausgeliehen war, seine FBI-Kollegen 19 Monate vor den Anschlägen vom 11. September 2001 (nach der US-Datumsschreibweise 9/11 genannt) über zwei Verdächtige in San Diego (Kalifornien) informieren." *Fr, 10. Jun 2005*

Die Zahl der Meldungen, in denen der Begriff nicht erklärt wird, ist in jedem Jahr des Untersuchungszeitraums geringer als die Zahl der Begriffe mit Erklärung: „Die US-Regierung hat im Gefolge von 9/11 eine Geheimoperation zum Aufspüren von Terroristen angeordnet, die möglicherweise im Besitz einer „schmutzigen Bombe", also eines mit radioaktiven Substanzen versetzten Sprengsatzes sein könnten." *Sa, 24.Dez 2005*

Die Ergebnisse widersprechen hier eindeutig der aufgestellten Hypothese, dass Schlüsselbegriffe mit der Zeit selbsterklärend verwendet werden.

1.6.3. Der Schlüsselbegriff „Der 11. September"

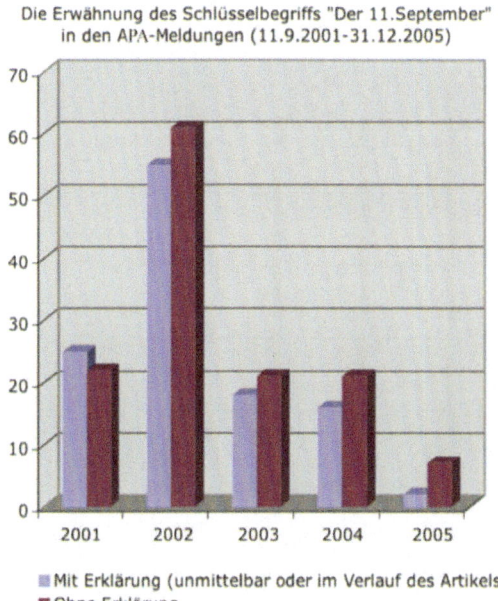

Abb. 33: Der Schlüsselbegriff „Der 11. September"

Die Ergebnisse der Analyse des Schlüsselbegriffs „11.September" sind ähnlich wie jene des Begriffs „Ground Zero". Auch hier kann festgestellt werden, dass im Jahr 2001, also unmittelbar nach den Anschlägen, die Zahl jener Meldungen dominiert, in denen der Begriff genau erklärt wird: „Seiner Ansicht nach war der 11. September, an dem die Terroranschläge gegen die USA verübt wurden, der dramatischste Tag seit dem Ende des Zweiten Weltkriegs." *So, 18.Nov 2001*

In den darauffolgenden Jahren hingegen überwiegen bereits jene Meldungen, in denen der Begriff ohne Erklärung verwendet wird: „Gerade 2001 sei auf Grund der nachlassenden Konjunktur und der Unsicherheit, die der 11. September noch verstärkt habe, ein Bewährungsjahr auch für Österreichs Exportwirtschaft gewesen." *Di, 09.Apr 2002*

Dennoch muss auch hier festgestellt werden: Selbst wenn die Zahl der Begriffe ohne Erklärung im Laufe der Zeit größer geworden ist, so kann die Hypothese nicht verifiziert werden, da es ebenso weiterhin eine Vielzahl von Meldungen gibt, in denen der Begriff genau erläutert wird wird.

1.6.4. Die Schlüsselfigur „Osama Bin Laden"

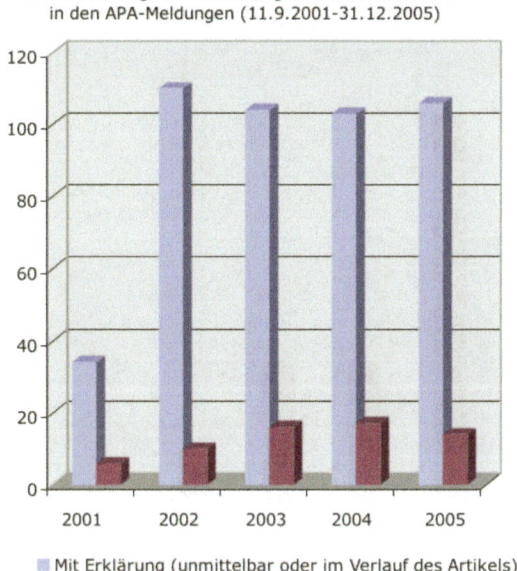

Abb. 34: Die Schlüsselfigur „Osama Bin Laden"

Ein eindeutiges Ergebnis lässt sich hinsichtlich der Schlüsselfigur „Osama Bin Laden" erkennen. Im Untersuchungszeitraum 2001 bis 2005 wurde die Figur überwiegend mit einer genauen Erklärung erwähnt: „Ein Sprecher der Taliban erklärte weiters, der islamisch-fundamentalistische Terrorchef Osama Bin Laden könne nicht hinter den Anschlägen stehen, da ihm die Kapazität für eine derartige Tat fehle. Osama Bin Laden wird in Afghanistan vermutet." *Di, 11.Sep 2001*

Die Zahl jener Meldungen, in denen die Figur „Osama Bin Laden" ohne Erklärung verwendet wird, ist im Vergleich zu den Meldungen mit Erklärung eher gering: „Ein Sprecher der Organisation verkündet, dass Osama Bin Laden noch lebe, weitere Anschläge werden angekündigt. Ob dieses Material wirklich echt ist, lässt sich nicht überprüfen." *Di, 02.Jul 2002*

Bei der Analyse der Meldungen ist zudem auffällig, dass auch andere Figuren, die in den Meldungen vorkamen, beispielsweise der US-amerikanische Präsident George W. Bush oder Osama Bin Ladens Stellvertreter Aiman al Zawahiri, überwiegend mit einer genauen Erklärung zu ihrer Person erwähnt wurden.

Somit muss auch im Hinblick auf die Schlüsselfigur festgestellt werden, dass die Hypothese „Schlüsselfiguren werden im Laufe der Zeit selbsterklärend verwendet" mit den Ergebnissen der Inhaltsanalyse nicht verifiziert werden kann.

1.6.5. Erste Kurzanalyse

Weder Schlüsselbegriffe noch Schlüsselfiguren werden im Laufe der Zeit selbsterklärend verwendet und fließen in den medialen Sprachgebrauch ein. Zu diesem Ergebnis kam die inhaltsanalytische Untersuchung. Zwar hat die Zahl der Begriffe ohne Erklärung im Laufe der Jahre häufig zugenommen, jedoch gibt es gleichzeitig weiterhin viele Meldungen, in denen die Begriffe genau erläutert werden. In Bezug auf Schlüsselfiguren konnte eine selbsterklärende Darstellung nur am Rande beobachtet werden. Schlüsselfiguren werden in der Regel mit einer genauen Erklärung zu ihrer Person dargestellt.

Eine genaues Resümee der Ergebnisse, auch im Zusammenhang mit der Beantwortung der Forschungsfragen und der Verifizierung bzw. Falsifizierung der aufgestellten Hypothesen erfolgt, wie auch bei den anderen Punkten bereits festgehalten, nach der Expertenbefragung.

VII   Expertenbefragung

1. Vorbemerkung

Als dritte Methode zur Untersuchung der Forschungsfragen und zur Überprüfung der Hypothesen wurden Experteninterviews gewählt. Zwei Autoren, die bereits Beiträge zur Theorie der Schlüsselereignisse veröffentlicht haben, haben sich für ein Interview zur Verfügung gestellt: Dr. Hans Mathias Kepplinger und Dr. Patrick Rössler. Die Experteninterviews erfolgten per Telefon. Die Fragen zu den Interviews wurden thematisch gleichermaßen gestaltet wie die Fragen an die Journalisten im Rahmen der Online-Befragung. Zur Vorbereitung wurde den beiden Autoren einige Tage vor den Interviews der Fragenkatalog via E-Mail übermittelt. Das Interview selbst erfolgte mittels Leitfaden.

2. Die Analyse der Interviews

2.1. Die Bedeutung von Nachrichtenfaktoren im Zusammenhang mit Schlüsselereignissen

Der erste Fragenkomplex bezog sich auf die Bedeutung von Nachrichtenfaktoren. Die Experten wurden befragt, welche Rolle die Faktoren im Zusammenhang mit Schlüsselereignissen ihrer Meinung nach spielen würden. Ist die Zahl der Nachrichtenfaktoren, anders als bei der Nachrichtenwert-Theorie, unerheblich oder gilt auch für Schlüsselereignisse: Je mehr Faktoren, desto eher wird ein Ereignis zu einem Schlüsselereignis?

Hans Mathias Kepplinger meint, dass die Zahl der Nachrichtenfaktoren im Laufe der Berichterstattung automatisch steige, wenn man als Journalist viel über das jeweilige Ereignis schreibe und so viele Seiten beleuchte: „Wenn Sie aus irgend einem Grund, weil das Ereignis bedeutsam ist, einen langen Artikel darüber schreiben, dann schreiben Sie auch über viele Personen, dann kommen Prominente vor, dann ist meinetwegen der Schaden groß." Dadurch, dass das Schlüsselereignis im Verlauf der Berichterstattung viele Themen abdecke, erhöhe sich also auch die Zahl der Nachrichtenfaktoren. Patrick Rössler meint generell, dass man wohl schwerlich ein Schlüsselereignis finden würde, das nur einen Nachrichtenfaktor bediene. Den Journalisten gibt er jedoch insofern Recht, als er meint, dass es zwar mehrere Nachrichtenfaktoren gebe, die auf ein

Schlüsselereignis zutreffen würden, aber unter Umständen einen davon, der besonders ausgeprägt sei, der „über alle Maßen zutrifft." Rössler verwendet in diesem Zusammenhang den Begriff „Prototyp". Ein Ereignis wird deshalb zum Schlüsselereignis, weil bei manchen Nachrichtenfaktoren oder auch nur einem Faktor ein hoher Schwellenwert überschritten wird. Dieser Faktor liegt dann in seiner Ausprägung besonders groß vor und wirkt prototypisch. Dies sieht auch Kepplinger in gewisser Weise so: „Man kann zeigen, dass einzelne Nachrichtenfaktoren, wenn sie mit bestimmten Themen verbunden sind, völlig durchschlagen." Wichtig für ihn ist die Feststellung, dass die Nachrichtenwert-Diskussion immer in Verbindung mit dem Thema geführt wird.

2.2. Die Rolle des Negativismus

Dass auch bei den Schlüsselereignissen der Faktor Negativismus eine dominierende Rolle spielt, sehen sowohl Hans Mathias Kepplinger als auch Patrick Rössler. Zweifellos würde es sich bei den meisten Schlüsselereignissen um negative Ereignisse handeln, so Kepplinger. Rössler meint in diesem Zusammenhang, dass dies auch völlig legitim sei, „weil Nachrichten ursprünglich dazu erfunden wurden, um Menschen zu benachrichtigen, wenn etwas Schlimmes passiert ist, dass sie sich darauf einstellen können, als Warnsystem. Das ist ja die ursprüngliche Bedeutung von Nachrichten gewesen." Dennoch haben für beide Autoren auch positive Ereignisse Schlüsselereignis-Potenzial.

2.3. Die Rolle des Journalisten im Zusammenhang mit Schlüsselereignissen

Welche Rolle nimmt der Journalist im Zusammenhang mit Schlüsselereignissen ein? Spielt er eine große Rolle? Entscheidet er, ob und wie über das Ereignis berichtet wird? Oder ist seine Rolle eher eine zweischneidige? Entscheidet er zwar nicht so sehr, ob über das Ereignis berichtet wird – dafür ist es zu außergewöhnlich – jedoch sehr wohl, auf welche Art und Weise berichtet wird? Oder ist seine Rolle im Zusammenhang mit Schlüsselereignissen eher gering und zwar insofern, als er aufgrund der Außergewöhnlichkeit des Ereignisses weder entscheidet, ob und wie berichtet wird, sondern das Schlüsselereignis eine gewisse Eigendynamik aufweist?

Hans Mathias Kepplinger sieht den Einfluss des Journalisten auf Schlüsselereignisse als gering an. Zu Beginn des Schlüsselereignisses, etwa ein bis zwei Tage, hätte der einzelne Journalist vielleicht noch Einfluss, danach würde er in der Berichterstattung jedoch wenige Gestaltungsmöglichkeiten haben. Am Anfang eines Schlüsselereignisses würden bestimmte Frames/Bezugsrahmen gesetzt, und wenn sich diese einmal etabliert hätten, dann könnten die Journalisten in der Regel nicht davon abweichen, zumindest nicht mit der Aussicht ernst genommen zu werden, so Hans Mathias Kepplinger. „Also wenn ein Ereignis zum Schlüsselereignis geworden ist, hat der einzelne Journalist im Grunde kaum noch einen Einfluss. Er muss im Grunde in dem Strom mitschwimmen oder er wird nicht beachtet." Patrick Rössler meint, dass man hier unterscheiden müsse zwischen Schlüsselereignissen, die eine normale Themenkarriere durchlaufen und solchen, die eine extrem steile Themenkarriere durchlaufen, beispielsweise aufgrund ihres Katastrophencharakters. Als Beispiel für Schlüsselereignisse, die eine normale Themenkarriere durchlaufen, nennt er den Aufdecker- oder investigativen Journalismus, beispielsweise Watergate. Hier hätte der einzelne Journalist am Anfang sehr große Möglichkeiten, die Art und Weise der Berichterstattung zu beeinflussen: „Er hat ganz am Anfang enormen Einfluss, wenn er nämlich der Journalist ist, der dieses Thema entdeckt. Und dann auch hinten raus, in der Phase, wo dann die early majority kommt. Da kann er gestalten und der eine geht dann auf den Aspekt mehr ein und der andere auf den anderen." In der so genannten Spill-Over Phase des Schlüsselereignisses käme es allerdings nicht mehr darauf an, was der Journalist macht, sondern was *die* Journalisten tun. „Da funktioniert es nicht mehr, dass ein Journalist oder ein Medium versucht, ein Thema zu setzen. Wenn die anderen nicht drauf anspringen, dann ist es bald wieder verfallen. Da ist dann die Frage wie die Journalisten als Kollektiv dann darauf reagieren." In Bezug auf Schlüsselereignisse, bei denen der Ereignischarakter im Vordergrund stehe, beispielsweise Katastrophen wie 9/11, falle die erste Entwicklungsphase weg und man sei sofort am Höhepunkt des Schlüsselereignisses. Der einzelne Journalist habe laut Rössler in dieser Phase nicht viel Bedeutung, auch hier gelte wiederum, was die Journalisten als Kollektiv sagen würden.

2.4. Die Bedeutung von Schlüsselbildern, -begriffen und -figuren

Sowohl Bildern, als auch Begriffen und Figuren wird im Zusammenhang mit Schlüsselereignissen große Bedeutung zugemessen. „Versuchen Sie ein Schlüsselereignis zu definieren, das nicht auf Bilder, Begriffe und Figuren wegrührt. Es ist schwierig", so Patrick Rössler. Hans Mathias Kepplinger macht dies anhand zweier Ereignisse, der Flutkatastrophe in Südostasien und dem Erdbeben in Pakistan, deutlich: „Warum hat der Tsunami so eine gewaltige Berichtswelle und so eine ungeheure Spendenbereitschaft produziert? Weil es da diese Bilder gibt, die Sie immer wieder wiederholen können. Genauso ,September 11', da gibt es diese Bilder. Während bei dem Erdbeben, da gibt es gar nichts, da gibt es nur ein paar Leute die irgendwo im Schnee hocken. Da ist kein Drama drin, da ist kein ungewöhnliches Leid drin. Das ist das übliche Leid der dritten Welt. Bilder machen einen enormen Einfluss." Rössler meint, dass Begriffe, Bilder und Figuren einen Wiedererkennungswert schaffen würden, der sich im individuellen, aber auch im kollektiven Gedächtnis verankere. Sie würden als Shortcuts dienen, um das Ereignis zu erklären: „Wenn man beispielsweise Osama Bin Laden sagt, da denken die Menschen ja nicht nur an diese eine Person mit dem Bart, sondern da ist ein ganzes Schema herum aufgebaut, das beim Terrorismus anfängt und beim Islam aufhört." Dass Bilder, Begriffe und Figuren eine langfristige Wirkung haben, sehen sowohl Kepplinger als auch Rössler. „Das ist fast schon ein Element von Schlüsselereignissen. Das macht ja ein Ereignis zum Schlüsselereignis, dass es solche Sachen ausbildet", so Rössler. Kepplinger sieht darin die Schaffung einer langfristigen Chiffre für etwas, das für viele andere Dinge stehen könne: „Der 11. September steht vor allem in Amerika, aber auch bei uns, für islamistischen Terror."

2.5. Veränderungen in der Berichterstattung

Ob Schlüsselereignisse langfristige Veränderungen herbeirufen können, muss nach Ansicht der beiden Autoren differenziert gesehen werden. Die meisten Schlüsselereignisse würden nach Hans Mathias Kepplinger nur kurzfristige Veränderungen herbeiführen und nach einer gewissen Zeit ebbe das wieder ab. Dennoch seien auch langfristige Veränderungen möglich. Wenn es zuvor schon eine gewisse latente Wahrnehmung und Meinung zu einem Thema gebe, diese sich jedoch unserer Wahrnehmung entziehe, weil es keine dramatische Entwicklung gebe, „dann kann es dazu führen, dass ein Schlüsselereignis dieses Thema und diese Sichtweise als die dominante Sichtweise etabliert. Und diese Sichtweise bleibt dann auch dominant." Kepplinger macht dies am Beispiel der Entwicklung der Kernenergie-Berichterstattung in Deutschland deutlich. Hier gab es im deutschen Journalismus, beginnend etwa im Jahr 1970, eine zunehmend negative Tendenz in der Kernenergie-Berichterstattung, allerdings war diese kaum wahrnehmbar. Dann kam das Schlüsselereignis Harrisburg[221] und dies war der erste Punkt, der diesen Trend in der Berichterstattung plötzlich massiv sichtbar gemacht hat. Dies wurde dann nochmals verstärkt durch ein zweites Schlüsselereignis, Tschernobyl, danach wurde das Thema langfristig hochgezogen. „Also wenn ein langfristiger Meinungstrend schon etabliert ist, aber unterhalb der Wahrnehmungsschwelle, dann kann ein Schlüsselereignis dazu führen, dass das manifest wird und dass das dann auch wirklich langfristig zu einer Veränderung der Berichterstattung und zwar erkennbar führt. Das haben wir meiner Meinung nach in allen Bereichen der Umwelt. Das haben wir beim islamistischen Terror. Das war ja lange, lange schon ein Thema. Das hat schon eine Rolle gespielt bei dem ersten Anschlag auf das World Trade Center. Es hat eine Rolle gespielt bei zahlreichen islamistischen Anschlägen, die ja 20 Jahre in die Vergangenheit zurückreichen. Hier ist eine latente Bedrohung. Alles das zeigt, dass eine latente

Veränderung in der Wahrnehmung des Islam stattgefunden hat. Und dann war sozusagen der 11. September der große Knaller. Und dieser große Knaller hat diesen Trend, der schon lange vorher begonnen hat, massiv sichtbar gemacht. Und ab dann konnte keiner mehr die Augen zumachen." Für Patrick Rössler sind Schlüsselereignisse zudem in der Lage, zuvor getrennte Schemata neu zusammenzufassen und dann sei die Wirkung besonders nachhaltig: „Weil es sich nicht nur auf einen Bit im Hirn bezieht, sondern auf vielen Beinen ruht. Es passiert dann, dass dieses Ereignis zum einen Verknüpfungen schafft zwischen bisher unverbundenen Ereigniskomplexen, die plötzlich zusammengefasst werden." Es kann aber auch vorkommen, dass Themen langfristig in einen neuen Kontext eingebunden oder neu verknüpft werden. Rössler zeigt dies am Beispiel Terrorismus auf: „Was in den 70er Jahren noch mit RAF verbunden war und in Deutschland ganz lange ist jetzt eben aus diesem RAF-Kontext rausgelöst und ist jetzt in diesem Islam-Konflikt-der-Kulturen-Kontext eingebunden." Doch nicht jedes Schlüsselereignis ist in der Lage, eine derartige Nachhaltigkeit zu bewirken oder derartige Folgewirkungen hervorzurufen.

2.6. Erste Kurzanalyse

Die Wortmeldungen der beiden Autoren haben die Ergebnisse der Befragung und auch teilweise die der Inhaltsanalyse gestützt. Eine genaue Auswertung und Analyse erfolgt im nächsten Kapitel.

VIII Gesamtanalyse, Überprüfung der Hypothesen und Beantwortung der Forschungsfragen

1. Vorbemerkung

Im Folgenden sollen die Ergebnisse der einzelnen Analysen – Befragung, Inhaltsanalyse und Experteninterviews – zusammengefasst, diskutiert und analysiert werden. Aus dieser Gesamtanalyse soll schließlich die Verifizierung bzw. Falsifizierung der Hypothesen und die Beantwortung der Forschungsfragen aus den jeweiligen Themengebieten möglich werden.

Die Gesamtanalyse beinhaltet, wie bereits in den Einzelanalysen deutlich wurde, folgende Themenbereiche:

- Die Bedeutung von Nachrichtenfaktoren
- Negativismus und Positivismus
- Die Rolle des Journalisten als Gatekeeper
- Die Bedeutung von Schlüsselbegriffen, -bildern und -figuren
- Veränderungen durch Schlüsselereignisse

2. Die Bedeutung von Nachrichtenfaktoren

2.1. Bewertung der Ergebnisse

Die inhaltsanalytische Untersuchung der von den befragten Journalisten am häufigsten erwähnten Schlüsselereignisse hat gezeigt, dass keines dieser zehn Schlüsselereignisse – von den Terroranschlägen des 11. September 2001 bis zur Verleihung des Nobelpreises an Elfriede Jelinek – lediglich einen Nachrichtenfaktor bedient. Vielmehr ist das Vorhandensein von vielen Nachrichtenfaktoren zu beobachten.

Bei der Befragung der Journalisten über die Bedeutung von Nachrichtenfaktoren im Zusammenhang mit Schlüsselereignissen meinte hingegen die überwiegende Mehrheit, nämlich 55,4 Prozent, dass theoretisch auch ein Nachrichtenfaktor vollkommen ausreichend sei, damit ein Ereignis zu einem Schlüsselereignis würde – dieser müsse jedoch besonders ausgeprägt sein.

Die Aussagen der Experten Hans Mathias Kepplinger und Patrick Rössler gehen in eine ähnliche Richtung: Kepplinger spricht davon, dass bestimmte Faktoren im Zusammenhang mit einem Thema völlig durchschlagen würden, während andere Faktoren nur am Rande erwähnt werden oder erst dadurch an Bedeutung gewinnen würden, dass viel und aus unterschiedlichen Sichtweisen berichtet würde. Dies würde unweigerlich dazu führen, dass sich viele Nachrichtenfaktoren als auf das Schlüsselereignis zutreffend erweisen würden. Patrick Rössler gibt den Journalisten insofern Recht, als er meint, dass es zwar stets mehrere Nachrichtenfaktoren gebe, die einem Schlüsselereignis zuzuschreiben seien, aber unter Umständen nur einen, der besonders ausgeprägt sei, einen Faktor der „über alle Maßen zutrifft." Ein Ereignis würde deshalb zum Schlüsselereignis werden, weil bei manchen Nachrichtenfaktoren ein hoher Schwellenwert überschritten würde. Dieses Phänomen könne oft auch nur bei einem einzigen Nachrichtenfaktor zutreffen, dies sei jedoch der ausschlaggebende Punkt dafür, dass ein Ereignis zu einem Schlüsselereignis würde.

Wie lässt sich nun die Rolle von Nachrichtenfaktoren im Zusammenhang mit Schlüsselereignissen insgesamt bewerten? Aus der inhaltsanalytischen Untersuchung wird klar, dass sich nur schwer ein Schlüsselereignis finden lassen wird, auf das ein einziger Nachrichtenfaktor zutrifft, vielmehr kann eine Vielzahl an Faktoren beobachtet werden – unabhängig davon, ob es sich um ein politisches, gesellschaftliches, wirtschaftliches, kulturelles oder sportliches Schlüsselereignis handelt. Das Besondere bei Schlüsselereignissen ist jedoch, dass gewisse und oft auch nur einzelne Nachrichtenfaktoren eine besonders ausgeprägte Intensität aufweisen, die das Ereignis außergewöhnlich und somit zu einem Schlüsselereignis machen. Das kann bei einer Katastrophe ein über alle Maßen großer Schaden sein, bei einem politischen Ereignis eine über alle Maßen große Tragweite oder bei einem sportlichen Ereignis ein über alle Maßen hoher Grad an Überraschung. Ein einziger Faktor – oder einige wenige – stehen im Vordergrund und dies ist ausschlaggebend dafür, dass ein Ereignis zum Schlüsselereignis wird. Andere Nachrichtenfaktoren kommen zwar ebenfalls vor, sie spielen jedoch nur am Rande eine Rolle und haben nicht die Stärke und Intensität wie dieser eine Faktor.

Im Grunde kann man also davon ausgehen, dass unabhängig davon, wie viele Nachrichtenfaktoren einem Schlüsselereignis zugeordnet werden, nur einige wenige und bei bestimmten Ereignissen unter Umständen tatsächlich sogar lediglich ein Nachrichtenfaktor eine derart große Rolle spielen, dass ein Ereignis zu einem Schlüsselereignis wird.

2.2. Überprüfung der Hypothese

Anders als bei der Nachrichtenwert-Theorie ist die Anzahl der Nachrichtenfaktoren bei einem Schlüsselereignis unerheblich. Es kann bereits ein Nachrichtenfaktor ausreichend dafür sein, dass es sich um ein Schlüsselereignis handelt und nicht wie bei der Nachrichtenwert-Theorie angenommen, je mehr desto besser. Ein Nachrichtenfaktor ist theoretisch ausreichend, dieser muss allerdings der Außergewöhnlichkeit des Ereignisses Rechnung tragen.

Diese Hypothese kann als verifiziert betrachtet werden. Die Zahl der Nachrichtenfaktoren im Zusammenhang mit Schlüsselereignissen ist unerheblich. Es wird zwar kaum ein Schlüsselereignis zu finden sein, das tatsächlich einen einzigen Nachrichtenfaktor bedient, jedoch wird ein Ereignis deshalb zum Schlüsselereignis, weil einige wenige Faktoren völlig durchschlagen und unter Umständen auch nur ein einziger Faktor besonders ausgeprägt vorhanden ist und dadurch das Ereignis außergewöhnlich macht.

2.3. Beantwortung der Forschungsfrage

Hat ein Ereignis, das besonders viele Nachrichtenfaktoren abdeckt, eher die Chance zu einem Schlüsselereignis zu werden?

Die Anzahl der Nachrichtenfaktoren ist in Bezug auf Schlüsselereignisse nicht wirklich erheblich. Zwar wird auch in Bezug auf Schlüsselereignisse gelten, dass viele Nachrichtenfaktoren abgedeckt sind, vorrangig ist jedoch nicht, dass viele Faktoren zutreffen, sondern vielmehr, dass es einzelne Faktoren gibt – beziehungsweise zumindest einen – die eine besonders große Ausprägung aufweisen. Diese besondere Ausprägung einzelner Nachrichtenfaktoren ist somit der ausschlaggebende Faktor, warum ein Ereignis zu einem Schlüsselereignis wird und nicht das Vorhandensein besonders vieler Nachrichtenfaktoren.

3. Negativismus bzw. Positivismus

3.1. Bewertung der Ergebnisse

In Bezug auf Negativismus bzw. Positivismus sprechen die Ergebnisse aus den einzelnen Analysen eine eindeutige Sprache. Bei der Befragung gaben 76,8 Prozent der Journalisten an, dass auch bei Schlüsselereignissen der Faktor „Negativismus" dominieren würde. Bei den rund 200 von den befragten Journalisten angegebenen Schlüsselereignissen konnte ebenfalls die überwiegende Mehrheit dieser Ereignisse als negative Schlüsselereignisse eingestuft werden.

Auch die Experten sind der Meinung, dass Negativismus bei Schlüsselereignissen eine dominierende Rolle spiele. Dies bedeute zwar nicht, dass nicht auch positive Ereignisse zu Schlüsselereignissen werden könnten, dennoch würde die Zahl der negativen Schlüsselereignisse überwiegen. Negativismus ist also ein Faktor, der nicht nur generell in der Medienberichterstattung einen höheren Stellenwert einnimmt als Positivismus, sondern auch im Zusammenhang mit Schlüsselereignissen eine dominierende Rolle spielt.

3.2. Überprüfung der Hypothese

Negative Ereignisse haben eher die Chance zu einem Schlüsselereignis zu werden.

Diese Hypothese kann als verifiziert betrachtet werden, die empirischen Untersuchungen führen zu dem Ergebnis, dass der Faktor Negativismus auch bei Schlüsselereignissen einen höheren Stellenwert einnimmt als der Faktor Positivismus.

3.3. Beantwortung der Forschungsfrage

Welche Rolle spielen die Nachrichtenfaktoren Negativität bzw. Positivität in Bezug auf Schlüsselereignisse? Haben negative Ereignisse eher die Chance zu einem Schlüsselereignis zu werden?

Der Faktor „Negativismus" dominiert auch in Bezug auf Schlüsselereignisse. So wie auch im Bereich der Berichterstattung über „normale" Ereignisse zu beobachten ist, dass negative Ereignisse mehr Berücksichtigung finden als positive Ereignisse, so kann dies auch bei Schlüsselereignissen festgestellt werden.

4. Die Rolle des Journalisten als Gatekeeper

4.1. Bewertung der Ergebnisse

Die 336 befragten Journalisten sind überwiegend der Meinung, dass ihre Rolle als Gatekeeper im Zusammenhang mit Schlüsselereignissen eine zweischneidige sei. Auf den Selektionsprozess, also ob über das Schlüsselereignis berichtet würde oder nicht, hätten sie keinen Einfluss. Das Schlüsselereignis ist zu außergewöhnlich, um selektiert zu werden. Die vorherrschende Meinung der Befragten ist, dass der Journalist/die Journalisten als Gatekeeper lediglich in Bezug auf die Art und Weise, wie über das Schlüsselereignis berichtet würde, Entscheidungen träfen.

Diese zweischneidige Rolle des Journalisten sehen die Experten etwas differenzierter: Sie betonen, dass dies lediglich in der Anfangsphase eines Schlüsselereignisses zu beobachten sei. Zu Beginn hätten die Journalisten als Gatekeeper
noch Möglichkeiten, die Berichterstattung in gewisse Bahnen zu lenken, zu selektieren und gewisse Themenbereiche in den Vordergrund zu stellen. Seien jedoch erst einmal die Bezugsrahmen gesetzt, die ein Schlüsselereignis ausmachen
würden, hätte der einzelne Journalist als Gatekeeper wenig Gestaltungsmöglichkeiten. Vielmehr würde dann gelten, was die Journalisten als Kollektiv tun.

Es wurde nun zwar keine Analyse unterschiedlicher Medien zu einem
Schlüsselereignis vorgenommen, dennoch kann davon ausgegangen werden, dass
die Experten mit ihrer Einschätzung im Grunde Recht haben. Ruft man sich die
Berichterstattung zu den Terroranschlägen des 11. September 2001 in Erinnerung, so wird man feststellen können, dass die unterschiedlichsten Medien im
Verlauf der Berichterstattung sehr ähnliche Muster in Bezug auf die Inhalte
aufweisen. Die Themen, die in den Vordergrund gestellt wurden – beispielsweise Osama Bin Laden, Al Qaida oder Taliban – sind in allen Medien zu finden
und die Berichterstattung läuft nach einem sehr ähnlichen Schema ab.

Selektions- und Gestaltungsmöglichkeiten abseits des kollektiven journalistischen Tuns müssen dem Journalisten als Gatekeeper dennoch eingeräumt
werden – auch nachdem die so genannten Frames eines Schlüsselereignisses
bereits gesetzt wurden. Dies lässt sich vor allem an der journalismusspezifischen
Differenzierung festmachen, die zu Beginn dieser Arbeit ausführlich besprochen
wurde. Ein Boulevardmedium wird trotz bereits fester Bezugsrahmen gewisse
Fakten oder sachliche Argumente des Schlüsselereignisses selektieren und beispielsweise Einzelschicksale oder Themen, die einen besonders hohen Grad an
Emotionalität aufweisen, in den Vordergrund stellen, während es bei Qualitätsmedien umgekehrt der Fall sein wird. Selbst wenn dies innerhalb der gesetzten
Frames geschieht, so gibt es auch hier Gestaltungs- und Selektionsmöglich-
keiten. Eine Gatekeeper-Rolle im späteren Verlauf der Berichterstattung kann
dem Journalisten auch zukommen, wenn er eine neue Facette des Schlüsselereignisses aufdeckt. Hier befinden wir uns im Bereich des investigativen
Journalismus. Der Journalist setzt einen neuen Frame und hat wiederum Einfluss
auf das *Wie* in der Berichterstattung über Schlüsselereignisse.

4.2. Überprüfung der Hypothese

Die Rolle des Journalisten in Bezug auf Schlüsselereignisse ist zweischneidig.
Auf den Selektionsprozess, also ob über das Schlüsselereignis berichtet wird, hat
er keinen Einfluss. Das Schlüsselereignis ist zu außergewöhnlich, um selektiert
zu werden. Der Gatekeeper entscheidet lediglich in Bezug auf die Art und Weise
wie über das Schlüsselereignis berichtet wird.

Diese Hypothese kann aufgrund der Untersuchungsergebnisse als verifiziert betrachtet werden. Abgesehen von einer ressortspezifischen Selektion wird ein Medium wohl kaum ein Schlüsselereignis selektieren und nicht darüber berichten. Hier gibt es also auch für den Journalisten wohl eher wenig Einflussmöglichkeiten. In Bezug auf den Verlauf der Berichterstattung spielt der Journalist als Gatekeeper jedoch eine große Rolle. Besonders in der Orientierungsphase, also kurz nach dem Schlüsselereignis, tritt der einzelne Journalist sehr wohl als Gatekeeper auf. Sind die Frames erst einmal gesetzt, dann werden die Gestaltungsmöglichkeiten schon weniger. Unterschiedliche Berichterstattung lässt sich aber auch zu einem späteren Zeitpunkt, also nachdem die Bezugsrahmen zu einem Schlüsselereignis bereits gesetzt sind, festmachen, hier vor allem in Bezug auf eine journalismusspezifische Sichtweise oder wenn der einzelne Journalist eine neue Facette des Schlüsselereignisses aufdeckt.

4.3. Beantwortung der Forschungsfrage

Welche Rolle nimmt der Gatekeeper im Zusammenhang mit Schlüsselereignissen ein? Kommen Selektionsentscheidungen des Gatekeepers aufgrund der Außergewöhnlichkeit des Schlüsselereignisses überhaupt zum Tragen?
Der Journalist als Gatekeeper nimmt eine zweischneidige Rolle ein. Die Frage, *ob* über ein Schlüsselereignis berichtet wird oder nicht, stellt sich aufgrund der Außergewöhnlichkeit des Ereignisses nicht. In Bezug auf das *Wie* in der Berichterstattung spielt der Journalist als Gatekeeper hingegen sehr wohl eine Rolle, vor allem am Beginn eines Schlüsselereignisses, also während der Orientierungsphase. Sind die Bezugsrahmen bereits gesetzt, wird es für den einzelnen Journalisten schwer, sich aus der kollektiven Masse herauszuheben; seine Gatekeeper-Rolle verliert wieder an Bedeutung und er schwimmt im Strom mit, in dem die Berichterstattung läuft. Dennoch gibt es für den einzelnen Journalisten die Möglichkeit, auch nach gesetzten Frames zu einem Schlüsselereignis eine bedeutende Rolle als Gatekeeper einzunehmen, hier vor allem dann, wenn er eine neue Facette des Schlüsselereignisses entdeckt.

5. Die Bedeutung von Schlüsselbegriffen-, -bildern und -figuren

5.1. Bewertung der Ergebnisse

Schlüsselbegriffe wie „Ground Zero" oder „9/11", Schlüsselbilder wie ein Flugzeug, das in das World Trade Center rast, und Schlüsselfiguren wie Osama Bin Laden nehmen eine Rolle in der Berichterstattung ein, die im Zusammenhang mit Schlüsselereignissen nicht wegzudenken ist. Hier sind sich die befragten Journalisten und die Experten einig.

Ohne Begriffe, Bilder und Figuren ist ein Schlüsselereignis nur schwer greifbar und durch sie gelingt es, ein Ereignis zu strukturieren und vereinfacht darzustellen. Mehr noch, Begriffe, Bilder und Figuren können als eine Art Metapher oder Chiffre gesehen werden und stehen in weiterer Folge für das Schlüsselereignis selbst. Am Beispiel der Terroranschläge des 11. September 2001 wird dies sehr gut deutlich: „Ground Zero", „9/11", ein Flugzeug, das in einen Wolkenkratzer rast oder Osama Bin Laden sind zu Synonymen für den islamistischen Terror geworden und diese Begriffe, Bilder und Figuren haben sich verankert und manifestiert – in der Berichterstattung selbst und in weiterer Folge in den Köpfen der Rezipienten.

Dass Schlüsselbegriffe und -figuren im Laufe der Berichterstattung selbsterklärend verwendet werden, konnte jedoch nicht bestätigt werden. Zwar nahm die selbsterklärende Verwendung von gewissen Begriffen im Laufe der Jahre zu, dennoch ist auch die Zahl jener Meldungen, in denen Begriffe und vor allem Figuren genau erklärt werden, hoch. Journalisten und Experten sehen dennoch die Tendenz dahingehend, dass diese Begriffe und Figuren im Laufe der Zeit in den medialen Sprachgebrauch einfließen, ohne groß erklärt zu werden. Zu diesem Punkt sollte betont werden, dass Begriffe und Figuren im Laufe der Zeit vielleicht eher in den allgemeinen Sprachgebrauch einfließen, als in den medialen Sprachgebrauch. In Bezug auf den medialen Sprachgebrauch lässt sich ein Festhalten an den klassischen W-Fragen erkennen: Who says what to whom in which channel with what effect? Sachverhalte genau zu erklären steht weiterhin im Vordergrund der Berichterstattung und somit werden auch Begriffe und Figuren in diesem Sinne genau erläutert.

5.2. Überprüfung der Hypothesen

Schlüsselbegriffe, Schlüsselbilder und Schlüsselfiguren nehmen im Zusammenhang mit Schlüsselereignissen eine zentrale Rolle ein. Sie dienen dazu, das Schlüsselereignis zu strukturieren und vereinfacht – mit einem Begriff, einem Bild oder einer Figur – darzustellen.

Diese Hypothese kann als verifiziert betrachtet werden. Begriffe, Bilder und Figuren dienen dazu, das Schlüsselereignis greifbar zu machen und – vor allem für den Rezipienten – vereinfacht darzustellen. Bei einem Schlüsselereignis gibt es fast immer Begriffe, Bilder und Figuren, die mit dem Ereignis in Verbindung gebracht werden und in weiterer Folge für das Ereignis stehen. Sie nehmen somit im Zusammenhang mit Schlüsselereignissen eine zentrale Rolle ein.

Schlüsselbegriffe und -figuren fließen im Laufe der Zeit ganz selbstverständlich in den (medialen) Sprachgebrauch ein. Auch wenn das Schlüsselereignis in

Vergessenheit gerät, so bleiben die daraus entstandenen Begriffe und Figuren weiter bestehen und werden auch ohne direkten Bezug zu dem Schlüsselereignis, aus dem heraus sie entstanden sind, in verschiedensten Zusammenhängen „selbsterklärend" verwendet.

Diese Hypothese konnte nicht verifiziert werden. Zwar ist die Zahl der Meldungen, in denen Begriffe und Figuren im Zusammenhang mit dem Schlüsselereignis 11. September selbsterklärend verwendet werden, gestiegen. Dennoch kann nicht davon ausgegangen werden, dass diese Begriffe und Figuren in verschiedensten Zusammenhängen selbsterklärend verwendet werden, was sich dadurch erklären lässt, dass der Journalist im Sinne einer unmissverständlichen Berichterstattung, die beim Rezipienten keine Fragen oder Unklarheiten offen lassen soll, seine Berichterstattung nach den klassischen W-Fragen aufbaut.

5.3. Beantwortung der Forschungsfrage

Welche Rolle nehmen Schlüsselbegriffe, -bilder- und -figuren im Zusammenhang mit Schlüsselereignissen ein?

Die Rolle von Begriffen, Bildern und Figuren ist im Zusammenhang mit Schlüsselereignissen von enormer Bedeutung. Durch sie wird das Ereignis erklärt, strukturiert und vereinfacht durch das Verwenden von Metaphern und Synonymen dargestellt. Ein Schlüsselereignis, das weder Bilder noch Figuren oder Begriffe aufweisen kann, wird schwerer zu verstehen sein als ein Ereignis, das über solche verfügt. Dies wird am Vergleich der beiden Schlüsselereignisse Flutkatastrophe in Südostasien und Erdbeben in Pakistan ersichtlich. Die Rolle, die Begriffe, Bilder und Figuren einnehmen, ist somit zentral und für Schlüsselereignisse von besonderer Wichtigkeit.

6. Veränderungen durch Schlüsselereignisse

6.1. Bewertung der Ergebnisse

Die generelle Fragestellung war hier, ob Schlüsselereignisse in der Lage sind, nicht nur kurzfristige, sondern auch langfristige Veränderungen in der Berichterstattung hervorzurufen. 56 Prozent der befragten Journalisten gaben an, dass dies sehr wohl möglich sei. Schlüsselereignisse hätten generell das Potenzial, langfristig neue Themen in den Vordergrund zu rücken, über die bis dato nicht gesprochen worden sei oder Themen, die bislang nur am Rande in der Berichterstattung Berücksichtigung gefunden hätten.

Auch die Inhaltsanalyse hat gezeigt, dass durch die Terroranschläge des 11. September 2001 Themen langfristig Karriere gemacht haben, die zuvor nicht oder oftmals nur am Rande erwähnt wurden.

Die Experten schließen ebenfalls langfristige Veränderungen infolge eines Schlüsselereignisses nicht aus. Langfristig könnten laut Hans Mathias Kepplinger jedoch nur neue Themen in den Vordergrund gerückt werden und sich dort auch halten, wenn sie schon vor dem Schlüsselereignis latent vorhanden gewesen seien; das heißt, es gab bereits vor dem Schlüsselereignis eine latente Meinung zu gewissen Themen, diese wurde jedoch nicht wirklich wahrgenommen. Am Beispiel des 11. September sieht er Themen wie Al Qaida, Islam, Islamismus oder Terrorismus, die in dieses Schema passen. Zudem können durch ein Schlüsselereignis auch zuvor getrennte Schemata zusammengefasst werden, dann ist die Wirkung besonders nachhaltig.

Somit kann gesagt werden, dass ein Schlüsselereignis sehr wohl in der Lage ist, langfristige Veränderungen herbeizuführen. Natürlich muss an dieser Stelle bemerkt werden, dass die Terroranschläge des 11. September 2001 als ein besonders großes Schlüsselereignis zu werten sind. Nicht umsonst wurde es von den meisten Journalisten in der Befragung erwähnt. Besonders außergewöhnliche Ereignisse, die zudem in einen Kontext eingebettet sind oder eingereiht werden können, der gewisse Themen abdeckt und die nicht völlig fremd sind, schaffen es zudem leichter, eine gewisse Nachhaltigkeit in der Berichterstattung zu erzeugen. Das hat auch das Beispiel 11. September 2001 gezeigt.

6.2. Überprüfung der Hypothesen

Schlüsselereignisse können nicht nur kurzfristige Veränderungen im Journalismus hervorrufen, sondern auch langfristige, auch wenn dies nicht so häufig der Fall ist.
Die Hypothese kann aufgrund der verschiedenen Analysen als verifiziert betrachtet werden. Langfristige Veränderungen, dies wurde am Beispiel der Terroranschläge des 11. September 2001 deutlich, können sich durchaus aus dem Schlüsselereignis heraus ergeben.
Eine Sonderstellung nehmen Schlüsselbegriffe- und -figuren in Bezug auf Veränderungen durch Schlüsselereignisse ein. Auch sie können eine langfristige Wirkung auf den Journalismus haben. Sie gehen in den medialen Sprachgebrauch ein und werden in weiterer Folge selbsterklärend verwendet, auch in Bezug auf Themen, die nicht unbedingt im Zusammenhang mit Schlüsselereignissen stehen.
Dass Begriffe und Figuren in den medialen Sprachgebrauch übergehen und in weiterer Folge selbsterklärend verwendet werden, musste bereits bei der Diskussion um die Bedeutung von Schlüsselbegriffen, -bildern und -figuren

falsifiziert werden. Dennoch können auch sie eine langfristige Wirkung haben. Dies wurde ebenfalls am Beispiel des 11. September 2001 deutlich. Auch Jahre nach den Terroranschlägen haben Begriffe wie „Ground Zero" oder „9/11" und Figuren wie „Osama Bin Laden" ihren festen Platz in der Berichterstattung. Auch dies kann als langfristige Wirkung verstanden werden.

6.3. Beantwortung der Forschungsfrage

Können Schlüsselereignisse auch langfristige Veränderungen in der Medienberichterstattung und im Journalismus hervorrufen? Oder gibt es nur kurzfristige Veränderungen und nach einer gewissen Zeit geht alles den gewohnten Verlauf?

Die Untersuchungen haben gezeigt, dass Schlüsselereignisse nicht nur kurzfristige, sondern auch langfristige Veränderungen in der Berichterstattung bewirken können. Natürlich ist dieses Potenzial nicht bei allen Ereignissen, die als Schlüsselereignisse eingestuft werden, gegeben, besonders große Schlüsselereignisse jedoch, die zudem auch Themenbereiche abdecken, die zuvor schon latent vorhanden waren, schaffen es sehr wohl, nachhaltige Änderungen – neue Themen, neue Sichtweisen zu Themen – zu bewirken.

IX   Zusammenfassung

An dieser Stelle sollen die einzelnen Abschnitte dieser Arbeit zusammengefasst und noch einmal kurz diskutiert werden. Dies soll vor allem dazu dienen, einen abschließenden Gesamtüberblick über diese Arbeit und deren wesentliche Aspekte zu geben.

1. Theoretische Gesichtspunkte

Das Hauptaugenmerk dieser Arbeit lag auf dem Versuch die Theorie der Schlüsselereignisse, die bis dato relativ wenig Berücksichtigung in der Wissenschaft gefunden hat und eine leicht überschaubare Literatur aufzuweisen hat, weiterzuentwickeln. Zu diesem Zweck wurde am Beginn der Arbeit der bisherige Forschungsstand zur Theorie der Schlüsselereignisse aufgearbeitet und vorgestellt. Vorrangig wurden dabei die Überlegungen und Untersuchungen von Autoren wie Hans-Bernd Brosius, Patrick Rössler oder Hans Mathias Kepplinger präsentiert. Dabei zeigte sich, dass in Bezug auf eine Weiterentwicklung der Theorie noch Handlungsspielraum besteht und diese in sehr viele Richtungen erfolgen kann.

Neue Überlegungen zur Weiterentwicklung der Theorie der Schlüsselereignisse wurden in dieser Arbeit zum einen in Bezug auf eine differenzierte Sichtweise des Begriffes angestellt.[222] Dies wurde deshalb vorgenommen, da in der bis dato existierenden Literatur von Schlüsselereignissen im generellen Sinn gesprochen wurde. Je nach Medium, Journalismus, Genre, Land oder Kultur kann es jedoch zu einer unterschiedlichen Berichterstattung über Schlüsselereignisse kommen. Aus diesem Grund wurde eine

- medienspezifische Differenzierung
- journalismusspezifische Differenzierung
- genrespezifische Differenzierung
- länderspezifische Differenzierung
- kulturspezifische Differenzierung

vorgenommen. Dabei wurde festgestellt, dass in einigen dieser Differenzierungen das *Wie* im Vordergrund steht, also die Frage, auf welche Art und Weise über das Schlüsselereignis berichtet wird. Dies konnte in Bezug auf die medienspezifische, journalismusspezifische und kulturspezifische Sichtweise beobachtet werden. In anderen Differenzierungen – hier sei an die genre- und die länderspezifische Sichtweise gedacht – spielt vielmehr das *Ob* eine Rolle, also die generelle Frage, ob über das Schlüsselereignis überhaupt berichtet wird oder ob es nicht vielmehr selektiert wird.

Der zweite Punkt in Bezug auf eine Weiterentwicklung der Theorie der Schlüsselereignisse beinhaltete Überlegungen zur Schaffung von Schlüsselbegriffen, -bildern und -figuren. Auch diese Aspekte wurden in der bereits vorhandenen Literatur nicht berücksichtigt. Fest steht in diesem Zusammenhang jedoch, dass durch Schlüsselereignisse immer auch Begriffe, Bilder und Figuren Karriere machen bzw. machen können. Sie schaffen eine Art Zusammenfassung des Schlüsselereignisses und dienen dazu, das Ereignis zu strukturieren und vereinfacht – mit einem Bild, einem Begriff oder einer Figur – darzustellen.

Schließlich wurde auch über Veränderungen durch Schlüsselereignisse in der Medienberichterstattung nachgedacht – einen Themenbereich, der in der Literatur zwar bereits berücksichtigt wurde, allerdings in einem bis dato nicht befriedigenden Ausmaß. Hierzu sei erwähnt, dass der Begriff „Schlüsselereignis" oberflächlich betrachtet auf den ersten Blick dahin zu gehen scheint, dass dieses Ereignis eine langfristige Veränderung herbeiführt, sonst würde es dem Begriff „Schlüsselereignis" wohl kaum hinsichtlich seiner Außergewöhnlichkeit Rechnung tragen. Der bisherige Forschungsstand zeigte jedoch, dass man in Bezug auf Schlüsselereignisse vorrangig kurzfristige Veränderungen in der Medienberichterstattung beobachten kann, zum Beispiel eine kurzfristig erhöhte Aufmerksamkeit und vermehrte Berichterstattung zu dem jeweiligen Thema sowie die Suche nach Ereignissen, die dem Schlüsselereignis ähnlich sind. Die Autoren gehen in weiterer Folge davon aus, dass die Berichterstattung nach einer gewissen Zeit wieder in die üblichen Bahnen zurückkehrt, was einer langfristigen Veränderung eindeutig widerspricht. In den eigenen Überlegungen dieser Arbeit wurde eine mögliche langfristige Veränderung in der Medienberichterstattung durch Schlüsselereignisse jedoch nicht ausgeschlossen. Langfristige Veränderungen durch Schlüsselereignisse sind durchaus möglich, so die im theoretischen Teil dieser Arbeit aufgestellte These.

In diesem Zusammenhang wurde auch nochmals auf die Bedeutung von Schlüsselbegriffen und -figuren eingegangen. Auch Begriffe und Figuren können eine langfristige Wirkung in Bezug auf die Medienberichterstattung haben; sie bleiben mitunter über Jahre hinweg bestehen und helfen, das Ereignis mit einem Begriff oder einer Figur vereinfacht darzustellen. Auch die Einführung von solchen „Chiffren" hat einen langfristigen Charakter.

Neben der Aufarbeitung des aktuellen Forschungsstandes zur Theorie der Schlüsselereignisse und der Anreicherung der Theorie durch eigene Überlegungen wurde versucht, in bereits bestehenden Theorien und Forschungstraditionen zur Karriere von Themen brauchbare Elemente für die Theorie der Schlüsselereignisse zu finden und dadurch weitere Überlegungen in Richtung Weiterentwicklung der Theorie anzustellen. Folgende Ansätze der Nachrichtenselektion wurden analysiert:

* Die Nachrichtenwert-Theorie
* Die Gatekeeping-Theorie
* Die News-Bias-Forschung
* Der Agenda-Setting-Ansatz

Daneben wurden in zwei Exkursen die Rolle von Nachrichtenagenturen und die Bedeutung von Public Relations im Zusammenhang mit Schlüsselereignissen angesprochen.

Vor allem im Bereich der Nachrichtenwert-Theorie und des Gatekeeping-Ansatzes konnten brauchbare Elemente für die Theorie der Schlüsselereignisse gefunden werden. In Bezug auf die Nachrichtenwerttheorie wurde dabei die Frage aufgeworfen, ob ein Ereignis, das besonders viele Nachrichtenfaktoren abdeckt, eher die Chance hat zu einem Schlüsselereignis zu werden, oder ob bereits ein Nachrichtenfaktor ausreichen würde, damit ein Ereignis zu einem Schlüsselereignis wird, dieser müsse jedoch besonders ausgeprägt sein.

In Bezug auf die Gatekeeping-Theorie ging es darum zu klären, welche Rolle dem Journalisten als Gatekeeper in Bezug auf Schlüsselereignisse zukommt. Ausgangspunkt der Überlegungen war hier, dass seine Rolle eine zweischneidige sei. Er hätte auf den Selektionsprozess, also ob über das Schlüsselereignis berichtet wird, keinen Einfluss. Dazu sei das Schlüsselereignis zu außergewöhnlich, um selektiert zu werden. Lediglich in Bezug auf die Art und Weise wie über das Schlüsselereignis berichtet wird, darüber würde der Gatekeeper entscheiden.

2. Empirische Untersuchungen

Aus den theoretischen Überlegungen haben sich schließlich vier Themengebiete ergeben, die mithilfe unterschiedlichster Methoden empirisch untersucht wurden:

* Die Bedeutung von Schlüsselbegriffen, -bildern und -figuren im Zusammenhang mit Schlüsselereignissen
* Kurzfristige und langfristige journalistische Veränderungen durch Schlüsselereignisse
* Die Bedeutung von Nachrichtenfaktoren für Schlüsselereignisse
* Die Rolle des Journalisten als Gatekeeper im Zusammenhang mit Schlüsselereignissen

Aus diesen Themengebieten wurden fünf Forschungsfragen gebildet und in weiterer Folge sieben Hypothesen, welche die Grundlage der empirischen Untersuchung bildeten und mit folgenden Methoden der empirischen Sozialforschung untersucht wurden:

* Befragung
* Inhaltsanalyse
* Experteninterview

Der erste Schritt der Untersuchung bestand aus einer Befragung österreichischer Journalisten aus den unterschiedlichsten Medienbereichen zu den vier genannten Themengebieten. Im Vordergrund stand dabei die kritische Beurteilung der eigenen, journalistischen Arbeit im Zusammenhang mit Schlüsselereignissen. Rund 1.600 Fragebögen wurden per E-Mail verschickt und konnten von den Journalisten online und anonym beantwortet werden. 336 ausgefüllte Fragebögen konnten schließlich in die Untersuchung aufgenommen und analysiert werden.

Im zweiten Schritt der Untersuchung wurde eine Inhaltsanalyse durchgeführt. Analysiert wurde dabei vorrangig jenes Schlüsselereignis, das von den befragten Journalisten am häufigsten erwähnt wurde – die Terroranschläge des 11. September 2001 in den USA. Zu diesem Zweck wurden APA-Meldungen zu verschiedenen Themenbereichen des Schlüsselereignisses innerhalb des Zeitraumes 1997 bis 2005 untersucht. Hier stand im Vordergrund, die Ergebnisse aus der Befragung inhaltsanalytisch zu überprüfen.

In einem dritten Schritt wurden mit Autoren, die sich bereits mit der Theorie der Schlüsselereignisse beschäftigt hatten, ausführliche Experteninterviews durchgeführt. Als Interviewpartner stellten sich Hans Mathias Kepplinger und Patrick Rössler zur Verfügung. In den Gesprächen stand vor allem die Diskussion der Ergebnisse aus der Journalistenbefragung und der Inhaltsanalyse im Vordergrund. Ziel war es, eventuelle Divergenzen zwischen Befragung und Inhaltsanalyse genauer zu beleuchten und schließlich die Überlegungen zur Weiterentwicklung der Theorie zu stärken bzw. zu schwächen.

Aufgrund der drei Untersuchungen wurden schließlich die Überprüfung der Hypothesen und die Beantwortung der Forschungsfragen möglich. Dabei hat sich der Methodenmix aus Befragung, Inhaltsanalyse und Experteninterview als besonders wertvoll erwiesen.

3. Resümee

Die in diesem Buch anfangs erwähnte Definition „Bei einem Schlüsselereignis handelt es sich um ein spektakuläres Ereignis, das die Aufmerksamkeit der Medien in besonderem Maß auf sich zieht, es muss dazu etwas Einzigartiges haben, sei es, dass es einen neuen Sachverhalt beinhaltet oder eine besonders große Tragweite besitzt" hat sich im Laufe der Arbeit als sehr brauchbar erwiesen und beschreibt sehr gut das Wesen von Schlüsselereignissen – nämlich die Außergewöhnlichkeit, die diese Ereignisse kennzeichnet.

Interessant ist hierbei allerdings – und das soll an dieser Stelle abschließend angesprochen werden –, dass Schlüsselereignis nicht gleich Schlüsselereignis ist. Dies hat sich auch bei den Forschungen zu dieser Arbeit herauskristallisiert. Es gibt Ereignisse, die zwar sehr wohl als spektakulär und sensationell einzustufen sind und somit der oben angeführten Definition voll und ganz Rechnung tragen. Dennoch schaffen sie es oft nur kurzfristig, auf der Agenda der Medien zu bleiben. Andererseits gibt es Schlüsselereignisse, die oder deren Folgethemen auch Jahre später – und dies nicht nur an Jahrestagen, an denen die Medien gerne auf das jeweilige Ereignis zurückblicken – in der Berichterstattung präsent sind. Nicht jedes Schlüsselereignis weist diese Eigenschaft auf, meiner Meinung nach kommt der Begriff Schlüsselereignis jedoch nur in seiner ganzen Bedeutung zum Tragen, wenn genau dies der Fall ist. Daher ist es meines Erachtens wichtig, zwischen verschiedenen Kategorien von Schlüsselereignissen zu unterscheiden – beispielsweise zwischen echten und scheinbaren Schlüsselereignissen.

Ein echtes Schlüsselereignis ist meiner Meinung nach nicht ein Ereignis, das lediglich wenige Wochen oder Monate eine Schlagzeile wert ist und worüber nach einer anfänglichen Flut von Berichten innerhalb kürzester Zeit nicht mehr berichtet wird – es sei denn, wie eben schon angesprochen, zu den so genannten Jahrestagen, die in den Medien Anlass zu einem ausführlichen Rückblick auf gewisse außergewöhnliche Ereignisse geben. Ein echtes Schlüsselereignis ist vielmehr ein Ereignis, das nicht nur durch seine Außergewöhnlichkeit oder seine große Tragweite besticht, sondern auch das Potenzial hat, die Medienberichterstattung langfristig zu verändern, neue Themen zu schaffen, neue Sichtweisen zu kreieren, bestehende Sichtweisen zu ändern und nachhaltig für (mediale) Diskussion zu sorgen. Nicht jedes Ereignis, das als Schlüsselereignis bezeichnet wird, kann dies jedoch. Hierbei würde es sich dann vielmehr um ein scheinbares Schlüsselereignis handeln, also um ein besonders außergewöhnliches Ereignis, das aber keinerlei Nachhaltigkeit mit sich bringt.

Aus diesem Grund sollte mit dem Begriff „Schlüsselereignis" vorsichtig operiert werden und nicht jedes Ereignis, das als außergewöhnlich eingestuft werden kann, als Schlüsselereignis bezeichnet werden. Ob ein Ereignis nachhaltige Veränderungen mit sich bringt, neue Themen schafft und auf der medialen Agenda bleibt, lässt sich schließlich oft erst nach Jahren erkennen, und zwar dann, wenn man den weiteren, langfristigen Verlauf des Ereignisses und die daraus entstandenen Themen beobachtet und analysiert. Die Terrorakte des 11. September 2001 sind hier wohl ein sehr gutes Beispiel dafür, wie ein echtes Schlüsselereignis aussieht. Es verändert, dreht Sichtweisen um, schafft Themen – und dies alles mit Nachhaltigkeit. Es handelt sich somit um ein Ereignis, das nicht nur die generellen Züge – spektakulär, neuer Sachverhalt, große Tragweite – beinhaltet, sondern auch durch langfristige (mediale) Veränderung gekennzeichnet ist.

Dass bei der Berichterstattung zu Schlüsselereignissen viele Aspekte zum Tragen kommen, konnte in dieser Arbeit sehr gut aufgezeigt werden. Der Journalist spielt dabei eine große Rolle; er hat großen Einfluss darauf, in welche Richtung die Berichterstattung geht – vor allem am Anfang, in der so genannten Orientierungsphase, also in der Phase, in der nach Bezugsrahmen für das Schlüsselereignis gesucht wird.

Gleiches gilt für die Nachrichtenfaktoren. Auch sie spielen eine sehr große Rolle im Zusammenhang mit Schlüsselereignissen. Dass auch bei Schlüsselereignissen davon ausgegangen wird, dass viele Nachrichtenfaktoren zutreffen, steht hier nicht so sehr im Vordergrund. Vielmehr geht es darum, dass bestimmte Faktoren im Zusammenhang mit Schlüsselereignissen in besonderem Maße, also besonders ausgeprägt vorhanden sind. Und hier kann oft schon ein einziger Faktor ausreichend sein, damit ein Ereignis zu einem Schlüsselereignis wird – insofern er eine besondere Ausprägung aufweist.

Letztlich dürfen auch Begriffe, Bilder und Figuren im Rahmen der Diskussion um bedeutende Faktoren im Zusammenhang mit Schlüsselereignissen nicht fehlen. Sie sind es, die das Schlüsselereignis letztendlich greifbar machen. Sie helfen, diese außergewöhnlichen Ereignisse leichter zu verstehen und vereinfacht darzustellen. Im Rahmen dieser Arbeit konnte deutlich gemacht werden, dass Schlüsselereignisse immer auch Begriffe, Bilder und Figuren brauchen, die auf der einen Seite den Medien helfen, Sachverhalte zu erklären und auf der anderen Seite den Medien und Rezipienten helfen, Sachverhalte zu verstehen. Schließlich können sie sogar zu einem Synonym für das ganze Ereignis werden.

Sich mit einer Theorie dahingehend zu beschäftigen, neue Ansätze zu finden, ist ein schwieriger Prozess. Dennoch konnte in Bezug auf die Theorie der Schlüsselereignisse eine Reihe von Elementen und Denkansätzen gefunden werden, die über die bisherigen theoretischen Überlegungen hinausgehen und diese anreichern. Ich hoffe, mit dieser Arbeit einen Beitrag für künftige Forschungen in diese Richtung geleistet zu haben und würde mich freuen, wenn meine Überlegungen den Anstoß für weitere Arbeiten auf dem Gebiet der Theorie der Schlüsselereignisse geben.

Anmerkungen

[1] Leitner, Wolfgang 2000, URL: Kapitel Theorie der Schlüsselereignisse
[2] Leitner, Wolfgang 2000, URL: Kapitel Theorie der Schlüsselereignisse
[3] Leitner, Wolfgang 2001, URL: Kapitel Theorie der Schlüsselereignisse
[4] Brosius, Hans-Bernd/Eps, Peter 1993, S. S.512 ff.
[5] Brosius, Hans-Bernd/Eps, Peter 1993, S. 512
[6] Brosius, Hans-Bernd/Eps, Peter 1993, S. 513
[7] Brosius, Hans-Bernd/Eps, Peter 1993, S. 513 (Brosius verweist hier auf Kepplinger, Hans Mathias 1989, S. 147, Künstliche Horizonte: Folgen, Darstellung und Akzeptanz von Technik in der Bundesrepublik. Frankfurt a. M.: Campus)
[8] Brosius, Hans-Bernd/Eps, Peter 1993, S. 513
[9] Brosius, Hans-Bernd/Eps, Peter 1993, S. 514
[10] Brosius, Hans-Bernd/Eps, Peter 1993, S. 514
[11] Kepplinger, Hans Mathias/Habermaier Johanna 1995, S. 388
[12] Brosius, Hans-Bernd/Eps, Peter 1993, S. 514
[13] Kepplinger, Hans Mathias 1998, S. 29
[14] Kepplinger, Hans Mathias 1998, S. 30
[15] Leitner, Wolfgang 2000, URL: Einleitungskapitel
[16] Kepplinger, Hans Mathias/ Habermeier, Johanna 1996, S. 262 ff.
[17] Leitner, Wolfgang 2000, URL: Kapitel Meinungsbildungsprozesse
[18] Rössler, Patrick 1998, S. 8
[19] Ohne Autor 2005, URL: Intermedia-Agenda-Setting
[20] Rössler, Patrick 1998, S. 8
[21] Eps, Peter/Hartung, Uwe/ Dahlem, Stefan 1996, S. 204 ff.
[22] Eps, Peter/Hartung, Uwe/ Dahlem, Stefan 1996, S. 204 ff.
[23] Rössler, Patrick 1998, S. 7 ff
[24] Wikipedia 2005, URL: Journalismus
[25] Schult, Gerhard/Buchholz, Axel (Hg.) 1982, S. 11
[26] Wikipedia 2005, URL: Journalismus
[27] Wikipedia 2005, URL: Journalismus
[28] Wikipedia 2005, URL: Journalismus
[29] Wikipedia 2005, URL: Boulevardjournalismus
[30] Thurnher, Armin 1992, S. 11
[31] Fabris, Hans Heinz 2001, S. 60
[32] Fabris, Hans Heinz 2001, S. 43
[33] Fabris, Hans Heinz 2001, S. 61, (zit. Nach Splichal, Slavko/Sparks, Colin (1994): Jornalists for the 21st Century: Norwood)
[34] Fabris, Hans Heinz 2001, S. 37 ff.
[35] Neissl, Julia 2001, S. 267 ff.
[36] Neissl, Julia 2001, S. 272
[37] Meier, Klaus 2002, S. 330
[38] Rössler, Patrick 1998, S. 7
[39] Zabbal, Francois 2003, URL: Das Spiel der Opfer

[40] Interview mit Ibrahim Helal, Chefredakteur TV-Sender Al Dschasira, In: message 3/2002, S. 38 ff.

[41] Ohne Autor 2005, URL: Saudiarabien

[42] Verlag Karl Müller 2002

[43] Zabbal, Francois 2003, URL: Das Spiel der Opfer

[44] Ohne Autor 2005, URL: Al Dschasira

[45] Gesellschaft für deutsche Sprache 2001, S. 16 ff.

[46] Galtung, Johan/Ruge, Mari Holmboe 1965, S. 68

[47] Anmerkung: Die Aids-Erkrankung von Rock Hudson kann als Schlüsselereignis für die darauffolgende Wahrnehmung der Immunschwächekrankheit gesehen werden. Rock Hudson wurde somit zu einer Schlüsselfigur.

[48] Kepplinger, Hans Mathias 1998, S. 30

[49] Thurnher, Armin 2005, S. 58

[50] Thurnher, Armin 2005, S. 58

[51] Lippmann, Walter 1990, S. 240

[52] Lippmann, Walter 1990, S. 230

[53] Lippmann, Walter 1990, S. 239

[54] Lippmann, Walter 1990, S. 232

[55] Lippmann, Walter 1990, S. 237

[56] Östgaard, Einar 1965, S. 40 ff.

[57] Östgaard, Einar 1965 S. 45 ff, vgl. auch Staab, Joachim Friedrich 1990, S. 56 ff

[58] Östgaard, Einar 1965, S. 51

[59] Östgaard, Einar 1965, S. 51, vgl. auch Staab, Joachim Friedrich 1990, S. 58

[60] Staab, Joachim Friedrich 1990, S. 58 ff.

[61] Galtung, Johan/ Ruge, Mari Holmboe 1965, S. 65 ff., vgl. auch Staab, J.F. 1990, S. 59 ff

[62] Galtung, Johan/ Ruge, Mari Holmboe 1965, S. 71 ff, vgl. auch Staab, J.F. 1990, S. 62 ff

[63] Galtung, Johan/ Ruge, Mari Holmboe 1965, S. 75 ff, vgl. auch Staab, J.F. 1990, S. 63

[64] Schulz, Winfried 1990, S. 20

[65] Staab, Joachim Friedrich 1990, S. 64

[66] Staab, Joachim Friedrich 1990, S. 75 ff., dieser verweist auf K. E. Rosengren: International News: Intra und Extra Media Data. In: Acta Sociologica 13 (1970), S. 96-109

[67] Schulz, Winfried 1990, S. 25

[68] Schulz, Winfried 1990, S. 30

[69] Schulz, Winfried 1990, S. 31 ff.

[70] Staab, Joachim Friedrich 1990, S. 83 ff.

[71] Schulz, Winfried 1990, S. 65 ff.

[72] Schulz, Winfried 1990, S. 77 ff.

[73] Staab, Joachim Friedrich 1990, S. 84

[74] Schulz, Winfried 1990, S. 95 ff., vgl. auch Staab, Joachim Friedrich 1990, S. 84

[75] Schulz, Winfried 1990, S. 99

[76] Schulz, Winfried 1990, S. 106

[77] Schulz, Winfried: Nachrichtenstruktur und politische Informiertheit, a.a.O. Codebuch, S. 17 ff.

[78] Kepplinger, Hans Mathias 1998, S. 19

[79] Kepplinger, Hans Mathias 1998, S. 22

[80] Wilke, Jürgen/Rosenberger, Bernhard 1991, S. 120

[81] Wilke, Jürgen/Rosenberger, Bernhard 1991, S. 120

[82] Wilke, Jürgen/Rosenberger, Bernhard 1991, S. 121

[83] Wilke, Jürgen/Rosenberger, Bernhard 1991, S. 119

[84] Wilke, Jürgen/Rosenberger, Bernhard 1991, S. 120

[85] Kepplinger, Hans Mathias 1998, S. 26

[86] Kepplinger, Hans Mathias 1998, S. 31

[87] Kepplinger, Hans Mathias 1998, S. 23

[88] Staab, Joachim Friedrich 1990, S. 96
[89] Staab, Joachim Friedrich 1990, S. 120
[90] Staab, Hans Joachim 1991, S. 122
[91] Staab, Hans Joachim 1991, S. 215
[92] Staab, Hans Joachim 1991, S. 215
[93] Leitner , Wolfgang 2000, URL: Kapitel Theorie der Schlüsselereignisse
[94] Kepplinger, Hans Mathias/Habermeier, Johanna 1996, S. 263
[95] Leitner, Wolfgang 2000, URL: Einleitungskapitel
[96] Brosius, Hans-Bernd/Eps, Peter 1993, S. 512 ff.
[97] Vetter, Phillipp 2003. S. 3 ff.
[98] Wilke, Jürgen 1995, S. 59 ff.
[99] Kepplinger, Hans Mathias/Weißbecker, Helga 1991, S. 331
[100] Kepplinger, Hans Mathias/Weißbecker, Helga 1991, S. 340
[101] Bonfadelli, Heinz 2001, S. 385
[102] Shoemaker, Pamela 1991, S. 1
[103] Joch Robinson, Gertrude 1973, S. 344
[104] Staab, Joachim Friedrich 1990, S. 12
[105] White, David Manning 1950, S. 384 ff., vgl. auch Staab, Joachim Friedrich 1990 S. 12 ff.
[106] White, David Manning 1950, S. 384 ff., vgl. auch Staab, Joachim Friedrich 1990, S. 13
[107] Joch Robinson, Gertrude 1979, S. 344 ff.
[108] Joch Robinson, Gertrude 1979, S. 345
[109] Joch Robinson, Gertrude 1979, S. 346
[110] Joch Robinson, Gertrude 1979, S. 346
[111] Gieber, Walter 1956, S. 423-432
[112] Joch Robinson, Gertrude 1979, S. 347
[113] Joch Robinson, Gertrude 1979, S. 348
[114] Joch Robinson, Gertrude 1979, S. 348, (Robinson verweist auf Guido Stempel III.: How Newspapers Use the Associated Press Afternoon A-Wire. In: Journalism Quarterly 41 (1964), S. 380-384)
[115] Joch Robinson, Gertrude 1979, S. 349
[116] Joch Robinson, Gertrude 1979, S. 350
[117] Wyss, Vinzenz 2001, S. 265
[118] Joch Robinson, Gertrude 1979, S. 350
[119] Joch Robinson, Gertrude 1979, S. 350
[120] Shoemaker, Pamela 1991, S. 70 ff.
[121] Shoemaker, Pamela 1991, S. 71
[122] Shoemaker, Pamela 1991, S. 73
[123] Shoemaker, Pamela 1991, S. 74
[124] Shoemaker, Pamela 1991, S. 75
[125] Joch Robinson, Gertrude 1979, S. 354 ff.
[126] Noelle-Neumann, Elisabeth 2002, S. 106 ff.
[127] Shoemaker, Pamela 1991, S. 75
[128] Staab, Joachim Friedrich 1990, S. 32
[129] Staab, Joachim Friedrich 1990, S. 27 (dieser verweist hierbei auf C. R. Hofstetter und T. F. Buss: Bias in Television News Coverage of Political Events: A Methodological Analysis. In. Journal of Broadcasting 22 (1978). S. 517-530 – J. Westerstahl: a. a. O. – R. A. Hackett: a. a. O)
[130] Staab, Joachim Friedrich 1990, S. 102-103 (Staab verweist hier auf M. Fishman: Manufacturing the News. Austin/London 1980)
[131] Kepplinger, Hans Mathias 1989, S. 7
[132] Staab, Joachim Friedrich 1990, S. 27 ff. sowie Carter, Roy E. 1959, S. 284 ff.
[133] Staab, Joachim Friedrich 1990, S. 28
[134] Staab, Joachim Friedrich 1990, S. 28

[135] Klein, Malcolm/MacCoby, Nathan 1954, S. 285 ff., vgl. auch Staab, J. F. 1990, S. 32 ff.
[136] Staab, Joachim Friedrich 1990, S. 33
[137] Klein, Malcolm/MacCoby, Nathan 1954, S. 295
[138] Staab, Joachim Friedrich 1990, S. 33
[139] Kerrick, Jean S./Anderson, Thomas E./ Swales, Luita B. 1964, S. 208
[140] Staab, Joachim Friedrich 1990, S. 31
[141] Kerrick, Jean S./Anderson, T. E./ Swales, Luita B. 1964, S. 25, vgl. auch Staab, J. F. 1990, S. 20
[142] Kerrick, Jean S./Anderson, T. E./ Swales, Luita B. 1964, S. 25, vgl. auch Staab, J. F. 1990, S. 20
[143] Staab, Joachim Friedrich 1990, S. 35
[144] Staab, Joachim Friedrich 1990, S. 36 (Staab verweist hier auf Noelle-Neumann und Kepplinger: Journalistenmeinungen, Medieninhalte und Medienwirkungen. Eine empirische Untersuchung zum Einfluss der Journalisten auf die Wahrnehmung sozialer Probleme durch Arbeiter und Elite. In: G. Steindl (Hg.): Publizistik als Profession. Festschrift für Johannes Binkowski aus Anlass der Vollendung seines 70. Lebensjahres. Düsseldorf 1987, S. 41-48)
[145] Gegenstand waren die Verhandlungen zur Ostpolitik
[146] Schönbach, Klaus 1977, S. 33 ff.
[147] Schönbach, Klaus 1977, S. 49
[148] Schönbach, Klaus 1977, S. 50, vgl. auch Staab, Joachim Friedrich 1990, S. 36 ff.
[149] Schönbach, Klaus 1977, S. 64
[150] Staab, Joachim Friedrich 1990, S.37
[151] Schulz, Winfried 1989, S. 135 ff.
[152] Eichhorn, Wolfgang 1996, S. 9
[153] Dearing, James W./Rogers, Everett M. 1996, S. 1 ff.
[154] Rössler, Patrick 1997, S. 16 ff.
[155] Maletzke, Gerhard 1983, S. 118
[156] Rössler, Patrick 1997, S. 23
[157] Eichhorn, Wolfgang 1996, S. 9
[158] McCombs, Maxwell E./Shaw, Donald L. 1972, S. 176
[159] Brosius, Hans-Bernd 1994, S. 269
[160] McCombs, Maxwell E./Shaw, Donald L. 1972, S. 177 ff.
[161] Ehlers, Renate 1983, S. 167
[162] Brosius, Hans-Bernd 1994, S. 273
[163] Dearing, James W./Rogers, Everett M. 1996, S.5 ff. , vgl. auch Rössler, Patrick 1997, S. 31 ff.
[164] Rössler, Patrick 1997, S. 31
[165] Ehlers, Renate 1983, S. 169, vgl. auch Rössler, Patrick 1997, S. 93 ff.
[166] Rössler, Patrick 1997, S. 94
[167] Rössler, Patrick 1997, S. 94 ff.
[168] Rössler, Patrick 1997, S. 95
[169] Brosius, Hans-Bernd 1994, S. 273
[170] Eichhorn, Wolfgang 1996, S. 49
[171] Ehlers, Renate 1983, S. 180
[172] Rössler, Patrick 1997, S. 149
[173] Ohne Autor 2005, URL: Intermedia Agenda-Setting
[174] Ehlers, Renate 1983, S. 177
[175] Rössler, Patrick 1997, S. 159
[176] Rössler, Patrick 1997, S. 155
[177] Schenk, Michael 1987, S. 198
[178] Rössler, Patrick 1997, S. 176 ff.
[179] Ehlers, Renate 1983, S. 178
[180] Ehlers, Renate 1983, S. 178
[181] Rössler, Patrick 1997, S. 190
[182] Rössler, Patrick 1997, S. 166

[183] Ehlers, Renate 1983, S. 179
[184] Rössler, Patrick 1997, S. 202
[185] Ehlers, Renate 1983, S. 168
[186] Brosius, Hans-Bernd 1994, S. 276 ff.
[187] Brosius, Hans-Bernd 1994, S. 277
[188] Eichhorn, Wolfgang 1996, S. 62
[189] Brosius, Hans-Bernd 1994, S. 278 ff.
[190] Ehlers, Renate 1983, S. 182
[191] Fuchs, Constanze 2003, S. 3 ff.
[192] Wilke, Jürgen/Rosenberger, Bernhard 1991, S. 12
[193] Mast, Claudia 2000, S. 194 ff.
[194] Fuchs, Constanze 2003, S. 17ff.
[195] Güde, Marei 2000, S. 164
[196] Struk, Thomas 2000, S. 179
[197] Lippmann, Walter 1990, S. 234 ff.
[198] Lippmann, Walter 1990, S. 235
[199] Denk, Herbert 2004, URL: Wir müssen mehr an unsere ethischen Grundsätze denken
[200] Schweda, Claudia/Opherden, Rainer 1995, S. 45
[201] Denk, Herbert 2004, URL: Wir müssen mehr an unsere ethischen Grundsätze denken
[202] Baerns, Barbara 1979, S. 303
[203] Fröhlich, Romy 1992, S. 40
[204] Baerns, Barbara 1987, S. 152
[205] Fröhlich, Romy 1992, S. 38
[206] Barth, Henrike/Donsbach, Wolfgang 1992, S. 151
[207] Schweda, Claudia/Opherden, Rainer 1995, S. 9
[208] Schweda, Claudia/Opherden, Rainer 1995, S. 11
[209] Rinck, Annette 2001, S. 247
[210] Kempf, Wilhelm 1994, S. 4 ff.
[211] Der Fragebogen wurde per E-Mail versandt, in Form eines Links zum Online-Fragebogen: http://www.schluesselereignis.at.tt/
[212] Die Prozentzahlen spiegeln die Anzahl jener Journalisten wider, die dieses Schlüsselereignis erwähnt haben. Bei den Ressorts, die kursiv hervorgehoben wurden, gab es die häufigsten Zuordnungen des jeweiligen Schlüsselereignisses.
[213] Hier soll bemerkt werden, dass eine Zuordnung, ob ein Ereignis negativ oder positiv ist, unterschiedlich aufgefasst werden kann. Auch wenn die überwiegende Mehrheit die Terrorakte des 11. 9. 2001 als negatives Schlüsselereignis werten wird, so wird es dennoch Bevölkerungsteile geben, welche die Anschläge positiv werten. Bei der Bewertung, ob ein Ereignis negativ, positiv oder neutral eingestuft werden kann, wird nach demokratischen Standards vorgegangen.
[214] Ohne Autor 2005, URL: Dr. Wolfgang Vyslozil
[215] Ohne Autor 2005, URL: Die APA und ihre Gesellschafter
[216] Ohne Autor 2005, URL: Über APA
[217] Da es unterschiedliche Schreibweisen des Senders gibt, beispielsweise Al Dschasira oder Al Jazeera, wurden beide Schreibweisen berücksichtigt.
[218] Da es unterschiedliche Schreibweisen der Terrororganisation gibt, beispielsweise Al Qaida, El Qaida, Al Kaida oder El Kaida, wurden die unterschiedlichen Schreibweisen berücksichtigt.
[219] Amerikanische Schreibweise für den 11. September
[220] Der 11. September wurde 2001 von der Gesellschaft für dt. Sprache zum Wort des Jahres erklärt.
[221] Am 28. März 1979 kam es in Harrisburg/Pennsylvania zu einer Kernschmelze. Druckwasserreaktoren gerieten durch menschliches und technisches Versagen außer Kontrolle.

Literaturverzeichnis

Baerns, Barbara (1987): Macht der Öffentlichkeitsarbeit und Macht der Medien. In: Sarcinelli, Ulrich (Hg.): Politikvermittlung, Stuttgart: Verlag Bonn Aktuell, S. 147-160

Barth, Henrike/Donsbach, Wolfgang (1992): Aktivität und Passivität von Journalisten gegenüber Public Relations. Fallstudie am Beispiel von Pressekonferenzen zu Umweltthemen. In: Publizistik 37/1992, S. 151-165

Beham, Mira (1996): Kriegstrommeln. Medien, Krieg und Politik. München. Deutscher Taschenbuch Verlag GmbH, S. 150-177

Bonfadelli, Heinz (2001): In: Jarren, Otfried/ Bonfadelli, Heinz (2001) (Hg.): Einführung in die Publizistikwissenschaft. Bern, Wien: Haupt

Brosius, Hans-Bernd (1994): Agenda-Setting nach einem Vierteljahrhundert Forschung: Methodischer und theoretischer Stillstand? In: Publizistik 39/1994, S. 269-285

Brosius, Hans-Bernd/ Eps, Peter (1993): Verändern Schlüsselereignisse journalistische Selektionskriterien? Framing am Beispiel der Berichterstattung über Anschläge gegen Ausländer und Asylanten. In: Rundfunk und Fernsehen 41/1993, S. 512-530

Carter, Roy E. (1959): Racial Identification Effects Upon the News Story Writer. In: Journalism Quaterly 36/1959, S. 284-290

Dearing, James W./Rogers, Everett M. (1996): Agenda-Setting. Thousand Oaks/London/New Dehli: Sage Publications

Denk, Herbert (2004): „Wir müssen mehr an unsere ethischen Grundsätze denken" – Michael Kerbler über das Verhältnis von PR. URL: http://news-prva.at/index.php/weblog/more/, abgerufen am 9. Mai 2005

Ehlers, Renate (1983): Themenstrukturierung durch Massenmedien. Zum Stand der empirischen Agenda-Setting-Forschung. In: Publizistik 28/1983, S. 167-186

Eichhorn, Wolfgang (1996): Agenda-Setting-Prozesse. Eine theoretische Analyse individueller und gesellschaftlicher Themenstrukturierung. München: Verlag Reinhard Fischer

Eps, Peter/Hartung, Uwe/Dahlem, Stefan (1996): Enthüllungsbeiträge und ihre publizistischen Folgen. Journalistische Konsensbildung im Fall Werner Höfer. In: Publizistik 41/ 1996, S. 203-223

Fabris, Hans Heinz (2001): Die Wiederentdeckung journalistischer Qualität. In: Fabris, Hans Heinz/Rest, Franz (Hg.): Qualität als Gewinn. Salzburger Beiträge zur Qualitätsforschung im Journalismus. Innsbruck/Wien/München/Bozen: StudienVerlag

Fabris, Hans Heinz (2001): Hoher Standard. Qualitätssicherung in Medienunternehmungen und im Mediensystem. In: Fabris, Hans Heinz/Rest, Franz (Hg.): Qualität als Gewinn. Sbger. Beiträge z. Qualitätsforschung im Journalismus. Innsbruck/Wien/München/Bozen: StudienVerlag

Flegel, Ruth C./Chaffee, Steven H (1971): Influence of Editors, Readers, and Personal Opinions on Reporters. In: Journalism Quaterly 48/1971, S. 645-651

Fröhlich, Romy (1992). Qualitativer Einfluss von Pressearbeit auf die Berichterstattung: Die „geheime Verführung" der Presse? In: Publizistik 37/1992, S. 37-49

Fuchs, Constanze (2003): Die Quellen der Zeitungsartikel. Journalismus aus zweiter Hand? Ein Vergleich der Süddeutschen Zeitung und des Münchner Merkus. Seminararbeit am Institut für Kommunikationswissenschaft an der Ludwig-Maximilians-Universität München

Galtung, Johan/ Ruge, Mari Holmboe (1965): The structure of foreign news. In: Journal of Peace Research 2/1965, S. 74-91

Gesellschaft der deutschen Sprache (Hg.) (2001): Wörter, die Geschichte machten. Schlüsselbegriffe des 20. Jahrhunderts. Gütersloh/München: Bertelsmann Lexikon Verlag GmbH

Gieber, Walter (1956): Across the Desk. A Study of 16 Telegraph Editors. In: Journalism Quaterly 33/1956, S. 423-432

Güde, Marei (2000): Nutzung und Bewertung von Nachrichtenagenturen durch ihre Kunden. Eine Befragung deutscher Tageszeitungsredaktionen. In: Wilke, Jürgen (Hg.) (2000): Von der Agentur zur Redaktion. Wie Nachrichten gemacht, bewertet und verwendet werden. Köln/Weimar/Wien: Böhlau Verlag, S. 123-177

Haller Michael (2002): Interview mit Ibrahim Helal, Chefredakteur des arabischen Senders Al Dschasira: „Zeig auch die Gegenseite!" Islamische Normen und Pressefreiheit – geht das zusammen? In: message 3/2002, S. 38-42

Joch Robinson, Gertrude (1973): 25 Jahre "Gatekeeper"-Forschung: Eine kritische Rückschau und Bewertung. In: Aufermann, Jörg/ Bohrmann Hans/ Sülzer Rolf (Hg.): Gesellschaftliche Kommunikation und Information. Forschungsrichtungen und Problemstellungen. Ein Arbeitsbuch zur Massenkommunikation I. Frankfurt am Main: Athenäum Fischer Taschenbuch Verlag, S. 344-355

Kempf, Wilhelm (Hg.) (1994): Manipulierte Wirklichkeiten. Medienpsychologische Untersuchungen der bundesdeutschen Presseberichterstattung im Golfkrieg. Münster/Hamburg: Lit.-Verlag

Kepplinger, Hans Mathias (1989): Theorien der Nachrichtenauswahl als Theorien der Realität. In: Aus Politik u. Zeitgeschichte. Beilage zur Wochenzeitung Das Parlament. (7. April 1989), S. 3-16

Kepplinger, Hans Mathias/ Habermeier, Johanna (1995): The Impact of Key Events on the Presentation of Reality. In: European Journal of Communication, 10, 3. S. 371-390

Kepplinger, Hans Mathias (1996): „Mediokratie – Rahmenbedingungen von Wirtschaft und Politik in der Mediengesellschaft". Im Rahmen der Schwalbacher Gespräche. URL: www.procterundgamble.de/unternehmen/swa-gespräche/downloads/kepplinger-manuskript.doc, abgerufen am 27. Mai 2005

Kepplinger, Hans Mathias (1998): Der Nachrichtenwert der Nachrichtenfaktoren. In: Holtz-Bacha, Christina/Scherer, Helmut/Waldmann, Norbert (Hg.): Wie die Medien die Welt erschaffen und wie die Menschen darin leben. Opladen: Westdeutscher Verlag, S. 19-38

Kepplinger, Hans Mathias/ Habermeier, Johanna (1996): Ereignis-Serien. Was kann man nach spektakulären Vorfällen über die Wirklichkeit wissen? In: Mast, Claudia (Hg.): Markt-Macht-Medien. Publizistik im Spannungsfeld zwischen gesellschaftlicher Verantwortung und ökonomischen Zielen. Schriftenreihe der deutschen Gesellschaft für Publizistik- und Kommunikationswissenschaft. Konstanz: UVK Medien, S. 261-271

Kepplinger, Hans Mathias/ Weißbecker, Helga (1991): Negativität als Nachrichtenideologie. In: Publizistik 36 /1991, S. 330-342

Kerrick, Jean S./Anderson, Thomas E/ Swales, Luita B. (1964): Balance and the Writer's Attitude in News Stories and Editorials. In: Journalism Quarterly 41/1964, S. 207-215

Klein, Malcolm W/MacCoby Nathan (1954): Newspaper Objectivity in the 1952 Campagin. In: Journalism Quarterly 31/1954, S. 285-296

Knoche, Manfred (1999): Symbiotisch-strategische Realitätskonstruktion. Der erstmalige Einzug der GRÜNEN in den Deutschen Bundestag 1983 als zeitgeschichtliches Schlüsselereignis für Politik und Medien. In: Wilke, Jürgen (Hg.): Massenmedien und Zeitgeschichte. Schriftenreihe der deutschen Gesellschaft für Publizistik- und Kommunikationswissenschaft. Konstanz: UVK Medien, S. 427-441

Leitner, Wolfgang (2000): Berichterstattung über die S-Bahn in der Münchner Tagespresse. Eine inhaltsanalytische Untersuchung zur Theorie der Schlüsselereignisse am Beispiel eines lokalpolitischen Themas. Magisterarbeit, Ludwig-Maximilians-Universität München, URL: http://mitglied.lycos.de/InhaltsanalyseBahn.html, abgerufen am 23. Mai 2005

Lippmann, Walter (1990): Die Öffentliche Meinung: Reprint des Publizistik-Klassikers. Bochum: Universitätsverlag Brockmeyer

Maletzke, Gerhard (1983): Kommunikationsforschung zu Beginn der achtziger Jahre. In: Media Perspektiven 2/1983, S. 114-129

Mast, Claudia (Hg.) (2000): ABC des Journalismus. Ein Leitfaden für die Redaktionsarbeit. Konstanz: UVK Medien

188

McCombs, Maxwell/Shaw, Donald (1972): The Agenda-Setting Function of the Mass Media. In Public Opinion Quaterly 36/1972, S. 176-187

Meier, Klaus (2002): Ressort, Sparte, Team. Wahrnehmungsstrukturen und Redaktionsorganisation m Zeitungsjournalismus. Dissertation: Konstanz

Münkler, Herfried (2003): Terrorismus als Kommunikationsstrategie. Die Botschaft des 11. September, URL: http://www.dgap.org/IP/ip0112/muenkler.html, abgerufen am 22. Jänner 2003

Noelle-Neumann, Elisabeth (2002): Der Journalist. In: Noelle-Neumann, Elisabeth/Schulz, Winfried/ Wilke, Jürgen (Hg.): Publizistik, Massenkommunikation. Frankfurt am Main: Fischer Taschenbuch Verlag, 2002; S. 100.125

Ohne Autor (2005): Ohne Titel. URL: http://caroon.iguw.tuwien. ac.at:16080/igw/lehre/desan/2/, abgerufen am 8. April 2005

Ohne Autor (2005): Saudi-Arabien, URL: www.nahostfocus.de, abgerufen am 7. November 2005

Ohne Autor (2005): Dr. Wolfgang Vyslozil, URL: http://www.wiwi.uni.muenster.de/-06/igt/en/programm_referenten_vyslozil.htm, abgerufen am 21. Dezember 2005

Ohne Autor (2005): Die APA und ihre Gesellschafter, URL: http://www.apa-it.at/cms/apa-it/news_einzel.htm?docid=CMS1104744538266, abgerufen am 22. Dezember 2005

Ohne Autor (2005): Über APA, URL: http://www.dpa-afx.de/presse.phtml?id=030505, abgerufen am 22. Dezember 2005

Ohne Autor (2005): Intermedia-Agenda-Setting. URL: http://library.fes.de/fulltext/asfo/00981004.htm, abgerufen am 1. Februar 2005

Östgaard, Einar (1965): Factors Influencing the Flow of News. In: Journal of Peace Research 2/1965, S. 39-63

Rinck, Anette (2001): Interdependenzen zwischen PR und Journalismus. Eine empirische Untersuchung der PR-Wirkungen am Beispiel einer dialogorientierten PR-Strategie von BMW. Wiesbaden: Westdeutscher Verlag GmbH

Rössler, Patrick (1997): Agenda-Setting. Theoretische Annahmen und empirische Evidenzen einer Medienwirkungshypothese. Opladen: Westdeutscher Verlag

Rössler, Patrick (1998): Wenn in China ein Sack Reis umfällt...Warum manche Themen weltweit Karriere machen und manche nicht. In: Bertelsmann Briefe Heft 139/1998, S. 7-9

Ruß-Mohl, Stephan (2004): Missbrauchte Verlagsmacht. URL: http://www.ejo.ch/analysis/ethics/ Rechtschreibreform_de.print.html, abgerufen am 10. Mai 2005

Schenk, Michael (1987): Medienwirkungsforschung. Tübingen: Mohr

Schmidt, Siegfried J. (1994): Die Wirklichkeit des Beobachters. In: In: Merten, Klaus/Schmidt, Siegfried J./Weischenberg, Siegfried (Hg.): Die Wirklichkeit der Medien. Eine Einführung in die Kommunikationswissenschaft. Opladen: Westdeutscher Verlag GmbH

Schneider, Dirk (2003): Verlust der Wahrheit. Kriegspropaganda und das Versagen der Medien. URL: http://www.takes-and-shots.de/imin.../Kriegspropaganda-das_Versagen_der Medien.htm, abgerufen am 12.02.2004

Schnell, Rainer/ Hill, Paul B./ Esser, Elke (1999): Methoden der empirischen Sozialforschung. München/Wien: R. Oldenbourg Verlag

Schönbach, Klaus (1977): Die Trennung von Nachricht und Meinung. Empirische Untersuchung eines journalistischen Qualitätskriteriums. Freiburg/München: Verlag Karl Alber Schult, Gerhard/Buchholz, Axel (Hg.) (1982): Fernseh-Journalismus. Ein Handbuch für Ausbildung und Praxis. München: Paul List Verlag GmbH & Co KG

Schulz, Winfried (1989): Die ptolemäische und die kopernikanische Auffassung. In: Kase, Max/Schulz, Winfried (1989): Massenkommunikation. Theorien. Methoden, Befunde. Kölner Zeitschrift für Soziologie und Sozialpsychologie. Sonderheft 30: Massenkommunikation. Opladen: Westdeutscher Verlag, S. 135-146

Schulz, Winfried (1990): Die Konstruktion von Realität in den Nachrichtenmedien. Analyse der aktuellen Berichterstattung. Freiburg/München: Verlag Karl Alber

Schweda, Claudia/ Opherden, Reiner (1995): Journalismus und Public Relations. Grenzbeziehungen im System lokaler politischer Kommunikation. Wiesbaden: Deutscher Universitäts-Verlag GmbH

Shoemaker, Pamela J. (1991): Gatekeeping. Newbury Park/London/ New Delhi: Sage Publications

Staab, Friedrich (1990): Nachrichtenwert-Theorie: Formale Struktur und empirischer Gehalt. Herausgegeben von Kepplinger, Hans Mathias/ Noelle-Neumann, Elisabeth/Schulz, Winfried. Freiburg/München: Alber-Broschur Kommunikation

Struk, Thomas (2000): Redigierpraxis von Tageszeitungen bei Agenturnachrichten. In: Wilke, Jürgen (Hg.): Von der Agentur zur Redaktion. Wie Nachrichten gemacht, bewertet und verwendet werden. Köln/Weimar/Wien: Böhlau Verlag, S. 179-239

Thurnher, Armin (1992): Schwarze Zwerge. Österreichs Medienlandschaft und ihre Bewohner. Wien: Sonderzahl Verlagsgesellschaft m.b.H.

Thurnher, Armin (2005): So sah also richtiger Journalismus aus. In: Profil Nr. 45/2005, Jubiläumsheft, S. 56-58

Verlag Karl Müller GmbH (Hg.) (2002): Die erste Seite. Internationale Schlagzeilen nach dem 11. September 2001. Köln: Verlag Karl Müller GmbH

Vetter, Phillip (2003): Ist die „Teuro"-Debatte mit der Theorie der Schlüsselereignisse erklärbar? Seminararbeit am Institut für Kommunikationswissenschaften an der Ludwig-Maximilians-Universität München

Weischenberg, Siegfried (1995): Journalistik: Theorie und Praxis aktueller Medienkommunikation. Band 2: Medientechnik, Medienfunktion, Medienakteure. Opladen: Westdeutscher Verlag

White, David Manning (1950): The „Gate Keeper": A Case Study in the Selecting of News. In: Journalism Quaterly 27/1950, S. 383-390

Wikipedia (2005): AlDschasira. URL: http://de.wikipedia.org/wiki/Al-Dschasira, abgerufen am 5. Oktober 2005

Wikipedia (2005): Journalismus. URL: http://de.wikipedia.org/wiki/Journalismus, abgerufen am 31. Oktober 2005

Wikipedia (2005): Boulevardjournalismus. URL: http://de.wikipedia.org/wiki/ Boulevardjournalismus, abgerufen am 31. Oktober 2005

Wilke, Jürgen (1995): „Dass der Jammer und das Elend mit keiner Feder zu beschreiben sey". Das Erdbeben von Lissabon 1755 als Schlüsselereignis in der Presseberichterstattung. In: Relation Jg. 2/1995, S. 59-70

Wilke, Jürgen (Hg.) (2000): Von der Agentur zur Redaktion. Wie Nachrichten gemacht, bewertet und verwendet werden. Köln/Weimar/Wien: Böhlau Verlag

Wilke, Jürgen/Rosenberger, Bernhard (1991): Die Nachrichtenmacher. Eine Untersuchung zu Strukturen und Arbeitsweisen von Nachrichtenagenturen am Beispiel von AP und dpa. Köln/Weimar/Wien: Böhlau Verlag

Wyss, Vinzenz (2001): Journalismusforschung. In: Bonfadelli, Heinz/Jarren, Otfried: Einführung in die Publizistikwissenschaft. Bern: Haupt und UTB für Wissenschaft, S. 259-284

Zabbal, Francois (2002): Das Spiel der Opfer. URL: http://www.ifa.de/zfk/themen/02_1_islam/ dzabbal.htm, abgerufen am 9. Jänner 2003

The manufacturer's authorised representative in the EU is Springer
Nature Customer Service Centre GmbH, Europaplatz 3, 69115 Heidelberg,
Germany. If you have any concerns regarding our products, please
contact ProductSafety@springernature.com

Printed and bound by CPI Group (UK) Ltd, Croydon, CR0 4YY
27/04/2026
02097664-0001